Daxuesheng
Suzhi Ziwo Zhenghe

大学生素质自我整合

龚 湘 著

人民出版社

责任编辑:陆丽云
封面设计:周涛勇

图书在版编目(CIP)数据

大学生素质自我整合/龚湘 著. -北京:人民出版社,2013.6
ISBN 978-7-01-012180-2

Ⅰ.①大… Ⅱ.①龚… Ⅲ.①大学生-素质教育 Ⅳ.①G640

中国版本图书馆 CIP 数据核字(2013)第 113342 号

大学生素质自我整合

DAXUESHENG SUZHI ZIWO ZHENGHE

龚 湘 著

人民出版社 出版发行
(100706 北京市东城区隆福寺街 99 号)

涿州市星河印刷有限公司印刷 新华书店经销

2013 年 6 月第 1 版 2013 年 6 月第 1 次印刷
开本:710 毫米×1000 毫米 1/16 印张:20.25
字数:278 千字 印数:0,001-3,000 册

ISBN 978-7-01-012180-2 定价:45.00 元

邮购地址 100706 北京市东城区隆福寺街 99 号
人民东方图书销售中心 电话 (010)65250042 65289539

目 录

前　言

本书关注的对象是大学生，关注的内容是素质教育。进入 21 世纪，我国高等教育已日益大众化，但大学生作为社会一个特殊的群体，仍然是同龄人中的佼佼者；大学阶段是大学生一生的关键阶段，值得每一个大学生引起足够重视。素质教育在中国受到高度关注，其重要性得到社会广泛共识。大学生的素质直接关系到高等教育培养目标的实现，关系到国家和民族的未来，也关系到大学生一生的成功与幸福。对大学生进行全面素质的培养与教育，是我国高等教育发展与社会发展的需要，也是大学生健康成长与可持续发展的需要。

近年来，国家尤其是高校对大学生的素质教育越来越重视。课堂是大学对大学生进行素质教育的主阵地；大学校园文化建设也通过丰富多彩的内容有意识地引导学生追求全面素质，在大学生素质教育中扮演着重要角色；社会实践成为培养大学生素质的一个重要环节；某些高校还开办了素质拓展活动，为大学生提供训练机会，帮助提高素质。与此同时，大学生素质发展和素质教育也成为学术理论界重点关注的问题，相关的论述特别是研究文章不少。相当多的文章对大学生素质发展的现状、素质教育的重要性和紧迫性进行了探讨。他们认为，目前我国大学生素质发展的现状还不乐观，加强大学生素质教育势在必行；大学生的素质直接关系到高等教育培养目标的实现，必须引起全社会的高度重视；如何加强大学生的素质教育、提升大学生的全面素质是研究者最为关心的问题。研究者主要是从思想政治教育、道德教育与大学生素质的发展，大学校园文化建设与大学生素质完善，网络对大学生素质的影响，大学语文、美学、体育教学等与大学生的素质培养的关系，高校辅导员、高校教师等在大学生素质培养中的地位和作用，高校图书馆与大学生素质的培养，高校管理体制、制度对大学生素质养成的影响等方面进行了广泛探讨。

但是，大学对大学生的素质教育和学术理论界对大学生素质发展和素质教育问题的关注存在着一个明显的不足：忽略了大学生这一素质发展主体在素质发展和素质教育中的主观能动性，基本上都是从外围入手对大学生进行素质教育，学生多是被动接受而少主动参与。而健全素质的最终养成主要在于主体教育的“内化”即自我教育，在整个大学阶段，大学生的“自我整合”是个关键。大学素质教育和大学生全面素质的培养应充分发挥大学生自身的主观能动作用，学校在给予有效帮助诸如在课堂教学中强调素质教育的内容、增加素质拓展活动的力量以及形成良好的素质培养氛围等情况下，应该让学生主要通过自我整合来发展自己的全面素质。“大学生素质自我整合”应该最终成为大学生素质教育和培养大学生全面素质的主要途径。

本书在众多研究者研究工作的基础上，以哲学、心理学、教育学、思想政治教育学、伦理学、人才学等为依据，结合自身教学和学生工作的实际，系统阐述了大学生素质自我整合的内涵与意义、目标、内容、过程以及原则、途径和方法。大学生素质自我整合有着自己的内涵和意义，大学生素质自我整合就是大学生充分发挥自我能动性，对自己各方面素质做一个不断循环的有明确目标、有具体内容、有完整过程、有合理原则、有广泛途径、有有效方法的整理、综合、内化，使其完善、提高和巩固。由于主客观条件的影响和作用，可谓势在必行。大学生素质的发展首先应该追求的目标是成为一个健康的人，其次是成为一个有用的人，再次是成为一个能够自我实现的人，具有一定层次性，便于大学生有的放矢。根据教育学、人才学等学科理论和教育活动实际需要本书分析了素质整合的内在具体内容，大学生素质自我整合可以从素质的组成结构得出六个方面的明晰内容，整合时除注重单个要素发展完善也要不断促进要素之间的和谐，大学生在大学阶段整合素质不能抓瞎，可以提纲挈领。同事物发展的一般规律一样，大学生素质自我整合也表现一些阶段性特征，根据大学生所面对的环境和不同时期的心理特征，大学生素质自我整合是一个渐进的过程，由于不同时期所面对的环境和心理特征不同，每个阶段素质自我整合的重点也不一样，大学生素质整合应该循序渐进。本书最后对大学生怎样做好素质自我整合进行了探讨，提出观察学习他人、内化外在影响和不断反省自我、贯彻知行统一是大学生素质自我整合必须遵循的原则，结合课内学习、课外活动和社会实践等各种途径来整合，而从自我认识与评价到设计与计划再到体验与调节最后到检查与总结的循环往复的过程是大学生进行素质自我整合行之有效的方法，大学生素质整合完全有章可循。

教育学和心理学的研究表明，“自我教育是教育的归属”，“只有自己才能最终解决自己的问题”。希望本书的探讨，可以更好地帮助大学生形成与发展自己的全面素质，并能促使高校教育工作者把大学素质教育的重点放在发挥大学生主观能动性上来。但是，由于大学生的素质发展与大学素质教育问题是个相当复杂的问题，涉及多个学科和领域，而现有理论较为有限，再加上个人学识方面的限制，所以尽管本书有心对“大学生素质自我整合”这一问题做深入探讨，为大学生及高校教育工作者提供更多富有价值的研究成果，但最终呈现的这些内容只能算是对大学生素质自我整合这一问题的初步研究，不少地方还有待进一步的商榷。

当然，需要补充说明一点，在大学生素质教育过程中，虽然强调大学生自我主观能动性的发挥，但广大高校教育工作者不是可以轻松地推卸责任，等待大学生的“自我醒悟”而自动进行“自我素质整合”，而是应该从各个方面加以提醒、引导，使大学生尽早发现和充分运用自我的力量对自己进行整合，以求得更快更好的效果。

第一章　大学生素质自我整合势在必行

大学是实施高等教育的场所，大学的使命是为社会培养人才、进行科研、提供服务、传承文化，其首要责任就是培养人才——大学生。大学生是一个特殊的群体，站在社会新思想、新技术的前沿，是国家培养的高级专业人才，他们在大学的本职工作是完成学业，培养将来社会实践需要的各种素质。大学的素质教育，最终必须通过大学生的自我整合来予以实现。大学生素质自我整合就是大学生充分发挥自我主观能动性，对自己各方面的素质进行有明确目标、具体内容、完整过程、合理原则、广泛途径、有效方法的整理、综合、内化，使其完善、提高和巩固并相互协调。从大学生的主观能力和大学为大学生提供的客观条件，以及社会对大学生的看法和大学生对自身的满意程度来看，素质的整合都显得十分可能而且必要，其意义十分重大，可谓势在必行。

第一节　大学生素质自我整合的内涵

“大学生素质自我整合”，从形式上看是一个宾语前置句，本来的语序是“大学生自我整合素质”。从内容上讲它是一种活动或过程，指的不是什么新鲜另类的事情，而是大学生上大学的主要任务，是大学生在大学阶段的本职工作和应有的活动。这项活动，实施的主体是“大学生”，针对的内容是各种“素质”，实施的主要环境是大学但是也涉及家庭和社会，运用和强调的是大学生的“自我主观能动性”，具体所为就是“整理、综合、内化、巩固、提高”，最终达成大学生自己成长、成才与成人的总体目标。这一活动，说起来简单，做起来不易，要真正做好，首先得弄清其真正内涵。

一、大学里的大学生

“大学生”这一称呼何时出现在社会上已无法考证，总之有了大学就有了大学生。大学是实施高等教育的场所、培养高层次专门人才的学府，有着自己的历史、理念与使命。大学生是在大学就读的学生，包括专科生、本科生、硕士与博士研究生（本书以本科生为例）。他们是一个特殊的群体，其共同特点是正在接受或接受过普通高等教育（本书关注的是在校大学生）。他们是社会新思想、新技术的前沿群体，是国家培养的高级专业人才。

1. 大学

(1) 大学的历史与现状

在巴基斯坦伊斯兰堡西北30公里的一座古城——塔克西拉，1980年正式被联合国教育、科学及文化组织列入世界遗产，原因是早在公元前7世纪，这里已是该地区最早的大学所在地。

古老的大学迄今还存在的有卡鲁因大学、爱兹哈尔大学等。卡鲁因大学由法蒂玛—菲赫利成立，她是商人穆罕默德—菲赫利的女儿。该大学位于摩洛哥非斯城，于公元859年建立，被视为伊斯兰国家最古老的学校，其历史比欧洲大学之母博洛尼亚大学还要早两百多年，堪称世界上最古老的大学，被吉尼斯世界纪录大全认可为最古老的学位颁授大学，设有伊斯兰法律、阿拉伯语言和文学、神学和哲学等学院以及伊斯兰研究所。由于这所大学也是一所清真寺，因此非伊斯兰教徒不能入内。爱兹哈尔大学，建于公元972年，是开罗最古老的建筑之一，也是伊斯兰世界最古老的高等学府，原为爱兹哈尔清真大寺，10世纪时为什叶派教育和学术研究中心；12世纪末法蒂玛王朝灭亡后，在一些著名宗教学者的倡议下，正式改称爱兹哈尔大学。

希腊哲学家柏拉图于公元前387年在雅典附近建立学园，教授哲学、数学、体育，这被一些人认为是欧洲大学的先驱。但被世界公认的欧洲最早的大学建于中世纪，具有代表性和影响较大的有意大利博洛尼亚大学、萨莱诺大学，法国巴黎大学，英国牛津大学、剑桥大学等。

博洛尼亚大学（尊称：大学之母）是公认的欧洲历史最悠久的大学，坐落于意大利艾米利亚-罗马涅大区的首府博洛尼亚。尽管大学的章程最早制定于1317年，但事实上早在11世纪末在博洛尼亚就已经出现了第一个法律学院，所以大学的建立时间，在大学八百年校庆期间由乔苏埃-卡尔杜奇所领导的历史委员会经过考证确定为1088年。大学的创办者是依内里奥。萨莱诺大学设在意大利南部的坎帕尼亚大区沿海城市萨莱诺。萨莱诺原是疗养胜地，有一所医校，11世纪初，医学校成为医学研究中心。当时，犹太人阿非利加诺来到萨莱诺，编译希腊医学家希波克拉底和阿拉伯的医学著作，对医学理论和医疗事业有很大的推动，于是，医校名声大振，有志学医的青年联合起来，和医师订立合同，规定学生纳费和医师传艺的条件，进行知识交易。这便成为欧洲最早的医科大学。1231年得到政府承认。巴黎大学是一所在国际上享有盛誉的综合大学，创立于9世纪，最初附属于巴黎圣母院，1180年法皇路易七世正式授予其“大学”称号，与意大利的博洛尼亚大学并称世界最古老的大学。欧洲各主要大学的建立模式均受此二校影响。位于英国的牛津大学建校于1167年，它在英国社会和高等教育系统中具有极其重要的地位，有着世界性的影响。英国和世界很多的青年学子们都以进牛津大学深造作为理想。剑桥大学位于英格兰的剑桥镇，是英国也是全世界最顶尖的大学之一。英国许多著名的科学家、作家、政治家都来自于这所大学。剑桥大学也是诞生最多诺贝尔奖得主的高等学府，大约有 80 多名诺贝尔奖获得者曾经在此执教或学习，70 多人是剑桥大学的学生。剑桥大学还是英国的名校联盟“罗素集团”和欧洲的大学联盟科英布拉集团的成员。萨拉曼卡大学创建于 1218 年，这所国立大学是西班牙最古老的大学，也是世界上历史最悠久的几所高等学府之一。从建校起到 16 世纪末，它一直是欧洲的重要学术中心之一，与巴黎大学、牛津大学和博洛尼亚大学齐名。帕多瓦大学是欧洲最古老的大学之一，也是意大利最大的大学，建于 1222 年。它是一所州立大学，学制从 4 年（大多数学位课程），5 年（工程、化学和生物学等）到 6 年（医学），授予 36 个不同的学位。帕多瓦是座大学城，在 23 万居民的城镇，有学生 7 万名，5000 名教职员工和研究人员工作在 200 个研究院、系、中心和实验室。锡耶那大学建于 1240 年，是欧洲最古老的大学之一。它位于罗马和佛罗伦萨之间的意大利的中心。锡耶那大学的历史根源于意大利托斯卡纳区古老的历史文化传统。托斯卡纳在中世纪时就是西方文明的摇篮，如今科技与创新更使这个地区的发展日新月异。锡耶那大学致力于生物工艺学和生命科学的研究并拥有一批实力雄厚、设施完善、技术先进的实验室。锡耶那大学和国际上许多大学交流并建立了联系。从以上世界最古老的大学历史中不难看出，欧洲是世界大学的发源地。

一般认为，1638 年英国伦敦大学和 1694 年德国哈雷大学的成立，是近代意义大学成立的标志。1810 年，威廉·冯·洪堡建立柏林大学，将研究和教学结合起来，并确立了大学自治和学术自由的原则，这被认为是现代大学的开端。这种模式在美国最早被约翰斯·霍普金斯大学所效仿，到现在被世界各地的大学广泛采用。

在中国，上古和封建时代“大学”一词除了指儒家经典的《大学》外，还指聚集在特定地点传播和吸收高深领域知识的一群人的团体，也指聚集在特定地点整理、研究和传播高深领域知识的机构。根据文献记载，大学作为一种具有高等教育职能的机构，可以追溯到五帝时期的成均和上庠。以后夏朝的东序，商朝的瞽宗，西周的辟雍、泮宫，是当时位于京师的最高学府。

到了汉朝，中央设立“太学”（中国古代的大学一般也称“太学”），为最高学府，而地方也开始设立郡学、州学、府学、县学等供同龄学生学习的地方官办高等学校，相当于不同阶级的公立大学，低阶大学学业出色的学生可以进至高阶大学学习。隋唐以后太学改为国子监，唐朝以后出现书院。书院可以分为大学部、小学部，有些并不严格区分，有官办，有私立，不少是私办官助。白鹭书院、白鹿洞书院、岳麓书院、应天府书院、嵩阳书院、石鼓书院、茅山书院等都是著名书院的代表。

中国传统的学校以培养公共政治服务的官员仕人以及从事文化教育的文人为主，偏重儒学人文教育。另外，还有专门学科部或者专科性的高等教育机构。南朝宋时设有儒学馆、玄学馆、文学馆、史学馆，合并后分儒、道、文、史、阴阳五部学。唐朝的国子监设有律学馆、书学馆、算学馆。明朝时设有专门培养外交翻译人才的四夷馆。此外还有兼具人才培养功能的专门性的科研及应用服务机构，如医学领域的太医馆等，天文历法领域的司天监或者钦天监等。还出现过综合性的学术研究机构，如南朝之宋朝设立的华林学省，相当于后来的中央研究院。不过，中国古代的高等学校和西方现代的大学存在差别，尤其官办学校以培养治理政府的仕人及从事文化教育的文人为主，学科上自然科学尤为缺乏，所以到近代整个的传统教育体系都面临着转型、革新。

在近代和西方交流以来，西方的“University”早期被翻译成“书院”等。19 世纪末 20 世纪初，辛亥革命元老、中国现代教育奠基人何子渊、丘逢甲等人开风气之先，排除顽固守旧势力的干扰，成功引入西学（美式教育），创办新式学校，将平民教育纳入满清朝廷的视野。清政府迫于形势压力，不得不对教育革新网开一面，于1905年末颁布新学制，废除科举制，并在全国范围内推广新式学堂，西学逐渐成为学校教育的主要形式。新学制将学校分为“小学堂”、“中学堂”、“高等学堂”和“大学堂”等几个等级，“高等学堂”和“大学堂”属高等教育。宣统元年（1909年），地方科举考试停止以后，中国的现代教育得以迅速发展，日本的学校成为当时官办高等学堂最主要的借鉴对象。北洋西学学堂（今天津大学）是中国近代史上第一所大学的萌芽，成立于1895年。近代大学的设立始于1898年（清光绪二十四年）的京师大学堂。此后由政府、外国教会及私人陆续建立了一些大学。民国以后转为效法美国的大学制度，“大学”则成为正式称谓。

到今天，虽然没有准确数据显示全世界有多少所大学，但是一些世界知名的大学总是经常出现在新闻媒体和人们的视野。特别是历史名校，比如，欧美的牛津、剑桥、哈佛、耶鲁，中国的北大、清华，几乎妇孺皆知。至于提到“世界一流大学”，国际定论不一，主要是指在本国文化教育实力雄厚、拥有极大的世界声誉和排名在世界前列的大学。近年来，越来越多的国家确立了建设世界一流大学的战略目标，世界一流大学之间有合作也有竞争。目前，中国有清华大学、北京大学、台湾大学、香港大学、复旦大学在国际中影响颇大，但离世界一流大学仍有一定差距。“世界大学排行榜”的排名，也是仁者见仁、智者见智，标准不同，结果不一。

世界一流大学指在教育和科研方面走在世界前列，拥有先进科研设备和理念，汇聚高等人才学者，资金充沛，对人类社会的发展有着显著贡献的高等学府。一般来说，各项世界大学排名中的前两百位的学校都可以称做是世界一流大学。世界一流大学在各大洲均有分布，而以欧洲和北美洲最多，非洲最少。其中美国所占有的世界一流大学数目是最多的，世界百强大学中美国占据一半以上，其次是英国。中国目前能进入主流排行榜前二百位的大学仅有北京大学、清华大学和中国科技大学三所。目前德国、法国、日本、俄罗斯、中国以及印度都在努力建设自己的世界一流大学。

中国的大学建国初期为全苏联式的教育，1978年改革开放以后有所改变。截至2011年5月23日，全国普通高等学校（不含独立学院）共计2101所，其中独立设置民办普通高等学校386所；全国成人高等学校共计354所，其中民办成人高等学校2所。至今，我国高校拥有在校大学生3000多万，位居世界第一，形成了学科门类齐全的高等教育体系。

自2000年中国高等教育扩招后，高等教育得到很大发展，但是也出现不少问题。当然，近年来不仅中国，整个世界的高等教育都出现一些问题，严重的问题比如教育的泛行政化（政治的附庸）、产业化（发财的工具）以及学术腐败等。

（2）大学的理念与理想

大学理念的形成、展现与完善根源于西方。在英文中，大学一词为“university”，是由“universe”（宇宙）这个词的前身派生而来的。“universe”的前身，在拉丁文中为“universus”，是由表示“一”的“unus”和表示“沿着某一特定的方向”的“versus”构成的，“universus”字面上的意思因此就是“沿着一个特定的方向”。“universum”是“universus”的中性单数形式，用做名词时指“宇宙”，同样派生词“universitas”也指“一群个人的联合体，社团”。在中世纪，拉丁文在政府、宗教和教育等领域得到使用，“universitas”这个词被用来指由教师和学生所构成的新联合体，比如在萨莱诺、巴黎和牛津出现的这种联合体。这类联合体即是今天的大学的最初形式。今天的“university”这个词可以上溯到拉丁词“uni-versitas”，是“合众为一”的意思，最早出现在8世纪末，它首次被记录下来是在大约1300年，当时就是用来指这种联合体。

这种联合体是当时社会找到全方位知识的进路。当时的先知先觉之士，意识到长久以来的“养士”之风，固然可以集结“知识分子”，但是，如何聚集“知识”？“知识”究竟有多少？如何能有全方位的知识进路？当时聪明、才智高的人，他们在圣经中的《旧约·创世记》中，诠释人的三重祝福，首先是：人的灵魂是上帝的肖像；第二重是：亚当获赐“伴侣”；第三重是：上帝将天上飞的鸟、地上走的兽、水中游的鱼都交与人类管理，人类成了“万物的主人”。当时的学者们依照这三重祝福，认为知识应该包括“人与自己”、“人与人”、“人与物”三个面向，因而界定“大学”的统一知识，于是大学三学院：人文学院、社会学院、科学学院的规定因而形成。不过学者们发现，在人类历史的潮流中，尚有两大行业没有包含到“大学”之中，那就是“教士”和“医生”，前者关怀人的灵魂，后者关怀人的肉体。于是除了人文、社会、科学三学院之外，再加上神学院和医学院，就成了当时综合大学的模型。

欧洲中世纪的大学是从教会办的师徒结合的行会性质学校发展起来的。在 11 世纪时，“大学”一词和“行会”一词同样被用来形容行业公会，但是到了 13 世纪时，“大学”一词就被用来专指一种学生团体。欧洲中世纪的大学主要有三种形式：教会大学，学生和教师在一个校长领导下形成一种密切配合的团体，像巴黎、牛津和剑桥等大学；公立大学，由学生选举出来的校长总揽校务，如博洛尼亚和帕多瓦等大学；国立大学，由帝王征得教皇认可而建立的，如西西里的腓特烈二世成立的那不勒斯大学，卡斯蒂拉的费迪兰三世成立的萨拉曼卡大学。

特别是 1810 年柏林大学建立后，校长洪堡确立了“university”的办学理念，大学一词源于德语中“univeral”，即普遍、无所不包、万有、广博之义。由此可见，大学是一个新的理性组织，是对世界进行新的解释，发现新规律，不断地向真理接近，增长人类的新知识。中世纪大学的教学科目几乎包括了当时所有的知识领域，因而提供的实际上是一种博雅教育。博雅教育的三大目标是：了解自然、社会和人生；掌握一定的清晰表达、科学方法训练等基本技能；形成对学问的忠告、宽容的价值观以及作出明智判断的能力。近代欧洲大学的两种教育理想模式分别以英国牛津大学和德国柏林大学为代表：英国大学的教育目的是在养成“gentlemen”（绅士）；德国大学的教育目的是要培养“scholar”（学者）。

在中国古代，“大学”是儒家经典之一。《大学》中说“大学之道，在明明德，在亲民，在止于至善”。即大学教人的道理，在于彰显人人自身所具的光明德性，直至做到完善。《大学》原是《礼记》的一篇（《礼记·大学》），约为秦汉之际儒家作品。一说曾子作，但与《大藏礼记》中《曾子立事》等篇不类。宋代从《礼记》中把它抽出，与《论语》、《孟子》、《中庸》合为“四书”。提出“明明德、亲民、止于至善”的三纲领和“格物、致知、诚意、正心、修身、齐家、治国、平天下”的八条目，成为南宋以后理学家讲伦理、政治、哲学的基本纲领。在近代，著名教育家、北大校长蔡元培则说，“大学者，囊括大典，网络众家之学府也”；“大学者，研究高深学问者也”。① 大学者、曾任清华校长的梅贻琦又说，“所谓大学者，非谓有大楼之谓也，有大师之谓也”②，更是从学人的角度对大学理想作了准确诠释。

雅斯贝尔斯在《什么是教育》③ 中描绘说，大学是研究和传授科学的殿堂，是教育新人成长的世界，是个体之间富有生命的交往，是学术勃发的世界。每一任务借助参与其他任务，而变得更有意义和更加清晰。

大学还通常被人们比做象牙塔。“象牙塔”本是用来描述新娘美丽的颈项，后来被逐渐运用到社会生活的各方面，主要是指“与世隔绝的

① 1912 年 5 月 16 日，蔡元培以教育总长身份出席北京大学开学典礼时发表的演说。

② 1931 年 12 月 2 日，梅贻琦在就任清华大学校长演讲中提出。

③ ［德］卡尔·雅斯贝尔斯：《什么是教育》，邹进译，生活·读书·新知三联书店 1991 年版。

梦幻境地、逃避现实生活的世外桃源、隐居之地”。在汉语中，象牙塔的外延涵义主要是指“比喻脱离现实生活的文学家和艺术家的小天地”。当“象牙塔”被用在形容大学时则是指大学的学术气氛与环境。

(3) **大学的建制与制度**

大学是一个复杂的系统，有它的制度体系。从外部宏观管理上看，现代高等教育体制在不同的国家大致有中央集权型、地方分权型、大学自治型、综合型四种不同的类型。我国高等教育管理制度从1949年到1965年属于初创时期；十年“文革”中，全国绝大部分高校下放地方管理；“文革”结束后逐渐恢复60年代情形，到1978年全国有高校598所。我国高等教育分学历教育与非学历教育，并采取全日制和非全日制、面授与非面授、学校形式与非学校形式等方式进行。从内部微观管理上看，我国高校主要分为高等专科学校、独立设置的学院和大学、研究生院三层。国际上大学的领导体制采用一长制、委员会制两种模式。我国高等学校领导体制受国际社会影响，又带有自己的特点，几经变迁。

大学的内部管理大体上包括两个方面：学校专项管理和教育教学活动管理。专项如人事、财务、设施、信息等方面，教育教学管理又分为德育、教学和体育以及医疗、后勤等方面。

大学的组织机构设置与教学活动密切相关。我国高校的经营管理设置一般分为党委和行政两个系统。党委的职能部门一般包括党委办公室、组织部、统战部、武装部、纪律检查委员会，还有工会、共青团、妇女委员会、学生会、研究生会等，而行政系统则包括校长办公室、教务处、科研处、人事处、财务处、学工处、招生就业办、保卫处、国际交流中心、基建处、审计处等。

一所大学，不仅要有大师，也要有大楼。大楼实际上指学校教学科研设施和文化设施。大学的文化设施主要有教学大楼、图书馆、实验室、运动场、校园网、校报、学报等。

大学有大学的制度，一般包括学科制度、学位制度、学衔制度、教学制度和学生管理制度。现代高等学校的学科、专业是一个庞大的体系。就学科而言，根据国务院学位委员会和教育部颁布修订的《学位授予和人才培养学科目录（2011年）》，共有13个学科门类：哲学、经济学、法学、教育学、文学、历史学、理学、工学、农学、医学、军事学、管理学、艺术学。学位制度是大学以学术水平为衡量标准，通过授予一定称号来表明专门人才知识能力等级的制度。在国外，中世纪就开始了学位制度，中国的学位制度也可以追溯到古代。现在，我国的学位分级与高等教育的不同阶段相联系，设学士、硕士、博士三级。学衔制度又称教师职务制度。我国当前高校教师的学衔为助教、讲师、副教授、教授四级。教学制度是规范大学的教学活动和基本环节的规则体系。学分制是大学最重要的教学管理制度，它以学分为单位计算学生的学习成绩，学生修满一定数量的学分方能毕业。我国高校经过长期发展，形成了与课程教学、考试与评价、实践等教学环节相联系的大学教学制度。学生管理制度主要包括学籍管理、学生事务管理和日常行为管理等方面的内容。

中国大学以本科为基本组成部分，有的设专修科和研究生机构。大学本科根据社会需要和学校性质设若干专业，以几种相近的专业合组成系，招收高级中学及同等学校毕业生或具有同等学力者，学习年限一般为4年，医科及某些专业为5年或5年以上。不同国家大学的组织管理、学制与招生制度等略有不同。大学与小学的区别明显，与中学也有诸多不同，其中最大的不同就是分专业教育，课程的设置也由基础教育的“3+X”基础课程，变成了公共课、基础课、专业课，还分必修课和选修课。大学生除了主要在教学活动中得到提高，还能广泛地通过校园文化活动去拓展知识、锻炼能力，提升自己各方面的素质。大学与其他教育培训机构在学制与学习内容等方面也不同，与专业的科研机构更是不同，大学同时注重教学。

（4）**大学的本质、功能与使命**

大学的出现，是人类探索知识和促进文明的必然结果。大学是人才培养、知识传授、文化传承、科学研究、社会服务的载体，其本质上是知识、学术、文化的殿堂，人才的家园。

大学的职能有四：其一是培养人才，其二是发展科学，其三是服务社会，其四是传承文明。因而可以说，大学是个人才库，大学是个创造源，大学是个服务器，大学是个播种机。作为提供教学、研究条件和授权颁发学位的高等教育机关，它选拔具有高中以上学历者进行教育和培训，并以考试考核的方式检验其所学知识和技能，其教学功能强大；大学又是为经济发展提供知识、技术服务的科研机构；从社会发展角度看，大学还是人类文化的传承者和创造者（时代精神代言人）。

西班牙哲学家奥尔特加·加塞特《大学的使命》、原北大校长许智宏《大学的使命》、原复旦大学校长杨家福《大学的使命与文化内涵》都谈到了大学的使命。奥尔特加认为，大学的使命在于文化传授、专业教学以及科学研究和新科学家的培养，其中，他对文化、专业和科学三者之间的区别进行了详细的阐述，并将文化传授的重要性置于其他两者之上。与此同时，大学的科研功能则被奥尔特加归为大学的附加功能。大学需要明确自己的使命之所在，而不是在社会和政府的要求下无限扩大功能，去承受一些自己所不能承受的任务，毕竟大学不是职能部门，它需要依靠理性与智慧生存下去。许智宏则认为，大学应该以同时具备对社会、对人类强烈的道德责任感和发掘新知识的创新能力为标准培养全面发展的大学生；应该鼓励学生用新颖的方式思考和行动，并提供适应社会变化的新知识。大学应注重培养学生良好的判断能力和批判精神；大学应注重基础研究，以完成其指引科学和社会发展的使命。当今信息社会，知识传输更为便捷，渠道更为宽广，这些都为基础科学研究提供了更好的条件；大学也应进一步致力于适应社会的需要；大学还应该进一步推动国际交流与合作。大学在推动不同文化之间，不同文明之间的相互理解和融合方面起着十分重要的作用。杨家富则提倡大学“保护、传授、推进和丰富知识与文化”的使命。

2. 大学生

（1）**大学生的特点**

青年期是个体从不成熟的儿童期、少年期走向成熟的成年期的过渡阶段。处在这个时期的大学生，不论就生理成熟来说，还是就心理发展特别是认知、情感和意志及个性特征以及社会需求和言语、行为表现来说，都有其特点。

大学生的生理特征。大学生绝大多数都是从中学生来，入学时一般年龄在 18 岁左右，（本科）毕业时 22 岁左右，正处在人生发展的青年时期（特殊情况下，有通过自学或跳级提前上大学的少年，也有参加成人高考的老年）。根据人生发展理论，人生全过程包含婴儿期、幼儿期、儿童期、少年期、青年期、中年期、老年期等时期，其中青年期一般指个体从 14、15 岁到 27、28 岁的时期。青年期大体可分为 3 个阶段：14、15 岁到 17、18 岁为青年初期；17、18 岁到 24、25 岁为青年中期，24、25 岁到 27、28 岁为青年晚期。大学生正处在青年期的中晚期。青年期是个体生理发育成熟的时期。大学生的生理特点主要表现在：生长发育形态趋于成熟；生理功能方面，脉搏频率随年龄的增长而逐渐减慢，血压方面，收缩压和舒张压均随年龄的增长而增加，肺活量随年龄增长而增大；身体素质的各项指标发展达到高峰；青春发育期的第二性征完成；进入青春期后，脑的发展不论在形态上还是功能上都已成熟。

大学生的心理特征。在心理方面，认识、情感、意志逐渐趋于成熟和稳定，个性也已经逐渐形成。①大学生智力发展达到高峰，容易接受新的事物但相对缺乏辨别真伪的能力，抽象思维迅速发展但思维易带主观片面性。大学生一般思维敏捷，接受能力强，通过专业训练、系统学习，抽象逻辑思维能力得到充分的发展，智力水平大大提高，分析和解决问题的能力增强，其智力层次含有较多的社会性和理论色彩。大学生智力发展的一般表现在：高度发展的概括化的观察力，成熟的记忆力，形成理论型的抽象逻辑思维能力。大学生喜欢求新求异求变，对社会、校园中出现的新鲜事物和新理论新观点表现出浓厚的兴趣，容易受其影响。但因为自身条件的限制，辨别真伪的能力有限，加之这个年龄段的逆反心理，大学生往往接受不了老师和家长的教育，有时会表现出偏激言行。抽象思维以抽象性、间接性为特点，与“形象思维”相对，即通常所说的“逻辑思维”。大学生由于学习的知识的增加，受到的思维训练越来越复杂，因此，抽象思维的能力获得了迅速发展，并逐渐在思维活动中占据主导地位。但是，他们的抽象思维水平并未达到真正成熟的程度，主要表现在思维品质发展不平衡，思维的广阔性、深刻性和敏感性发展较慢。尤其是不大善于运用马克思主义的唯物辩证法和理论联系实际的观点去指导认识活动和观察社会现象，所以，常常把社会问题看得过于简单，以至于陷入主观、片面和想当然的境地。②大学生自我意识逐步增强但发展不成熟，自我概念的增强与认知能力发展的不协调。自我意识是指主体对自己的认识和对自己的态度的统一，它包括自我观察、自我评价、自我检验、自我监督、自我教育、自我完善等等。大学生自我意识增强，表现在他们迫切要求深入了解自己和发展自己，自我评价能力增强，以及自我教育能力增强等方面。但是，大学生由于社会生活的知识、能力和经验的不足，他们中的相当一部分人还不善于正确对待自我完善与社会发展需要的关系，往往对自己估计过高，一旦遇到自己无力解决的困难或遭到某种挫折时，便容易产生过激行为或强烈的自卑感，甚至导致行为失控，做出不理智的事情。一方面，他们关心社会发展，这种关心是抛开自身利益，以大视角来进行的，注重的是整个社会的提高与进步。他们热衷参与社会，对社会舆论愿意独立思考。然而，另一方面，由于生活阅历有限，与社会有一定的距离，社会实践能力不强，他们在谈论、评价、思考社会问题时，往往带上幻想的色彩，不能十分切合实际。他们对事物的认识，表现出一定的片面性和幼稚性，还不能深刻、准确、全面地认识问题。这种不足与他们极强的自我概念不相协调，这种不协调可能会一直困扰着他们。③大学生性意识觉醒但处理相关问题的知识、能力却较为欠缺。大学生的性心理已发育成熟，性意识开始觉醒，感情欲望逐渐增强。许多同学开始注重自我形象，关注异性、渴望与异性交往并希望获得爱情。但有的同学因欠缺科学的性知识，对自身的性问题感到困惑和疑虑；有的同学因缺乏交往训练和技巧而不知如何与异性进行正常交往；也有的同学单相思和失恋的情绪久久不能化解。④大学生情绪情感日益丰富但波动较大。大学生是一群正在成长的青年，是一个极其敏感的群体，其内心体验极其细腻微妙。他们对与自身有关的事物往往体察得细致入微。随着文化层次的提高和生活空间的扩大，他们的思维空间急剧延伸，必然导致其情感越来越丰富和深刻。由于大学生心理内部的需要结构发生变化，大学生的追求有其独特性，而他们的价值观念尚不稳定，时常处于波动、迷惘、抉择之中，其心理成熟又落后于生理成熟，因而大学生的情感是不稳定的，情绪变化起伏大，易受周围环境变化的影响。学业、生活、人际关系等等变化会引起情绪的波动，容易偏激、冲动，情绪冲突也较多。⑤大学生意志水平明显提高但不平衡、不稳定。多数大学生已能逐步自觉地确定自己的奋斗目标，并根据目标制定实施计划，排除内外障碍和困难，去努力实现奋斗目标，意志的自觉性、坚韧性、自制性和果断性都有了较大的发展。但处于意志形成时期的大学生，意志水平发展又是不平衡、不稳定的。意志的自觉性和坚韧性已达到较高水平，但意志的果断性和自制性却相对缓慢些。在不同活动中，大学生的意志水平的表现也不一样。即使在同一活动中，其意志水平的表现也有较大差异，心境好时意志水平较高，心境差时则显得较低。情绪波动对他们意志活动水平的影响是比较明显的。⑥大学生社会需求迫切。为了接受系统严格的专业训练，大学生在校园里的生活期限比同龄人长，这使他们与社会有一定距离。也正因为如此，他们渴望加入社会的愿望更为迫切。在校园里，他们关注着社会，评判着各种社会现象，并希望自己加入进去，按照自己的想法去改变各种令人不满意的现象，把自己的专业知识服务于社会，体现自己的力量，实现自身的价值。这种迫切的社会需求与大学生正在形成的价值观相互作用，是他们将来走向社会的重要心理依据。这一心理特点，支配、指导着大学生的学习态度，从而对大学时代的生活质量产生重要的影响。⑦大学生的个性已经形成，并且有相对的稳定性。其个性成熟的主要标志就是：自我意识基本成熟；世界观初步形成；能力逐渐成熟。

大学生言语行为特征。青年期的言语和行为特征是表达青年心理发展状况的重要标志，它像一面反光镜，将青年的内心活动反射出来。大学生的言语特征主要表现为进入了言语发展的成熟期，形成了成年型的言语特征，其主要标志就是：口语的语音基本定型；独白言语趋于完善；书面言语表达基本成熟；内部言语的“简化”程度达到成熟水平。大学生的行为特征有两个重要标志：一是行为动机表现上的成年型，如要求完全摆脱成人的干预，独立行事，要求社会承认其行为的社会价值；要求两性交往、恋爱，以至于结婚、组建家庭等。二是行为控制上不够成熟。青年在行为控制特点上还残留着少年儿童的某些特征，当情感受到较强烈的触动时容易冲动。

（2）大学生的任务

大学生也属于学生，学生的天职是学习。大学生的主要任务是学习，完成学业，当然，这个“学习”是广泛的也是深入的。可以说大学生的具体任务（或最低纲领）是学习、完成学业，提升健全素质。所以谈到大学生的任务，其实很简单，一句总括，即完成学业；换一句话说，叫做培养素质，培养全面而高超的素质。何谓全面？何谓高超？这涉及素质的范围与素质的层次。按照六大类十五素质来定范围，按照具体指标来定层次。

学习是个广义的概念，大学生什么都可以学，什么都必须学吗？到底要学些什么？范围是个难题。大学生仍然处在成长期，身体、心理特别是人格，都还未完全定型，拥有健康的身心是继续健康成长的前提。而成才，是社会赋予大学生的责任和使命，也是大学生自身更高一个层次的目标追求。成人，是每一个人的最高理想，不是一蹴而就的事，需尽早开始打基础。大学生对自己应有更高的要求，因此在成人方面要有自己的思考和准备。从空间范围内看，大学生的学习有课堂与课外、校内活动（如社团活动）与校外实践（如假期实践）几种，从目标内容上看，大学生需要学会太多的事情：学会生存、学会做人、学会做事、学会生活、学会相处、学会学习、学会工作、学会感恩、学会放弃、学会宽容、学会合作、学会竞争、学会选择、学会判断、学会拒绝、学会倾听、学会关心……这些都是由各种具体素质构成，概括而言，我们认为主要有六大类 15 种，即身体与心理素质，科学与文化素质，生活、劳技与人际交往素质，思想、政治、道德与法律素质，专业与职业素质，审美与创造素质。

在这众多的具体目标中，不能什么都同时兼顾，大学生要根据自己的特点和社会的需求，在一定的实践阶段找到一定的重点。大学生若想去拥有所谓的就业力、生存力和成功力，所学专业的知识和一技之长固然重要，但更有些专业之外的东西需要学习。比如，为了获得稳定情绪、学会与人交往，就必须锤炼自己的心理素质和人际交往素质；生活层面上，大学生需要整合的有生活起居、饮食健康、交通常识、网络技能、采购理财、寻医问药、自我保护等等，就需要培养生活劳技素质。总之，学习要围绕着社会和自我的需要，不能仅仅立足于考试。

上述各项素质要达到高超有一定标准。其中主要的是学业，首先是功课，至少是不挂科，顺利拿到学位，最好是能够成为学习标兵，拿到各种奖学金；其次是拿到各种专业证书、通用的证书，比如计算机等级证书、英语等级证书，这是分内的任务；普通话也可以算是一个证书，可以自选；还可以考一下各种从业证，如会计从业、证券从业、银行从业等。学业的最后检验标准就是就业。大学生上大学，眼前具体的目标就是为了学到一技之长，能够就业。虽然大学生上大学的目的不能只此一项，但它是主要目标。所以大学生要经常研究用人单位的招聘广告，研究它们的招聘要求和标准，争取做到最好。

除了学业，大学生上大学，还为了自己成长快乐，能够成人，事业成功、生活幸福。这些方面的素质没有硬性的指标，只能在生活和人生中以实践来予以检验了。

二、素质的自我整合

一个人的成长和发展要经过若干阶段，从幼年、少年、青年到壮年、中年、老年，在整个过程中都有素质的养成积累。这种素质的形成可能有多种途径，受先天遗传和后天环境、教育等的影响。有时候外界的力量大，更多的时候需要依靠自我的主观能动性，特别是在青年期(大学阶段)，这种自我影响可能发挥到极致。一个人可以充分发挥自我的力量，通过一定目标、内容、过程和方法，将自身的素质整理、优化和提高，这就是素质自我整合。

1. 素质与素质教育

(1) 素质

依照各种词典，“素质”一词，一般有以下意思：①白色的质地或容色。②用花生做的一种营养素食，“素质”是其商标。③事物本来的性质。④指人的神经系统和感觉器官的先天特点。亦指素养，素养就是素质。心理学上指人的某些先天的特点。⑤指人与生俱来的以及通过后天培养、塑造、锻炼而获得的身体上和人格上的性质特点。《辞海》的定义为：①人或事物在某些方面的本来特点和原有基础。②人们在实践中增长的修养。如政治素质、文化素质。③在心理学上指人的先天的解剖生理特点。主要是感觉器官和神经系统方面的特点。是人的心理发展的生理条件。但不能决定人的心理内容和发展水平。某些素质上的缺陷可以通过实践和学习获得不同程度的补偿。

素质一词在学科研究上最先属于生理学概念，指人的先天生理解剖特点，主要指神经系统、脑的特性及感觉器官和运动器官的特点。素质是心理活动发展的前提，离开这个物质基础谈不上心理发展。后来，素质又用于心理学等学科。各门学科对素质的解释不同，但有一点是共同的，即素质是以人的生理和心理实际作基础，以其自然属性为基本前提的。也就是说，个体生理的、心理的成熟水平的不同决定着个体素质的差异，因此，对人的素质的理解要以人的身心组织结构及其质量水平为前提。

到今天，素质更多地表现为一个人才学名词，特别是在教育领域中，素质应是个体完成某种活动所必需的基本条件，包括人的体质、才智、能力和内在涵养即道德力量，还有审美趣味与水平、创造意识与能力等诸多方面。人的素质一旦形成就具有内在的相对稳定的特征，所以，人的素质是以人的先天禀赋为基质，在后天环境和教育影响下形成并发展起来的内在的、相对稳定的身心组织结构及其质量水平。

现实生活中，人们的理解和运用也很多。很多时候人们对他人表示不满的口头禅就是“真没素质”，而对人评价高时可能会说“那人素质很高”。其实生活中常常以“素质”代表人的道德水平、文明程度以及综合素养。

而很多时候，尤其是在教育培训活动中，人们常将知识、能力和素质三者相提并论。对于三者之间的关系，很少有人把它们理清楚。据《昆明日报》报道，德籍华人、海归学者亨德森·杨曾经有一段论述，说得非常中肯："知识、能力和素质是一种递进包涵关系：知识是能力的基础，二者又是素质存在和提升的逻辑前提。"他说："西方发达国家的教育教学设计、组织和实施，是建立在使学生学会知识、学会操作、学会共同生活和学会发展的理念基础之上的。知识，在实证意义上，作为人改造自然过程中所获得的认识和经验的积淀，分为显性的和隐性的。前者具有可整理、编辑和传播的特点，可通过人脑的功能内化为记忆内容；后者具有只可意会不可言传的特点，只能通过内心感悟的过程中来认识。在学习过程中，记忆是对知识材料的输入和重组，使其与其他知识材料建立联系，形成主体的思想、方法和精神内容的创造性活动。一个人不能再现所学知识，便无法建构知识应用、操作能力。能力，按其定义，指主体可胜任某种操作的本领，设计操作活动所须具备的主观条件和实施方式。能力虽以知识为基础，但获得知识并不自动等于拥有能力，因为知识只有外化为可产生某种效率效度的操作力，才被视为能力。因此，要学会操作，必须基于对知识的记忆、理解，运用多种思维方式对知识内容作分析、综合、判断和推理，来进行使知识向能力有效转化的训练。素质，广义上指主体的智力与非智力形态及其要素的总和，是主体综合能力的体现。因而，教育教学不仅应该是学生学会知识、具备应试能力，而且应该着眼于使学生共同生活和学会发展的长远目标，培养学生的综合能力和整体素质。这样，学校才能普遍培养出既有知识又有能力，既有文化又有教养的社会真正需要的人才。综上所述，知识、能力和素质，表现为递进包涵关系：知识是能力的基础，二者又是素质存在的逻辑前提。"①

综上所述，本书认为，一般所谓"素质"，是属于人的素质，是用来对人进行质的评价的。总体而言，人类有两种属性即自然属性和社会属性，后者是本质属性，它将人与一般动物区别开来，即人是动物的一

---

① 亨德森·杨：《知识、能力和素质的关系》，载《昆明日报》2011年10月31日。

种而不是一般动物而是社会性的高等动物。具体而论，每一个人都有自己与众不同的内在特质，这些特质无论单方面或综合来看，都有层次、水平、程度之分，这就是素质。人的素质是由先天遗传和后天教育影响而形成的，指的是由先天遗传的生理特质和后天教育影响而获得的心理、社会特质的总和，包括身体、心理、科学、文化、生活、劳技、人际交往、思想、政治、道德、法律、审美、创造等方面内容，以知识、能力为基本存在和表现形态，成为一个人完成生存与发展活动的基本条件。

素质是对人的生存与发展质量的一种概括，“素质”的水平就是一个人的水平，对人的方方面面的评价都脱不开“素质”的范围；“素质”的形成伴随人的一生，不过其发展的程度与频率有轻重缓急之分。

教育以及人才学界对人的素质结构也多有关注和研究，有关很多文章都有意无意地对素质做了分类。对于素质的分类有多种，标准不一样，分出的结果也各不相同。有一分为二的：“身体素质和精神素质”或者“自然素质与社会素质”或者“身体素质与心理素质”或者“专业素质和社会素质”；有一分为三为：“身体素质、心理素质和文化素质”，或者“自然素质，心理素质和社会素质”，或者“身体素质、心理素质和社会素质”；有一分为四的：“生理素质、一般心理素质、文化心理素质和个性心理素质”；有一分为五的：“品德素质、智能素质、身体素质、审美素质和劳技素质”；有一分为六的：“身体素质、思想品德素质、文化科学素质、心理素质、劳动技能素质、审美素质”；有一分为八的：“政治素质、思想素质、道德素质、业务素质、审美素质、劳技素质、身体素质、心理素质”；还有一分为九的：“思想政治素质、道德素质、知识素质、技能素质、能力素质、心理素质、审美素质、身体素质和劳动素质”……对于素质的分类，还可以通过组词列举很多种，比如：自然素质、社会素质、人文素质、专业素质、生理素质、心理素质、精神素质、知识素质、技能素质、智能素质、能力素质、劳动素质、科学素质、学科素质、政治素质、思想素质、道德素质、法律素质、实践素质、审美素质、创造素质、个性素质等几十种甚至上百种。所有这些分类当中，比较典型的分法是“三类八种”:“三类”就是上述所指“身体素质、心理素质和社会素质”，“八种”是指“政治素质、思想素质、道德素质、业务素质、审美素质、劳技素质、身体素质、心理素质”。在社会实践中，各种素质有时是交叉的、重复的、扩展地存在和需要的。经过一番研究综合，再结合大学生的特点和高等教育的目标，本书认为，大学生的素质就是大学生现在和将来从事社会实践活动应该具备的基本条件，包括诸多方面，其中最主要的是：身体素质与心理素质，科学文化素质与劳技素质，思想、政治、道德与法律素质，专业与职业素质，审美素质与创造素质，人际素质。一个素质完善的大学生可以集中概括为六个方面：身心健康，知识技能丰富，修养良好，有就业发展潜质，懂得审美创造。

（2）**素质教育**

素质教育，指的是一种教育理念或者教育模式。在某种意义上来说，是针对应试教育而提出的。应试教育指脱离社会发展需要，违背人的发展规律，以应付升学考试为目的的教育思想和教育行为，是教育工作所存在弊端的集中表现。“应试”的含义，就是“应付”教育与社会生活中各种必要的“考试”。教育本来就有“应试”的成分，“应试”本来就是教育的一个必要部分。但是，“应试”绝对不能扩大为教育的大部或全部。当“应试”一旦“畸形”蜕变为逐渐占据教育的太多甚至全部空间的时候，教育就变为一切为了应付考试的不正常状态，此时“应试教育”的说法产生了。应试教育以升学率的高低来检验学校的教育质量、教师的工作成绩以及学生的学业水平。以考试为目的的教育，教育模式与考试方法限制了学生能力的充分发挥，被动地学习，培养的学生难以适应工作和社会的发展。它追求升学率，导致基础教育出现畸形发展现象，使高等教育接纳的生源综合素质偏低，存在重智育、轻素质的倾向，忽视思想政治教育，不注重人格素质、精神素质等非智力因素的培养。这种教育制度流行于东亚地区，如中国两岸三地和韩国，还有东南亚的新加坡等。反对人士认为由于应试教育较片面地注重知识以及重点的记忆和灌输，及在教育的过程中普遍不注重学生综合能力的培养，因此是填鸭式的教育，死记硬背的学习。但是应试教育在中国港澳台地区，以及日本、韩国、新加坡等地却取得很好的成效，事实上这些地区和国家的发达也得益于应试教育对学生能力的培养。

教育，本应是按照社会良性发展的需要培养和完善人的活动。尽可能地使人得到全面的发展，最大限度地为每一个人创设良好个性最佳成长的空间，为社会的良性发展不断提供最大的创新动力，这应该是教育的基本职能。素质教育应该是教育的本意。它是一种旨在促进人的素质发展，提高人的素质发展质量和水平的教育活动。教育要避免纳入应试教育的轨道，人们就必须认识到素质教育与应试教育对立的诸多方面。归纳起来，主要有：在教育目的上，素质教育追求学生素质即德、智、体、美、劳的全面发展；应试教育旨在应付考试，片面追求升学率。在教育对象上，素质教育强调面向全体学生；应试教育则把学校工作放在少数所谓优秀的即有升学前途的学生身上。在教育内容上，素质教育重视德育、智育、体育、美育、劳动技术教育的“全面开花”，把几项教育有机结合起来；应试教育则只重智育，片面强调对知识的掌握而忽视了教学生学习如何做人。在教育方法上，素质教育注意在一定共同要求的基础上对学生因材施教；应试教育则只是对少数学生提出“升学”的统一要求，并没有实现因材施教。在教育评价上，素质教育要求从德、智、体、美、劳等各个方面来评价学生的素质水平；应试教育则把考试作为唯一的评价方法，将分数作为唯一的评价标准。在教育结果上，素质教育“不求个个升学，但愿人人成功”，或者每个学生“及格+特长”模式；应试教育则只有少数人升学，获得成功，而大多数学生的才能被忽略，以失败者的心态走向社会。从这两种教育的“对立”中人们不难看出，正是由于应试教育存在着如此众多的负面消极因素，所以才激发、推动了素质教育的发展。

在中国，孔子在两千多年前就比较全面地提出了素质教育思想。在教育对象方面，孔子提出“有教无类”的原则，主张人不论出身贵贱，不论品行善恶，不论聪明愚笨，不论年龄大小，不论是否有了职业，都可以而且应该接受教育；在教育内容方面，孔子重视品德教育、美育陶冶和体育卫生，重视培养学生的能力，使学生人格得到全面发展；在教学方法方面，孔子先于苏格拉底首创了启发式教学法，他针对学生的不同特点实行“因材施教”，主张教学相长，以师生共同讨论作为经常性的教学形式。

到 20 世纪八九十年代，一些教育工作者就开始提出“素质”这个概念，紧跟着就引起了教育界的重视。改革开放以来，党和国家始终把提高全民族的素质作为关系社会主义现代化建设全局的一项根本任务。1985 年 5 月，邓小平在第一次全国教育工作会议上，从社会主义现代化战略和中华民族的根本命运的高度，强调要把我国沉重的人口负担尽快转化为巨大的人力资源优势的必要性和紧迫性。他指出：“我们国家，国力的强弱，经济发展后劲的大小，越来越取决于劳动者的素质，取决于知识分子的数量和质量。一个十亿人口的大国，教育搞上去了，人才资源的巨大优势是任何国家比不了的。有了人才优势，再加上先进的社会主义制度，我们的目标就有把握达到。”① 同年发布的《中共中央关于教育体制改革的决定》中明确指出：“在整个教育体制改革过程中，必须牢牢记住改革的根本目的是提高民族素质，多出人才，出好人才。”此后，在《中华人民共和国义务教育法》、《中共中央关于社会主义精神文明建设指导方针的决议》和中共十三大报告中，都强调“提高整个中

① 这是邓小平 1985 年 5 月 19 日在全国第一次教育工作会议上的讲话《把教育工作认真抓起来》。参考《邓小平文选》第三卷，人民出版社 1993 年版，第 120 页。

华民族的思想道德素质和科学文化素质”的问题。这是素质教育的最初思想源头。

在邓小平讲话以及中央文件的启发下，理论界关于“素质”、“民族素质”、“劳动者素质”、“国民素质”的研究日益增多。研究主要涉及素质观念、素质与培养目标、素质与社会发展、素质与教育的关系等方面。同时，针对教育实践中出现的片面追求升学率和由此引发的学生课业负担过重等问题，教育界开展了“端正教育思想，明确教育目标”的讨论，从树立正确的人才观和提高民族素质出发，对片面追求升学率的现象做了一些分析和批评。在教育教学一线，一些中小学也大胆尝试，改革创新，涌现出一些体现素质教育思想的教育改革实验模式。这些研究、讨论和实验为素质教育的提出奠定了理论和实践基础。

广大教育工作者在纠正采用违反教育规律的手段片面追求升学率现象的过程中，很自然地把素质和教育联系起来，逐步产生了“素质教育”的概念。1993 年 2 月 13 日，中共中央、国务院在总结广大教育工作者改革实践经验的基础上制定发布的《中国教育改革和发展纲要》(以下简称《纲要》）中指出:“中小学要从‘应试教育’转向全面提高国民素质的轨道，面向全体学生，全面提高学生的思想道德、文化科学、劳动技能和身体心理素质，促进学生生动活泼地发展，办出各自的特色。”《纲要》中提到“素质”一词的地方有 20 多处之多，并提出了全面提高学生四个方面素质的要求。为了贯彻和落实《纲要》，中共中央于 1994 年召开的全国教育工作会议上提出:“基础教育必须从‘应试教育’转到素质教育的轨道上来，全面贯彻教育方针，全面提高教育质量。”同年 8 月，《中共中央关于进一步加强和改进学校德育工作的若干意见》明确指出:“增强适应时代发展、社会进步，以及建立社会主义市场经济体制的新要求和迫切需要的素质教育。”这是第一次正式在中央文件中使用素质教育的概念。1994 年 6 月，中共中央、国务院召开了第二次全国教育工作会议，提出各地要抓素质教育改革试验区。素质教育观念逐步转化为各地各部门的积极探索和生动实践，进入了区域性试验与探索阶段，涌现出湖南汨罗、山东烟台、辽宁大连、上海闵行、江苏南通等一批实施素质教育的先进典型，创造出愉快教育、成功教育、情境教育等实施素质教育的鲜活经验。1997 年 10 月 29 日，国家教委颁发《关于当前积极推进中小学实施素质教育的若干意见》强调："在中小学全面贯彻国家的教育方针，积极推进素质教育，已经是摆在我们面前的刻不容缓的重大任务。"由此，掀起素质教育实践的区域性高潮。全国首批建立了十个素质教育实验区，一些省市也建立了省级素质教育实验区。与此同时，广大教育理论工作者对素质教育的内涵、实施素质教育的意义、国民素质的构建、中小学素质教育目标的确定、素质教育人才培养模式、课程结构、运行机构、督导评估等等方面做了大量研究，为全面推进素质教育提供了大量理论和实践依据。1999 年，国务院批转教育部制定的《面向 21 世纪教育振兴行动计划》，明确提出，实施"跨世纪素质教育工程"，整体推进素质教育，拉开了素质教育从典型示范转向整体推进和制度创新的序幕。同年，中共中央、国务院作出了《关于深化教育改革全面推进素质教育的决定》，并召开了以素质教育为主题的全国教育工作会议，进一步强调了实施素质教育的重要性和必要性，明确了素质教育的内涵，以及实施素质教育的具体举措。由此，素质教育开始作为党和国家的战略决策，进入国家推进、重点突破、全面实施的新阶段。2001 年，经国务院同意，教育部颁发了《基础教育课程改革纲要（试行）》，启动了新一轮基础教育课程改革，到 2009 年秋季，全国义务教育阶段全面实施新课程，普通高中已有 25 个省份进入新课程。课程改革在全面实施素质教育中发挥了核心和关键作用，带动了基础教育观念、人才培养模式、考试评价制度、师资队伍建设、教育管理等方面的配套改革、整体推进。各地注重德育为首，育人为本，开展阳光体育，增进学生体质，加强美育熏陶，塑造高尚情操，努力促进学生全面发展。以人为本的素质教育理念日益深入人心，义务教育均衡发展的局面逐渐展开，以素质教育理念为核心的教育质量保障体系正在形成，中小学素质教育呈现出良好的发展态势。

素质教育概念的提出和明确，对于教育事业的发展意义重大，对于高等教育也是意义深远。对大学生素质教育的关注始于90年代，到21世纪达到比较集中的局面。到如今，对大学生素质教育的研究方兴未艾。有人认为，大学的教育就是素质教育了。这是一个天大的误解。大学生特别是中国大学生从应试教育中走来，有着接受素质教育的良好愿望，大学也有诸多条件可以实施素质教育，真正的素质教育在大学应当而且必须实现。

今天，谁也不否认素质教育的重要性。家庭、学校和社会都引起一定的关注与重视，但如何真正地在全社会广泛深入地实施素质教育仍然是摆在所有人面前的一个重大课题。实现素质教育的高等教育，依靠的条件是多个方面的，但是主要靠大学生自己，发挥大学生的主观能动性。

2. 自我教育与整合

（1）自我教育

“自我”是一个多学科关注的概念，哲学、心理学、宗教、教育学等学科都有各自的内涵。在中文语境中，“自我”一词也拥有多义解释：①自己。清代谭嗣同《怪石歌》：“自我钦之若危岫，浊酒以酹歌以侑。”瞿秋白《赤都心史》：“有人既发展自我的个性，又能排除一切妨碍他的主观的困难而进取，屈伸自如，从容自在。”②自己对自己。毛泽东《正确处理人民内部矛盾的问题》说：“这种教育工作是人民内部的自我教育工作，批评和自我批评的方法就是自我教育的基本方法。”③自己肯定自己。《文选·陆机（豪士赋）序》：“夫我之自我，智士犹婴其累，物之相物，昆虫皆有此情。”④相偶、相依。宋代苏轼《戏书乐天身心问答后》诗：“渊明形神自我，乐天身心相物”。本书书名中的“自我”，与心理学所言自我即自我意识（ego）虽有密切关系，但其所取基本词义简单，就是“自己对自己（oneself)”。在“大学生素质自我整合”中，“自我”是一个状语，表示一种方式，“大学生素质自我整合”即大学生自己对自身素质进行整合。

众所周知，教育是培养新生一代准备从事社会生活的整个过程，也是人类社会生产经验得以继承发扬的关键环节，主要指学校对适龄儿童、少年、青年进行培养的过程。广义上讲，凡是增进人们的知识和技能、影响人们的思想品德的活动，都是教育。狭义的教育，主要指学校教育，其涵义是教育者根据一定社会（或阶级）的要求，有目的、有计划、有组织地对受教育者的身心施加影响，把他们培养成为一定社会（或阶级）所需要的人的活动，有正规教育、成人教育、技术教育、特殊教育、终身教育等类型。在西方，教育一词源于拉丁文 educate，本义为“引出”或“导出”，意思就是通过一定的手段，把某种本来潜在于身体和心灵内部的东西引发出来。从词源上说，西文“教育”一词是内发之意，强调教育是一种顺其自然的活动，旨在把自然人所固有的或潜在的素质，自内而外引发出来，以成为现实的发展状态。

“自我教育”一词，过去很多年都只用在德育而不是整个教育中。广义指受教育者以一定的世界观和方法论，认识主观世界和教育自己的全部过程,又称自我修养。即人们以自己已经形成的思想品德为基础，而提出一定的奋斗目标，监督自己去实现这些目标,并评价自己实践结果的过程。狭义即自我批评。作为德育的一种方法，要求教育者按照受教育者的身心发展阶段予以适当的指导，充分发挥他们提高思想品德的自觉性、积极性，使他们能把教育者的要求，变为自己努力的目标。要帮助受教育者树立明确的是非观念，善于区别真伪、善恶和美丑，鼓励他们追求真、善、美，反对假、恶、丑。要培养受教育者自我认识、自我监督和自我评价的能力，善于肯定并坚持自己正确的思想言行，勇于否定并改正自己错误的思想言行。要指导受教育者学会运用批评和自我批评这种自我教育的方法。

这样的理解虽然也有广义和狭义之分，但到今天我们应该把之前传统意义上的解释都当做狭义。因为近年来，一些关注教育的学者对自我教育作了崭新的诠释：自我教育和他我教育共同组成教育；自我教育是教育不可或缺的一翼和落脚点，它不只是他我教育的一种方法，而是教育的原动力之一，教育目的之一，教育内容之一。人们平常所说的“教育”几乎都是他我教育，中国教育理论迄今是以他我教育为中心所确立的，这是对“教育”概念偏颇和习俗的理解。

最好的教育是自我教育。中国古代教育家历来重视自我修养，如孔子强调立志，要求人们“志于道”，“择善而固执之”。他还提倡“内自省”，“内自讼”，要求人们自觉地改过迁善。《大学》说的“君子必慎其独”，讲究的也是一种自我修养。孟子强调德性涵养要依靠“自得”，他说：“君子深造之以道，欲其自得之也。自得之，则居之安；居之安，则资之深；资之深，则取之左右逢其源。故君子欲其自得之也。”中国现代教育家陶行知则说过：教是为了不教。毛泽东提倡在人民内部“用民主的方法向他们进行教育和说服的工作”，提倡“人民内部的自我教育工作”，并且指出，“批评和自我批评的方法就是自我教育的基本方法”。① 这对用马克思列宁主义来改造人们的思想言行，促进人民内部的安定团结，起了良好的作用。

德育论认为，教育同自我教育是统一的过程；自我教育在一定意义上来说是教育的结果，又是进一步教育的条件或内部动力。因此在教育过程中要充分发挥受教育者自我教育的主体作用。

前苏联伟大的教育家苏霍姆林斯基更是认识深刻：“一个少年，只有当他学会了不仅仔细地研究周围世界，而且仔细地研究自己本身的时候，只有当他不仅努力认识周围的事物和现象，而且努力认识自己的内

① 《毛泽东文集》第六卷，人民出版社 1999 年版，第 81—82 页。

心世界的时候，只有当他的精神力量用来使自己变得更好、更完善的时候，他才能成为一个真正的人。”

我们今天的任务必须把自我教育的范围从德育扩展到所有教育内容上去，运用到大学生的素质教育上来。大学生从进入大学的那一天起，就应充分读懂一个“自”字。与“自”相关组成的词语不下三十个，有少数是贬义，如“自私自利”、“自大自夸”、“自卑”是必须摈弃的；有些是褒义，如1988年中国妇女六大上提出的“四自”（自尊、自信、自立、自强）也是值得大学生发扬的。实际上很多学校也一直倡导“四自”教育。大学生从观念到行为，都要主动自发，独立自主。“大学生素质自我整合”，就是大学生自己对自己进行素质整合，就是自己对自己的教育——自我教育，自觉、自动，自学、自习，自理、自律，自信、自强。

（2）整合

整合（Integration），本是一个科技专业名词，其定义是：一段DNA分子插入基因组DNA的重组过程。它首先应用于分子遗传学学科，后应用于地质学与政治学，分别表示整合接触的简称以及政治分权、行政集权。也被借用于“整合营销”和“网站整合”。

但“整合”真正的原意是：把一些零散的东西通过某种方式而彼此衔接，从而实现信息系统的资源共享和协同工作。其主要的精髓在于将零散的要素组合在一起，并最终形成有价值有效率的一个整体。在科学领域，分化和整合是科学发展中两种相辅相成的趋势。分化指在原有的基本学科中细分出一门或几门相对独立的学科；整合指相邻甚至相距很远的学科之间交叉、渗透、融合而形成边缘性、综合性学科。

在现代，“整合”广泛应用于心理、形象、经济、文化、媒介、课程、教育等领域。心理学上常用到整合一词，比如：身心灵整合。在人才学上更是运用到此词，比如《21世纪的人才观：科学素质与人文素质的整合》（程承坪，载《西江社会科学》）、《教育与发展：创新人才心理学整合研究》（宛小平，北京师范大学出版社）等，这些论文都是从整合角度谈人才培养的。在人才学中，整合是作为一种方法论来运用的。

本书所指“整合”，借鉴各学科对整合的运用，用在素质培养方面，意义在于：个体把自己和社会需要的素质通过某种方式而彼此衔接，实现协同，将零散的要素组合在一起形成一个有价值的、和谐的整体。素质的自我整合就是自我素质教育，主要要依靠自我的力量，对各项素质进行整理综合，优化提升。

大学阶段，大学生可首先围绕“成为一个什么样的人”确定整合的总体目标，接着拟出为达成未来生存与发展目标必需的素质类型，一一予以整合并使之相互融会贯通、彼此和谐；然后在有效时间内，分阶段进行整合，将从前家庭、学校与社会中接受的影响分析优势，扬长补短，遵照一定原则、途径和方法予以具体整合。

总而言之，“大学生素质自我整合”就是：大学生在大学阶段利用外在一切条件，充分发挥自我主观能动性，对自己各方面素质如身心健康、科学文化、生活劳技、人际交往、思想道德、专业与职业、审美与创造等进行有明确目标、具体内容、完整过程、合理原则、广泛途径、有效方法的整理、综合、内化，使其完善、提高和巩固而相互和谐。

第二节　大学生素质自我整合的意义

大学生在校期间就不能悠闲随意地生活吗？一定要做些什么吗？并且是自己主动来行动吗？答案是肯定的。大学阶段仍然属于学习的大好时光，大学为大学生提供了一定条件，大学生自己有能力进一步完善自我的素质。特别需要提醒人们注意的是，以前主要依靠外在力量实现的大学素质教育现在可以转到主要依靠自我的力量实现的轨道上来。何况，近年来的现实情况反映，社会特别是用人单位对大学生有诸多不满，大学生对自身也不够满意。仔细分析主客观条件就会发现，大学生不是不可以改变现状，大学生素质的自我整合是有可能并且有必要的，实在是势在必行。

一、势在：大学生素质自我整合的可能性

大学生的主客观条件尤其是大学生自我意识的发展为大学生素质自我整合创造了得天独厚的各种条件，大学及社会也为大学生的成长、成才和成人创造了有利条件，具体来说为大学生整合素质创造了充分的可能性，大学生对自己的素质进行整合是完全可能的。

1. 大学生的条件

（1）主观条件

自我意识的增强是大学生的显著特征。所谓自我意识，概括地说，就是指个体对自己（包括生理和心理）以及自己与外部世界关系的一种认识。自我意识的主要表现形式有自我观察、自我体验、自我评价、自我监督、自我控制等。心理学的研究表明，自我意识不是与生俱来的，而是个体在与外界的接触中特别是在与他人的交往中，随着身心各方面的成长而逐渐产生和发展起来的。青年期尤其是青年中期(即大学阶段)乃是自我意识发展、稳定、完善的关键时期，大学生由于生理心理的发展趋于成熟，文化科学知识的增长，抽象思维能力的不断提高以及社会实践经验的日益丰富，他们的自我意识的发展与儿童少年期相比发生了质的变化。虽然不能说大学生的自我意识已经很稳定、很客观了，但大学生的自我意识跟过去任何时期相比显然更稳定、更客观，而且更自觉、更主动、更强烈、更丰富了。

如果一味只是强调加强外在因素来促进大学生素质教育，已经很

不切合时宜了。大学生的自我教育理念一定要在开学教育中就提出来。大学教育应讲究一个“自”字，以大学生自我为中心，建立目标、动力和行动体系。大学应以大学生为中心，尽可能创造一切条件让他们自主管理自己，自主整合自己的素质。在这一点上，台湾有一所中学的经验值得借鉴。在台湾，有这么一所学校，学生年龄在15—18岁之间，每年三千多学生中，因违反校规校纪被校方开除的二三百人。学校没有工人，没有保卫，没有大师傅，一切必要工种都由学生自己去做。学校实行学长制，三年级学生带一年级学生。全校集合只需3分钟。学生见到老师七米外要敬礼。学生没有一个考不上大学的。这就是台湾享誉30年以道德教育为本的忠信高级工商学校。在台湾各大报纸招聘广告上，经常出现“只招忠信毕业生”字样。

大学前的学校教育为大学生的发展打下了良好的智能基础，尤其是知识基础。尽管在中国，不少人对基础教育颇有微词，说中国的基础教育是典型的应试教育，但我们不能因此把基础教育看得一无是处。即便是应试，它也能帮助学生在每一个阶段刻苦学习，承受压力，面向一个目标，集中精力予以对待。特别是总结、概括和消化一个阶段自己所学知识，是离不开考试的。参加了高考的大学生，一般都具备了基本的知识、技能和素质，有了一定的学习发展能力。到了大学阶段，正是需要运用所学基本知识，作出一些自我创造提升的时候。大学生希望自己过去所付出的辛苦没有白费，甚至死记硬背的东西还能有用。如果能够尝试激活过去的知识加以拓展深入，运用已有的技能更上一层楼，从而提升自己新的更加完备而高超的素质，那将是一件特别有意义的事情。

并且，大学生一方面无论时间上还是精力上都可能思考和解决“自我”的问题，另一方面，随着社会因素影响力的显著提高，加之现代社会文化复杂多变，对尚未适应社会复杂现象的大学生提出了严峻挑战，大学生不得不思考在不远的将来进入社会后的处境。大学生一路走来，经历了基础教育阶段的考验，特别是小考、中考和高考的心理磨练，内化了一定的家庭（父母）、学校（老师）以及各种过去环境的影响，再经过进入大学离开家庭的心理断乳，在一个新环境中重新面对一个新的自我，加以整理适应，加强了自立精神，建立了新的自信心，培养了自理能力。所以，大学生完全有可能开创一个自我教育的新阶段。

（2）客观条件

大学生的身份也是一种资源。因为是一个大学生，大学生可能会比其他同龄人更多地得到社会的关注和重视。总体来说，社会对大学生还是宽容的、维护的，国家的许多政策也是会向大学生倾斜甚至对大学生有特殊照顾，比如国家的助学贷款政策、助学金与奖学金设置、大学生就业与创业政策等。拿着学生证，大学生可以买到便宜的火车票；物价上涨太厉害，大学生还可以得到国家的补贴；大学生有困难，更有人愿意伸出援助之手。在很多大学，还能看到“一切为了学生”的标语口号，无论实际做到与否，都说明大学生是大学的重要关注对象。社会也赋予大学生一定的使命，期待大学生能够健康成长、成人、成才，为国家社会出力。所以大学生可以把自己当做社会未来的主人，充分利用社会一切有利因素在大学阶段培养自己。

即使都是一流大学，有的是拥有一流的教师，有的是拥有一流的校园环境，有的则是拥有一流的学生。如果说每所大学都绝不一样，主要是因为它里面的学生各不相同。大学生要善于把学校同学当做资源来享用。了解他们的家乡，了解他们的人品，了解他们的能力特长，了解他们的人际关系（也许将来就是自己的人际关系）。三个臭皮匠，顶过一个诸葛亮，更别说自己的同学是个大学生了。

2. 大学的条件

（1）硬件

从硬件上说，大学最基本的就是有自己的规划土地以及在土地上建设的教学、生活建筑群如教学大楼、图书馆、体育馆、操场、学生公寓、食堂、大学生活动中心、固定自习室、科学研究室与实验室等及其附属设备设施，这就是人们所说的“大楼”。大学生来到大学，就可以充分享有和利用这些。气势宽宏而优美的校园也是一种环境资源，优越的区域位置与气候条件也是资源。无论学校的办学条件怎样，即使再小再旧也是五脏俱全。上大学之前，学生们都对大学充满了憧憬，仿佛这里要多美好有多美好，大学就应该是个天堂。来到大学，有的立马就失望了，等过一段时间，大家都熟悉了校园的环境，适应了大学的生活，对于大学里拥有的一切熟视无睹，不予利用，这是一种极大的资源浪费。

在我国，大学“硬件”条件方面流传着一些有趣的“大学之最”，比如：中国占地面积最大的大学——东北林业大学，中国人均占地面积最小的大学——澳门大学，中国校内风景最美的大学——武汉大学，中国校园最美的大学——北京师范大学珠海分校，中国校园周边风景最美的大学——厦门大学，中国校门最豪华的大学——聊城大学，全亚洲校门最宽的大学——杭州电子科技大学，中国食堂最豪华的大学——中国人民大学，中国单体图书馆最大的大学——三峡大学，等等，但经过一番考量，虽然这些具体硬件条件与人才的培养并无直接关系，总体而言，大学生易于选择硬件条件好的大学是事实。

（2）软件

从软件上看，大学首先是拥有自己的师资队伍，其中有学识渊博、阅历丰富、各富个性的专家学者，也有热爱教育、乐于奉献的普通教师和行政管理人员，他们都有可能是未来的“大师”；大学拥有来自五湖四海的大学生，这些是比任何物质资源更加生动活泼的资源。由广大师生员工营造的人气还可以生发另外一种资源，各种的活动资源，各种活动资源又派生出更加神奇的力量，那就是“大气”与“大爱”。学科建设、课程设置也是资源，大学是知识的殿堂、技能的训练场、时代精神的汇集地，是文化的传承者、信息的交汇点。大学的软件资源无论社会评价好坏，都是各有千秋的。大学生只要有心加以充分利用，就能使之成为自己素质整合的良好条件。大学是个小社会，师生员工在一起可以互相参照与磨砺。

若论我国大学的软件条件，那应该属那些办学历史悠久的学校了。我国有 20 所百年名校：北京大学、清华大学、复旦大学、上海交通大学、浙江大学、南京大学等。据说，中国出国人数最多的大学是清华大学，中国最受高考状元青睐的大学是北京大学，中国建校最早的大学是天津大学，中国人数最多的大学是吉林大学。

3. 时代的条件

现在是 21 世纪，这一世纪的时代特征可用经济全球化、政治多极化和文化多元化来概括。21 世纪也可以说是世界发展的又一重要时期，经济全球化的速度加快、领域拓宽，为每一国家发展提供了发展契机。中国作为正在崛起的发展中大国，具有独特的后发优势，面临着重要的发展机遇。随着改革开放的深入，经济高速发展，人民生活水平的不断提高，中国随世界一起进入一个全新时代。大学生与所有中国人一道，享受着这个时代赋予的发展条件。知识经济与信息化是这些条件的重要特征，大学生在这些条件方面又具有得天独厚的优势。

当然，现在的时代也是一个竞争激烈的时代，需要实力和素质，国家间的竞争主要是人才素质的竞争；自主创新成为民族进步、国家富强的最大动力。人才素质的提升依靠教育，准确地说是素质教育。大学生作为国家培养的高等人才，在培养方式上首先就要学会自主，在培养目标上当然是健全素质。因而大学生素质自我整合是符合时代发展潮流的。

二、必行：大学生素质自我整合的必要性

近年来，社会对大学生有诸多不满，这不仅是针对在校生也包括

步入社会的大学生，特别是即将毕业和刚步入社会的这一部分大学生，面临着社会焦点的检阅和评价。大学生对自己也有种种不满，或通过在网上发表心得体会表达怨悔，或在对学弟学妹的劝诫中体现出来。这种主客观的不满，集中体现在大学生的素质上，究其原因，虽也与社会和学校甚至家庭方面的影响有关，但主要问题来自大学生自身。因为内因是变化的依据，外因只是变化的条件。再说，虽然环境与教育的影响不可忽略但毕竟大学生自身是主体，即使家庭、学校与社会曾经有错，现在也没法一一重新予以更正，只能主要通过大学生自己来检查发现、集中整改。同时，大学生阶段作为学校教育的最后阶段，素质整合再不做将来再补救就有些来不及了。因而，是到了大学生对自身素质做整合的时候了。

1. 社会不满意

（1）**学校、家长、社会人士等方面不满意——在校大学生**

近年来，尽管大多数在校大学生的发展还是顺利的，但常常也有一部分在校大学生出现极端状况从而引发重大社会新闻和讨论，不仅让所在学校师生瞠目结舌，也让社会上人士唏嘘不已。比如，大学生马忠义认真策划和实施了他的犯罪行为、大学生刘海洋三次硫酸烧熊事件、大学生马加爵杀害四名同学事件、女大学生张超与人合谋抢劫杀人碎尸事件、大学生药家鑫开车撞人杀人事件、大学生马晓明只因被劝退学杀死父亲奶奶事件、中国政法大学的付成励弑师事件、留日大学生汪某刺母案以及求爱不成拔刀相向等大学生恶性案件，都是最近几年的重大社会新闻。除了伤害他人，还有自伤，因为失恋而割腕，因为找不到工作而跳楼，还有其他伤害自身的事情，在明里暗里发生。这些问题的出现，伤害了亲人也伤害了整个社会更伤害了大学生自己，让大学生成为社会议论的焦点，加深了社会对大学生的不满情绪，也对大学教育提出了严重质疑。这些事件的出现，原因很复杂，有社会的、有家庭的也有学校的，当然，更有大学生自己的，主要应该是大学生自己为自己买单。因为，大学生绝大多数都已年满18岁，应该也可以对自己负责了。专家建议，大学生要培养自身的归属感、效能感和乐观感，增强抵御挫折的能力。发生在在校大学生身上的一些现象不仅引起了社会的广泛关注，也让学校领导焦头烂额，使有关教师沮丧，令家人担忧和失望。

学校、家长、社会人士等方面对大学生的不满不是空穴来风，的确是一部分大学生自己的表现出了问题。这些问题有的是心理扭曲造成，有的是道德败坏使然，有的还有其他一些主客观原因。这些都需要引起各方面重视尤其是大学生自己的高度警醒。

（2）**用人单位不满意——即将毕业和刚毕业的大学生**

对于那些即将毕业寻找实习单位和毕业时找工作的大学生，社会人士特别是用人单位对他们的看法就更加多样化。在大学生的招聘中，一些用人单位的人力资源经理颇有感慨，甚至对应届毕业生发出明显的不满信号。“不要递给我花里胡哨的简历，不要一副‘只要你招我我什么都肯做’的姿态，不要对我拒绝收你的简历报以晦气的神色或失望的情绪，不要不敢说出和写下你结业的学校，不要给我枚举一大堆你的学习结果和从事的所谓实习，不要在回复‘你的薪酬要求’的时间多了那么多空话。”

智联招聘2008年的一项调查显示，三成毕业生一年就换掉了工作。其中，21.4%的2006年毕业生不到一年就换掉了第一份工作，2007年毕业的学生不到一年就换工作的比例也达到了三成。2008年毕业没多久的学生，已经有一成换了工作。据凤凰网与国内知名调查公司联合开展的“2009年中国大学生就业状况调查”显示，81.2%的大学生认为找到一份理想的工作非常困难或者比较困难。

有关专家建议毕业生要摆正求职心态，积极就业，理性择业。这就需要毕业生对自己的专业、兴趣、特长等各方面做出综合考量，制定适合自己发展的职业目标，即便“先就业再择业”，也要有所规划。

在大学生实习过程中以及他们参加工作以后，社会特别是用人单位对大学生也有诸多不满，这些不满主要表现在三个方面：一方面是心态上，要求高但好逸恶劳，别说忍辱负重，吃苦受气都不行；二方面是眼高手低，上岗动手能力差，夸夸其谈可以，动手写篇小文章不行；三方面是人际协调差，个人主义严重，各自为政又不能独当一面。

曾经，大学生被视为天之骄子，令人羡慕，社会对大学生充满着期待。那时，大学生走到社会，受到极大关注，普遍被委以重任。当时大学生自身的素质，也的确比一般同龄人高而且全面，社会尊重大学生，用人单位以拥有大学生为自豪。但到现在却常听人说，大学生水平相应降低了。大专一般相当于过去的中专，本科相当于大专，硕士研究生相当于本科生，博士研究生相当于硕士生。

2. 自己不满意

（1）在校时

入学伊始，大学生结合新的环境与同学会自然而然对自我进行一定的认识评价，有的大学生对自己的外在形象或对自己内在的才能不满，想改变并且及时作出了规划，这是件好事。但是，有少部分学生不能适应大学环境，对大学生活感到迷茫，因此而一味自卑，甚至一蹶不振。极个别的同学没考上自己理想的大学或者是家长硬塞给他（她）一个专业，这就为他（她）不能好好对待自己的大学生活埋下了隐患。上课没兴趣，逐渐听不懂，功课跟不上，跟同学比感觉没有什么优势。如果得不到及时的调整，结果往往比较消极，难令自己满意。

在大学阶段，某些大学生总感觉不快乐、不幸福；或者有极个别学生，正巧相反，走到另外一个极端，感觉到大学真的像是到了天堂，乐不可支、轻松自在、游手好闲，玩这玩那但漫无目的；有的还想拼搏一番，但感觉身心俱疲；有的想在某方面引起别人的关注，结果往往是触犯了校纪校规甚至法律；有些则是在感情生活上栽了跟头，患上忧郁症；又有一些大学生则麻木不仁、浑浑噩噩、睡觉度日，经常感觉自己在大学过着无聊的生活，花钱买无聊真让自己无限痛苦。有大学生曾经在网上发表文章，名叫《写给可耻的自己》，针对自己的恋爱心理和对父母的责任感等方面表示对自己深深的不满。这种不满的呈现还是积极的，一方面表达了这种大学生在某些时候的一种矛盾心态，一方面也透露出大学生的自我反省。

大学毕业阶段，大学生大多会主动进行一些评价总结，有一些感概，这个时候，很多的不甘和遗憾就涌现出来，恨不得时间慢点过去，让自己能够追加一些机会改善自己，这尚属正常。但有少数大学生感觉到自己简直就是一个废物，陷入到极度自卑的泥潭，特别是有人在毕业前夕，因为接受不了多次求职无门的事实而万念俱灰，对未来失去了信心，产生心理障碍甚至跳楼自杀。所有这些不满意在毕业时达到高潮。

（2）毕业后

大学生毕业工作后的一段时间，大学生对自己的不足认识更加深刻，对自己常常颇有感悟，十分后悔。但是大学不可重来，深深遗憾之余，只能把教训留给学弟学妹了。这些不满表现在：①形象气质没出来，毫无特色。社会用人单位常常在招聘启事中提到“形象气质佳”这个要求，很多人表示不满，但也有人因此而对自己不满。虽说从小的相貌是爹妈给的，但自己长大后可以塑造自己的容貌和气质，因为“相由心生”、“腹有诗书气自华”。所以说，在大学“形象气质”也是可以修炼的。对自己不满的大学生一定是感觉到了自己在大学忽略了这个，没有能够修炼出好的形象气质。一个人可能没有天生的好姿容，但不能因此就一定没有好的形象气质。除非某些特定的专业和岗位是有硬性指标的，比如要多少身高、多少体重等。②专业水平没出来，不擅长动口动手甚至无从开口、下手。学汽车维修的一个小小故障也排除不了；学英语的不能自如与一个美国人交流；学财会的做个小账大写中文都不对；

学文秘的写个请假条也有格式问题还带错别字。学了专业等于白搭，完全没有一技之长，怪学校没有用，这叫自己也不知如何是好。③人际沟通能力没出来，不善交际。一些大学生临毕业时不知道怎么样去社会上推销自己，见了人就害羞，打招呼的勇气也没有。还有一些大学生在工作之后还是常常独来独往，很难理解别人，更难在行动上和同事协调一致，甚至莫名其妙地常常与人产生摩擦。④身体虚弱，心态萎靡。个别大学生体质差，天气热了不行，冷了也难过，体力活一点都不能干，身体吃不消；有些大学生自己缺乏素质，还不承认，也不能接受批评和建议，还动不动就生气发火，这都是典型的吃不了苦也受不得气。看见同样是和自己一样刚毕业的大学生，别人却不完全是这样，感觉是自己的大学上错了，或者明确意识到就是自己错了。冰冻三尺，非一日之寒。关键是发现这一切时已经为时过晚，已经习惯了，不容易改变了，只能自怨自艾。

总结起来，大学生的问题，无论是在校突然爆发还是在就业时表现出来，主要表现在如下方面：①身心素质差。原国家教委曾对 12 万名大学生的身体健康进行了一项抽样调查。调查显示，80%的学生视力近视；23.3%的学生因心理压力而患心理疾病；每年因病退学、休学和自杀的学生数字更是触目惊心。据有关调查显示，全国大学生中因精神疾病而退学的人数占退学总人数的 54.4%，有 28%的大学生具有不同程度的心理问题，其中有近 10%的学生存在着中等程度以上的心理问题。诸多的数据和事实表明，大学生已成为心理弱势群体。大学生心态不良时有体现：急功近利，时常把赚钱作为唯一目标，考证只是为了好找工作，贪图享受，懒散，要求高，不能吃苦受气，主动性和克制力差。②文化素质缺乏。缺乏常识，没有自己的知识架构和积累；很多该懂的不懂，很多时候等着上网查资料。不少大学生外语好、数理化好、经济头脑好，但对祖国的地理、历史、文化非常无知。部分大学生对国家现行政策的认识不够深刻。毕业生在择业过程中，不能很好地认清当前的形势，对自我的定位及自我能力的评价不够确切。③部分大学生的价值观、人生观存在偏离。在市场经济崇尚个性发展大潮的影响下，受社会上所谓“实惠”观念和“个人功利”因素的影响，部分大学生的人生价值尺度渐渐向“功利化”偏移，其政治生活、文化生活、精神生活也在发生变化，其中包括西方的政治观点、人生哲学和腐朽生活方式，通过各种渠道渗透进来，对现代大学生产生了诸多不良影响。④动手能力、行动能力、上岗能力差。专业能力仍需进一步加强。⑤人际协调能力差。我行我素、独来独往或许有时是大学生生活方式选择的自由，一意孤行、个人主义在学校没有什么明显吃不开，但是到了社会，这些个性和行为习惯往往会成为阻碍大学生社会性发展的最大障碍。不仅可能同事看不惯，领导不欣赏，也会影响到自己工作的效能。现在社会是一个协作解决问题的社会，团队精神极为重要。有时候一个大学生自以为自己智商优越，博览群书，才华超群，没有什么事情能够难倒他，到了单位自恃清高，干什么都单枪匹马，不屑与人为伍，长此以往，注定失败。有些大学生生性木讷，不懂沟通，在校也不重视训练，习以为常，出了校门还是榆木疙瘩一个，干什么事情都是“自成一体”，既不会合作也不能竞争，在社会上命运可能与前者惊人相似。

3. 急需革除以往教育中的某些弊端

在以往家庭教育以及基础教育阶段，一些学生养成了不良习气：学习依靠老师，死记硬背，考完拉倒，什么都不记得；生活依赖家长，不懂自理，日常生活一塌糊涂；心理不独立，遇事惊慌失措，等等。上大学后，如果不加以改变，使其明了素质教育的意义，发挥自我主动培养和整合素质，那么大学毕业后要成为健康、有用的人才是不太现实的。大学教育更有条件顺应素质教育理念，必须尽早革除基础教育阶段遗留下的某些应试教育弊端。

既然大学生普遍对自己不够满意，在校时如此，毕业后更甚，社会也对大学生颇有微词，用人单位不易认同和接受，家长、学校等方面常常担忧，而由于大学生自我意识和知识、能力的特点，大学生自己能够对自己负责，大学也有一定的软硬件条件来支持大学生主观能动性的发挥，那么大学生的素质自我整合就显得十分必要而且可能。可以说，大学生素质自我整合是大学生在大学阶段的主体任务，意义非凡。

“大学生素质自我整合”即大学生充分发挥自我的主观能动性，结合外在的教育影响，自己通过一定的目标、内容、过程和方法，将自身的身心、科学文化、生活劳技、思想政治及道德法律、专业及职业、审美与创造、人际交往等方面的素质整理、优化和提高。“大学生素质自我整合”是大学素质教育的核心内容，也是大学生在大学阶段的主体任务。特别是，由于社会和大学生自身对大学生素质发展的诸多不满，而大学生又有条件来改变这一局面，大学生整合素质成为必须和可能，因此，大学生素质自我整合势在必行。

案例一　少年有志、青春无悔

青春无悔，这是每一位大学生的心愿。然而，同在一所大学，同样走过大学时代，各自的毕业证的含金量却颇有差异。这就决定了他们在人才市场上的竞争力的强弱，于是，有的如愿以偿，有的悔不当初。怎样才能拥有一个无悔的大学时代？罗天喜同学的学习与成长给了大学生许多有益的启示。

一、总是告诫自己：我要干什么？我能干什么？我在干什么？

罗天喜是海口经济职业技术学院（现名：海口经济学院）商务英语

专业04级学生，2006年获得海南优秀大学生光荣称号。他勤奋学习，连续获得学院外语系英语演讲一等奖、加拿大驻广州总领事馆举办的“枫叶杯”海南省英语演讲专业组二等奖等九个奖项；先后为通澳影视文化有限公司翻译《中国维和警察》、《郑和下西洋》两部电视剧，并负责外国演员调配工作，光荣参加了2006年4月份亚洲博鳌论坛的会务翻译和接待外宾工作；他在广泛的人际交往中拓展了在社会实践中学习英语、学习做人、学习做事的大课堂。他是在素质教育阳光下成长起来的优秀大学生。

2004年，罗天喜以473分高考成绩考入海经院，后来成为他的优势学科的英语成绩也只是刚及格水平。但他的志向和心态却不同寻常。入学就是军训，军训后的评比他就获得了新生军训先进个人称号；军训刚结束，他就迫不及待地找到外语系副主任何春老师，当面请教英语学习的方法。何老师很欣赏这个求知若渴的新同学，回答很简单也很精到：“这样吧，你是英语专业学生，我们来个约定，从今以后，我们之间的交谈一律使用英语。”罗天喜心领神会。之后他不怕错不怕丑，与何老师及其他一部分师生交谈时，就一直以英语为交际工具。他以越来越出众的英语听、说能力和比赛成绩赢得了师生们的赞扬。询问他的学习动力哪里来？他想了想，认真地说：“我几乎天天都在告诫自己：我要干什么？我能干什么？我在干什么？搞好学习就要有志向、有目标、有定力。”问他如何理解“我在干什么？”他说：“其实，大学生都有大体的目标，但不一定有定力。生活中的诱惑太多了，管不住自己就偏离了人生目标，就要及时纠正过来，不能自己毁了自己。我总是提醒自己，放弃那些鸡毛蒜皮的小事，要做最重要的事情，立刻就做。”我在心里为他这几句话喝彩，不过是几句话，却道出了他的人生觉悟。

谈起他的家乡，他是广东潮汕人，是华人首富李嘉诚的同乡。从他口中得知，潮汕地区人多地少，外出经商者多，富豪也多。据说国外的华人富有者中，潮汕人就占19%。潮汕人教育孩子的口头语就是：你看李嘉诚……在他的家乡，李嘉诚的名字就是一种精神财富，这种精神是指人活着要有志气，要善于谋划，能吃苦，能建功立业，爱国爱家乡。罗天喜坦言："我要像李嘉诚那样成长、成才、成功，将来当个企业家"。他还说："有人问李嘉诚的成功靠什么，他毫不犹豫地回答，靠学习，不断地学习。我坚信学习能改变命运。"看得出，李嘉诚的创业精神与其人生智慧，已经与其家乡的乡情民风一起熔铸进罗天喜的生命之中。

其实，对罗天喜的人生追求与价值观念产生深刻影响的不止于此。他喜欢读书，读名人传记、中外历史、人才学、成功学等等。毛泽东、丘吉尔、罗斯福、松下幸之助、比尔·盖茨等人的生平与业绩，卡耐基的《人性的弱点》，以及《人际交往指南》等有文字的书，也喜欢阅读、解悟没有文字的书，这两年来在海经院接触的师长，聆听的教诲，他在社会交际、社会实践中的阅历与历练，"世事洞察皆学问，人情练达即文章"的自觉性，都是引导他的价值取向、强化其成就动机、促使他的自我塑造的精神营养。凡有所学，皆成性格。我试着与罗天喜探讨几个问题，他总能言之有据地与你侃侃而谈，不仅有比较丰富的知识背景，有清晰的记忆，还有理性的思考。这个潮汕小子是个有志气、有头脑又不乏人生智慧与口才的好苗子。

二、勤学苦练，学必有成

罗天喜的专于学习、勤于学习、善于学习在外语系是出了名的。说起他的勤学苦练，我问他是不是很苦？三朝两夕还能忍受，如何长时间地勤苦不辍？他的回答很有点儿新意："其实，勤学苦练必有所成，这种成功的体验给我带来了巨大的乐趣，不仅不觉得苦，还增强了学习的动力。追问他如何勤于学、善于学，可有什么经验告诉学弟学妹们？他说，先要专于学习，要坚信学习是最有价值的，要纯静专一、心不外驰。为了拒绝诱惑，专心向学，他为自己制定了三“不”的铁律：第一，不浪费时间；第二，不读与自己的人生目标无关的读物；第三，不早恋。他说，我的大学在教室里，在图书馆里，在我的自学与社会实践中。他从不窝在宿舍里闲待着，不玩网络游戏。在他的学习计划尚未完成时，即使朋友约他聚会他也会坚决地婉拒。他总是提醒自己：要把自己管起来，要学会说‘不’”。这使我想起了孟子的忠告：“人有不为也，而后可以有为”。舍得，舍得，有舍才有得。这就是罗天喜——人生有目标，心中有楷模，学习有铁律。他的勤于学、善于学、学有所成便是顺理成章的事了，就像新蕾朝阳、溪流奔海、春华秋实一样自然而然。

学英语像学开车，都是一种技能训练。开车不是学出来的，是练出来的；掌握英语与其说是学出来的不如说是练出来的；它需要在相应的语言环境中反复使用英语。罗天喜从校内外的老师那里领教了提高英语表达能力的有效方法，明白了听得标准才能说得地道。他坚持大量的英语泛听和精听，听不懂也坚持听。去英语角，听收音机，听广播，抓紧一切可以听的时间听，哪怕是刷牙、上厕所也照听不误。有的同学借口说学英语没有环境，他说，没环境可以创造环境，没人跟你说英语，就找会英语的师生或外国友人说，不一定非得到外国去才能学英语。他的练听力也超常的认真。平时总是随身带一本英语小词典，说英语的时候，即使80%听得懂，本可以顾全脸面敷衍过去的，他也要把听不懂的弄个清楚明白。或者马上查词典，写下来，当即消化掉，或者请求对方拼写出来，解释一下。他说，不尽量多地掌握词语，总是若明若暗的，跟人家对话就没有底气。莫问收获，但问耕耘，这样的精耕细作还愁没有收获吗？知识重要，能力重要，其实，这种高质量、高效率的自学能力才是最重要的。两年来，罗天喜在参加CCTV杯英语演讲海南赛区和加拿大驻广州总领事馆举办的“枫叶杯”海南省英语演讲专业组等五次比赛中，获得两个三等奖、一个二等奖。

还记得，一次比赛上场前，曹烨科院长亲切勉励他，要保持平和心态，发挥出最好水平。他深知英语学习的好与差不仅仅是个人的学习问题。他相信谋事在人，成事在我；相信天道酬勤，天道酬我。每次赛前准备他都要到图书馆查资料，写稿、改稿、背稿，折腾来折腾去，他也乐此不疲。为达到口语表达的正宗、得体、流畅，他坚持不懈地跟着老师学，跟着广播说，不仅在平日坚持与老师、同学们说英语，他还颇有创意地结交了许多外国友人，在彼此的友好交往中创造了与外国友人直接对话、大量对话的语言环境。两年来，他结识并交谈过的外国友人有100多位。有这么多的外教直接口传心授，他的英语的学习和提高自然是水到渠成了。他的爷爷不相信他能用英语与外国朋友直接交谈，他索性约了他结识的美国记者乔丹在暑假期间一起到他的家乡走了一趟。2006年春节期间，他以翻译的身份，陪同美国记者到广西桂林采访了几位珠宝商会的经纪人。类似的活动还很多。与外国友人的交往与交流，涉及的内容远远超出了课本上的范围，经济、商业、历史、文化、艺术、民俗等等，无所不谈。他拥有一个比一般同学更加广阔的视野和更加完善的知识结构与能力结构。

操千曲而后晓声，观千剑而后识器。实践出真知，实践出才能。就是凭着他的勤学苦练、孜孜以求，那陌生的音符终于在混混沌沌、一知半解的朦胧中逐渐变得清晰了、熟悉了、亲切了，一种新的语言像智慧的神泉流进了自己心灵的山谷，他可以用英语准确而流畅地表达自己的思想和感情，进行顺利的人际交往了。那种应答自如的自我效能感、成功感并不亚于歌唱家的歌唱、书画家的挥洒、舞蹈家的翩翩起舞。正是这种由小而大的成功感，伴随他的英语学习的全过程，给了他一种铭心刻骨的乐趣，也给了他不断学习的动力。

三、学会感恩，学会关爱

罗天喜的人际交往很广泛，社会活动很活跃。这似乎有不务学业之嫌，其实这正是他这个优秀大学生的亮点。在学院组织的社团活动、社会实践活动中，在不影响课程学习并征得领导同意或学院推荐的情况下，2005至2006年，罗天喜参加的社会实践活动，除前面提到的两部电视剧的剧务、博鳌亚洲论坛的会务，陪同美国记者赴桂林采访外，还为新加坡 Tiger Tales 杂志翻译了海南旅游景点的资料，为中国航天海南海鹰度假村翻译酒店旅游文件和全部对外资料，应加拿大朋友邀请，参与了有关摩托车出口的外贸交易事务。值得指出的，罗天喜的这些社会实践活动，原初的动机却是为了学习英语，后来，他日渐明确了社会实践乃是人生的大舞台、大课堂，不仅要提高语言表达能力，还要自觉地借以提高自己的人际交往、社会角色扮演能力与相关的业务能力，从而实现人的社会化。在参与博鳌亚洲论坛会务工作期间，外事办临时抽调罗天喜去索菲特酒店做协调工作，在与会代表的航班有变、业务范围广、信息量大的情况下，他学到了不少课本上学不到的东西。令他难忘的是，经申请并得到外事办领导批准，4月22日他亲自在会场上聆听了论坛秘书长龙永图、日本经济产业大臣二阶俊博、韩国贸易部长金玄宗等领导人的大会演讲。会议休息期间，他还遇到了两位潮汕老乡——国美集团总裁黄光裕（大陆首富）和腾讯公司首席执行官马化腾，虽然只有简短的交流，但他们对家乡的深情厚意深深地感染了他。社会交往与社会实践活动是同步的。罗天喜社交的开放性、广泛性也是值得称赞的。他的一个老乡约他参加了《中国维和警察》剧务，剧组需要百余名外国群众演员，他便转请一对外国夫妇相助，聘请并且认识了许多外国友人。友好往来过程中还逐步介入了他们的一些社会活动。至今保持联系的有三十多位，联系密切的有十多位。有两对在海南居住的美国夫妇已经把他视为自己家庭中的成员，格外关爱。在校内，罗天喜也与许多师长、同学建立了良好的人际关系。人生的走向与其事业的成败，跟他的社会关系具有必然的因果联系。罗天喜已经为他未来的创业做了必要的社交准备。

暑假期间，第一次约他访谈的那天，谈到11点，他告诉我，兰州建筑公司分驻海南的负责人约他为其朋友的孩子的高考选专业，车子就在校门口等着，他又忙着应约而去了。第二次访谈时，问他怎么会有这么好的人缘？他沉思一会儿，说出了几位令他感念不忘的师长。他刚入学不久，因为盲目推销亏了本，忍痛把学费的一半填了进去，只好要求退学。他所在的外语系刘统进书记得知后找到他，问明了情况，当即给了他4000元，解了他的燃眉之急。平时的学习和英语演讲比赛准备中，何春老师给予他的支持，辅导老师张王威、刘小虹等给予他的严格要求与指点迷津是他永难忘怀的。面对听众演讲时他曾经怕出错而怯场，周林松副院长说的话至今言犹在耳："要敢想敢说敢为不怕错，出错也要出个漂亮的错！"张伯敏副院长是他的潮汕同乡，一次在接待斯里兰卡统一国民党副主席和工会主席及国会议员考察学院时得知罗天喜也是潮汕人，交谈后给罗天喜看了学校董事长曹成杰给他发的信息，感谢张副院长为学校作出了很大贡献。张副院长也给了罗天喜很大的鼓励，潮汕人就要有这种闯劲。

罗天喜很有悟性。他的第三只眼睛总能从生活教科书里读出闪亮的人生哲理来。他说："这些人生阅历使我懂得，鱼不可脱于渊，人不能没人缘，要学会感恩，学会报答，学会关心人、尊重人。"就是在这种自觉的社会化的过程中，罗天喜从感性到理性地悟出了立身处世的道理。他的人格完善越发自觉了。他深知学习不仅是学知识、学能力，首要的是学做人。视他为亲人的两对美国夫妇生病时，他及时陪同去医院看大夫，银行卡丢失了，他出面跑银行交涉代理。平时生活中，罗天喜的作息时间总是很规律，他曾提醒同寝室的一位同学午睡时不要大声说笑，那位同学认为他太个性了，竟孩子气地跟他赌气，不理睬他。他照样一如既往地将毯子让给那个同学使用。就这样内方外圆，以善待人，两个同学又和好如初了。生活中免不了碰上不愉快的事，他总能理性地把握自己的情绪，妥善处置。在他依约离校去客串《中国维和警察》电视剧时，匆忙中犯了个先斩后奏的错误，单证课因缺课亮了红灯。为此事，一个假期他受到全家人一个月的批评。任课老师也在邮件中向他解释开红灯的原因。罗天喜说，这没什么不好，老师让我懂得做人要懂规矩，这是爱护我。他老老实实地补习、补考，过了关。生活无小事，处处见修养。他善于和谐自己与他人或集体的关系。关系如水人如鱼，他总是如鱼得水，左右逢源。

四、在思考与实践中自觉培养成功者的人格特质

有一首歌叫《特别的爱给特别的你》，大学生可以从中类比出特别的成功属于特别的你。要成功须成才，要成才须成长，这就要自觉培养成功者的人格特质。在与罗天喜的访谈中，我清楚地看到他身上具有卡特尔称为“特质”的一种优秀的人格特征。我意识到，可以与他讨论一下成才者的人格特质、大学生的学风、人才成长方面的问题。李开复博士在其《做最好的自己》一书中不无忧虑地说：“我看到很多中国学生的生命被浪费了，觉得很可惜。”只要你认真地观察、评价一下大学生的学习状态、学习活动质量，你会痛苦地发现这个“很可惜”的真实性。这是校园内最可痛惜的可怕的“浪费”。有的学者按学习努力程度将大学生分为三类：奋进型、平常型、玩乐型。正态分布，两头小中间大，中间层又是不很努力、安常处顺、个性不鲜明、能力不强的一大群。大学生是国家的未来与希望，这必然影响国家未来的国力与竞争力。引导同学们对照一下优秀大学生的人格特质与其学习、成长经验，自我检视一下学风问题，从自身做起树立新学风确实是不可忽视的。以罗天喜为例，优秀大学生在学习动机、学习策略、学习风格上，有别于一般大学生的人格特质是：(一) 立志践志的成功意识——有志在成长、成才、成功的大、小目标，有实现这个三“成”目标的积极行动，有定向力。(二) 思想领先的理性原则——注重在学习中思考，有正确的价值判断、

人生信念与相应的人生智慧、学习策略，有思维力。（三）专、勤、敢、创的学习风格——专于学习，勤于学习，敢想、敢说、敢做、敢于创新，首先是创造新自我，树立新学风，有学习力。（四）学做合一的实践能力——勤奋、务实，在实践中学习，有行动力。成功＝心力 ×（智力＋行动力），这个著名的成功公式强调了智力和行动力的重要。（五）和谐交往、善于协调的社会化觉悟。

这五条使我想到了海经院的校训“独立思考，成功实践”，便谈起了对校训的理解和感受。罗天喜说，高中时立志像李嘉诚那样建功立业，就想到要学他的精神，学他的思想方法，究竟是什么思想方法，又说不清楚。直到跨进海经院校门，看到校门上赫然醒目的八字校训，这才豁然开朗，对，就是这八个大字，就是要在思考与实践中追求成功。独立出自主，思考出理性，实践出才干，成功才有人生价值。海经院校训是成功学理论的高度概括。要激励自己，做个学习者、思想者、实践者、成功者。勤奋则是不可缺少的主体条件。勤奋是学习、思考、实践、成功的前提条件。大学生学习上的主要问题是懒散，要害是缺乏坚定的信念，缺乏意志力、自制力，经不住闲逸和玩乐的诱惑，管不住自己。许多道理都懂，就是做不到。心理贫血，精神缺钙，个性弱化，也就谈不上独立思考、成功实践了。大学生能否养成专、勤、敢、创的学习风格是其成长、成才的关键，关键的关键便是勤奋不勤奋的问题。人的成长与成才始于觉醒，成于行动，要害是自律。詹姆斯的话真如醍醐灌顶：“我们只不过苏醒了一半，我们只运用了我们身体上、精神上的一小部分资源，未开发的地方很多很多，我们有很多潜能都被习惯性地糟蹋掉了。”这几句惊世真言既使人清醒又催人奋发。记住：只有你自己才能开发你自己，只有你自己才能改变你自己。毛泽东终生不忘他的老师杨昌济的教诲：破坏习惯我，实现理想我。先贤遗教对于大学生不也是振聋发聩吗！罗天喜能够做到的，大学生同样能做到，还可以做得更好。下定一个决心：让自己拥有一个无悔的大学时代——把目标定下来，立刻行动起来，在思考与实践中成长、成才；养成专、勤、敢、创的学习风格，做最好的自己，让每一天精彩。

（来源：海口经济学院教授李宝岑）

案例二 父亲卖血儿摆阔

这是来自黄土高原的愤怒与哭泣！为供儿子上大学，贫困的父母几年间辗转卖的血可以装满两个汽油桶，儿子却在学校冒充包工头的独生子挥霍无度、荒废学业。终于有一天，苦熬苦撑的父母发现了真相，不思悔改的儿子竟大骂父母冷酷无情。人们不禁要问：父母的爱心和学校的教育为何结出这么一枚苦果？

2001 年 12 月 30 日，青海省乐都县马厂乡甘沟滩村村民陈邦顺接到大儿子小良的班主任——西安某学院郭老师的来信。郭老师要家长马上到学校去一趟。小良于 1997 年考上该学院电子自动化专业，按理说这年应该毕业了。10 个月前，小良离开家，说要去深圳参加招聘会，可是一去便几个月无音信。陈邦顺夫妻一直满怀希望地盼着大儿子参加工作的好消息。第二天，陈邦顺赶到了西安。这天正好碰上元旦放假，他好不容易才找到郭老师。郭老师第一句话就把他问蒙了：“您是包工头吗？小良是独生子吗？”原来，家境贫寒的小良入学后一直对同学说自己是独生子，父亲是包工头，家里很有钱。他花钱很大方，经常到网吧上网聊天、玩游戏。据同学说，小良每月上网花的钱少说也在 400 元以上，他的两个女朋友都是在网上认识的。郭老师拿出小良这几年的学习成绩单给陈邦顺看。陈邦顺发现：不及格和缺考的科目用红色标记，而小良的成绩单红标记斑斑点点。小良第一年勉强过关，二、三年级的成绩便不堪入目，很多科目缺考，四年级更是一片空白。郭老师说：由于成绩不好，小良已留了两级；他只在第一学年报了到、注了册、交了学费，其他几个学年根本没报到，学费也没交，学校曾多次催促他，可他始终没办理手续。听着郭老师的“天方夜谭”，陈邦顺直觉得眼前发黑，气得差点儿晕倒：这也就是说，自己这几年寄给小良的6.35万元，就这样被他花天酒地挥霍光了！四年来，小良一直欺骗为他辗转卖血的父母！陈邦顺禁不住痛哭失声。他颤抖着向郭老师伸出胳膊，指着那上面一个个发黑的针眼怒吼：“我哪是什么包工头呀？我的钱都是从这里流出来的！”郭老师惊呆了。他没想到小良是用父母卖血得来的钱将自己包装成富家子弟的，更没想到小良在上大学期间竟然花掉了6.35万元。按当时的水平，一个大学本科生四年花2.5万元已绰绰有余了。郭老师虽然同情这位愤怒、失望、痛苦的父亲，但最后仍不得不横下心来把学校的决定告诉他：“由于小良擅自离校，经常旷课，加上学习成绩太差，学校已对他做自动退学处理。今天请你来，就是告诉你这个决定。”那天，陈邦顺泪流成河。他不知道自己是怎样回到家的。

2002年5月，笔者作为中央电视台《聊天》节目的编导，历经千辛万苦前往陈邦顺家，倾听这位父亲的泣血哭诉。

陈邦顺的家坐落在青海、甘肃交界的大山深处。那里长年不见雨水，干旱严重，风一吹，黄土便铺天盖地。村民每年都在山脚坡地上种一些洋芋和小麦，至于收成如何，就全看天意了。那里的村民平时一日三餐都吃洋芋——早上蒸洋芋、中午煮洋芋、晚上熬洋芋，只有来客人了或过年过节才能吃上面食。为了逃出黄土漫天的山村，孩子们都把希望寄托在考大学上，因此这村子陆陆续续考上大学的不少。陈邦顺至今还记得，小良拿到大学录取通知书时高兴得在地里翻跟头。前一年高考时，小良只考上自费大学，陈邦顺担心上自费大学解决不了工作问题，让他复读了一年。接到录取通知书的那天晚上，小良的妈妈特意做了一顿过年才吃得上的揪面片。获知喜讯的亲戚们都赶来了，大家兴奋地传看那张录取通知书。小良是陈家这一辈出的第一个大学生啊！陈邦顺一边美滋滋地接受大家的恭贺，一边担忧：小良的学费要好几千元，到哪里去弄这笔钱呢？当初填志愿时，他曾一再叮嘱小良填本省收费低的学校，可小良第一志愿就填了西安的。陈邦顺想责备小良几句，但看到大儿子的得意劲又不忍心开口了。他想，儿子考上大学毕竟不容易啊，要怪也只能怪自己这个当爹的没本事！第二天，外甥们都给陈邦顺打气："陈家就出了这么一个大学生，你再怎么苦，也要供小良上大学。"而且保证以后帮助他家。就这样，拿着东拼西凑来的学费，小良走进了大学的校门。陈邦顺说，他们村里出了十五六个大学生，比乡里其他几个村的总和还要多。他还告诉笔者："因为自家的村子最穷，不想让娃再过我们的苦日子。娃考上大学，就算脱贫了！说什么我也得把他供出来。"

为了供儿子上大学，陈邦顺夫妇开始四处卖血。陈邦顺告诉笔者，大学四年，小良一共向家里要了6.35万元，这6.35万元中有70%是他们夫妇卖血得来的，另外还借了1.7万元外债。笔者问："你多长时间卖一次血？"陈邦顺回答："没准，农忙时卖得少一些，农闲时就往医院里跑得勤一些。有三个月一次、三天一次的，也有一天一次、一天三次的，有好几次抽着血就晕死过去了。"他还说，400毫升血的报酬是150元左右，血浆是80元；原本只是他去卖，后来他身体不行了，就叫老伴一起去；老伴有胃病，卖得少一些。笔者不解地问："国家《献血法》规定，一个人两次献血的间隔时间不得少于六个月。你怎么能在四年里靠卖血换来4万多元呢？""想办法呗！我们周围有九个血站，我都去卖过血。有时走几十公里山路再坐火车到武威、兰州去卖血。我有七个献血证，只有一个是真的，其他都是拿侄子、外甥的身份证办的。这样，我就可以在好几个血站来回卖血了。1998年，为了凑齐学费，我和老伴47天没有回家，到处辗转卖血，总算凑够了学费1720元。村里人都说我不要命了。我有什么办法呢？都是为了娃呀！"说着，两行老泪从陈邦顺的脸上滚下。沉吟半晌，陈邦顺突然举起两根手指，提高声音对笔者说："我这些年卖的血能装两个汽油桶！"

"他的每封信都是卖血通知书"。陈邦顺说，小良上大学后与家里的联系全靠写信，四年里，他一共给家里写来17封信，这17封信，没有一封是不要钱的，而且每次都要2000元以上。他说："这不是信，是债单！他的每封信都是卖血通知书！一接到他的信，我就知道又该去卖血了。"笔者忍不住问："小良知道你是靠卖血供他上学的吗？""知道。他上高中花的8600多元，也是我卖血换来的。"小良的信全被父亲藏在一个祖传的木匣里，这些信全都去掉了信封，仔细地对折着，按日期叠放得整整齐齐。征得陈邦顺夫妇同意，笔者读完了小良的来信。让笔者十分吃惊的是：这些字体娟秀的信只有一个主题——催款。我们不妨一起看看这些信：国庆节放七天假，班里统一组织去旅游，每人交100元，买衣服花了200（元），上学期暑假欠了200（元），书费200（元），重修及选修的课程花500（元），学杂费2500（元），生活费600（元），还加上后三个月的生活费还要3000元钱。上学期的体育课没有达标，还要到体育老师那儿走一趟。所以，3000元很紧张，请你们不要少寄，又让我借钱。在另一封信里，小良陈述了自己花钱的理由：我认为你们一点也不理解我们学生的难处，你们认为学生在学校，除了学习就是吃饭，花钱都花在（吃）饭上了，别的都不花钱了。其实不是这样，在这个知识爆炸的时代里，谁都想多学一点知识，为自己将来的工作做好各方面的准备，想多学知识就得报名学习，这样花一部分；再有学生之间相互搞好人际关系，比如说现在组织滑冰、游泳、春游、野炊，宿舍里边过中秋节、元旦，老乡之间开老乡会、搞联谊活动等等，我都不能一项不参加呀，那样只能孤立我自己了，和别人相处不下去。陈邦顺还回忆起这样一件事。有一次小良接连给家里寄来两封信，信中说，他熄灯后在宿舍里用电脑，偷接了走廊里的电，被学校发现，被处以3000元罚款，要家里马上想办法凑这笔钱，否则学校会处分他的，他就只好回家了。接到信的时候已是下午5时，陈邦顺立即起程到处找人借钱。天黑了，他敲开姐姐家的门，哭得说不出话来。和他一起去的三儿子给姑姑念了信，姑姑把小商店里的营业款给了他们。借到钱的时候已是晚上9时，陈邦顺怕小良真的第二天回来，带着三儿子一路小跑，只用两个小时就跑到16公里外的306连城铝厂（平时与小良通电话的地方），往小良宿舍打电话。他告诉大儿子：钱已借到，天亮后邮局一开门就寄出。当天晚上，陈邦顺没回家，与三儿子和衣挤在连城铝厂招待所的一张床上等待天明。钱寄去后不久，陈邦顺接到小良的回信，小良在信中要求父亲“以后打电话不要高声喊叫，因为接电话的可能不是我，你会吓着别人，同时也会影响其他同学休息”。小良竟嫌父亲那天晚上打电话时声音高了。

小良的妈妈说，小良上大学后变了，变得不爱与家人说话，也不爱回家了，甚至连过年也不回家。2000年春节，小良没回家，也没给家里写信说明情况，从学校放假那天开始到腊月二十八，小良的妈妈天天跑到村口接大儿子，汽车一趟一趟地开来，又一趟一趟地开走，扬起的灰尘布满站在路边一动不动、望眼欲穿的陈大嫂全身，她几乎成了“灰人”。但她最终还是没有盼到小良，哭成了泪人。正月十三，陈邦顺放心不下，背着一袋馍馍去西安看小良。这是他第一次到西安。他一路辗转，好不容易才找到大儿子所在的学院。当时，小良正在宿舍里。他告诉父亲，没回家过年是因为到网吧打零工，去挣点儿钱。他还埋怨父亲不该找他，不该来来回回花钱。一见到大儿子，陈邦顺心里的怨气就烟消云散了。他拿出东西来给小良吃，告诉他家里的大小事情，最后说想与老师见见面。因为第一次到学院，陈邦顺给老师带了一些土产。小良突然沉下脸，很不满地说：“你要见老师是啥意思?”陈邦顺很纳闷：“当然是听听老师说你在学校的表现。我这么远跑来，不见见老师怎么行?”小良说：“好，要见你自己去见。我留下来打铺盖卷回家。”陈邦顺惊呆了，落泪了。这是小良第一次当面以不上学要挟他。见父亲落泪，小良解释说：“学校不允许学生寒假留在学校，我是偷偷地留下来的。如果您去找老师，就等于通知学校我违反了规定。”陈邦顺最终没有拧过大儿子。为了不影响小良，他在学校外面住了一夜。第二天一早，就被小良送上火车回青海了。陈邦顺对笔者说：“我是一路哭着到家的。我不知道小良是咋了。”

2001年春节大年初四，小良离开家，说要去深圳参加招聘会，一去几个月无音信。7月6日，小良给家里寄来一封信，说在北京找到了工作，让家里寄去4000元交房费、押金。之后，又音信全无。“我到处打电话找他，他宿舍电话没用了。他留过一个女朋友的手机，奇怪的是：他一要钱，手机就能打通；钱一寄过去，就再也打不通了。从那时到现在，我打了不下百个电话，要是去了镇上，我就挨着有电话的铺子一家一家地打，还叫在外地打工的另外两个儿子给他哥打电话，可始终没有打通……”直至陈邦顺去了西安，这一切才水落石出！

采访中，笔者问陈邦顺：“小良的两个弟弟是如何看待哥哥的？他们有没有觉得你偏心？”这话戳到了陈邦顺的痛处。他低着头，半天没开口。过了很久，他举起一只手，红着眼圈对笔者说：“我这个父亲没本事，十根手指不一般齐，把两个小儿子给耽误了。”原来，为了供小良上学，家里穷得连作业本也买不起，陈家二儿子和三儿子只好没念完初中就辍学了。2001年春天，陈邦顺发现二儿子接连六七天不出屋子，也不干活。父亲从窗户里看到二儿子趴在炕桌上写东西，就问他究竟写啥，二儿子没回答。后来，三儿子告诉妈妈：二哥是给大哥写信。陈邦顺硬是把二儿子给他哥写的信要过来看了，看得老泪纵横。笔者也看到了陈家二儿子写的那封信。那封信的字写得很大，不足百字就写了四页多。看得出，那一笔一画写得非常费劲：良哥，你好！你三年的来信我全看完了，知道了你的一切情况。你在三年当中花去了4万多元钱！这几年家(里）庄稼全折(卖）完了。你每次来信说是(要）爸妈注意身体，爸妈每天给你注意身体，好到医院去（卖血）要（换）钱 ...... 陈家二儿子去年去湖北打工，不到八个月挣回2000元，回到家却只剩下68元，因为他给全家人各买了一套新衣。陈邦顺看到二儿子拿着衣服包包回家，气疯了。二儿子说："爸，你不要恨我。这些年，你给我哥花了那么多钱。八九年了，你和我妈都没穿过一件新衣服。这些钱不够还债，你就穿了吧。不然，你还是会把钱给我哥的。"陈家三儿子目前在酒泉打工。他非常明白事理，节约用钱。他的鞋帮穿脱了，人家给他钱让他再买一双，他把钱收起来，找根绳子把鞋拴一下又接着穿。这个17岁的少年一回家就缠着母亲不放，母亲走到哪儿，他就跟到哪儿。他说："妈，你在家我就高兴，你可千万别跟人家一起去卖血呀!"两个懂事的儿子都亲眼目睹父母这些年辗转卖血的苦痛，再也不愿看着父母走那条路了!

离开西宁，笔者前往小良曾经就读的西安某学院了解情况。学生处的丁处长证实：从2001年7月起，小良就擅自离开学院了。丁处长还说，小良所在的电子自动化专业是全学院最热门也是最好的专业，从这个专业毕业的学生都无就业之忧。班主任郭老师告诉笔者，小良性格内向，平时在学校沉默寡言，和同学交往不多。他对自己学的专业不感兴趣，厌学情绪很严重，以致逃学；在孤独迷茫之中，他迷上了网吧，沉迷在虚幻的世界里。郭老师还说，直到陈邦顺来了以后，学院才知道小良上学用的是父母的卖血钱；学生进校时可以填《家庭贫困状况登记表》，学校还专为贫困生提供无息贷款和解困助学工作岗位，可是小良从未申请过；小良平时穿着阔绰，出手大方，一副"富家子弟"的模样。

一回到北京，笔者就设法与小良联系。可是任凭笔者怎么留言，也没有收到任何回音。小良的女友曾给笔者回短信息，说小良5月4日离开北京去西宁了。她还告诉笔者，由于没有正式的毕业证书，小良在北京一直没有找到工作。我们制作的节目播出后，小良突然与我们联系，提出要见面。6月3日，在北京某快餐厅，我们终于见到了由女友陪着的小良。笔者问小良："回西宁以后有没有回家，是否与你父母联系过?”小良摇头说:“没有。”接着便不再给笔者发问的机会,他提出了一连串的问题:“你们都是当父亲的,如果你们的孩子也做了像我这样的事,你们会到中央台去说吗?你们认为这么做的父亲正常吗?你们不觉得我父亲残酷无情吗?”笔者惊愕!一时间说不出话来……

本来,急于与小良见面,是因为受陈邦顺夫妻之托,把父母的思念之情转告小良,不曾想小良竟然这样看待自己的父亲。小良的女友也在一旁不住地发问:“你们见到他父亲本人了吗?看他父亲第一眼时是什么印象?你们不觉得他长得很凶吗?”笔者打断她,问小良:“‘残酷无情’和‘凶恶’的父亲会卖血供你上学吗?”小良不耐烦地说:“你们别揪着这问题不放!坦白地说,我父亲卖血换钱供我上学和我在学校的表现都是事实,我没有异议!我承认我有做得不对的地方。可你们为什么就不敢认错?”谈话已经无法进行下去。我的脑海里突然浮现那天离开甘沟滩村的情景:小良的母亲送我们到村外,那双混浊的泪眼让笔者不敢多看一眼。小良的母亲一再叮嘱:“你们要是见到小良,一定叫他回家。我想死他了。你告诉他,我们不怪他。”……

我们怎么居然培养出如此不合格的教育“产品”?问题出在哪里?今后如何避免此类事情发生?目前,家庭中有一种比较普遍的现象是:家长用“爱”压迫孩子,而孩子则用“爱”来剥削家长。家长以“爱”为武器,逼迫孩子考名牌学校,成龙成凤,实现成人的“战略部署”。他们的口头禅是:“我们是为你好!”孩子则以“爱”为武器,向家长伸手要钱、要物、要享受。小良是用“爱”剥削家长的极端例子。我非常同情小良父母的处境,但我得实事求是地说:他们的教育思想是有毛病的,否则,小良不会变成这样。孩子惊人的以自我为中心和骇人听闻的不孝,是家长出格的溺爱造成的。陈老汉上中央电视台《聊天》节目时还说:“不是冲你要这钱,我就是想要你的毕业证、工作证。”可见在他的脑子里,教育孩子的根本任务不是让他学会“做人”,而是让他取得某种身份。这样想事情的家长,对孩子自私不自私、孝顺不孝顺,当然不会太在意。于是，孩子成为“无德者”的机会增加。小良骗了父母这么长时间，学校是否也有责任呢？学校如果早发现小良的问题，早通知家长，事情也许不会发展到如此地步。

（来源：人人网，作者为中央电视台《聊天》节目编导）

第二章　大学生素质自我整合有的放矢

每一种活动都需要建立自己的目标，所谓“有的”才能“放矢”，大学生素质自我整合亦然。“大学生素质自我整合”这支“箭”如何找到这个“的”呢？大学生必须分三步走：认识自己；认识社会；把自己放置社会中予以定位，找到结合点。这是一个总体、全程目标，它从层次上分为三层：成为一个健康的人（成长）；成为一个有用的人（成才）；成为一个能够自我实现的人（成人）。围绕着成为一个什么样的人，每一层都比前一层上升到新的高度。大学生素质自我整合的具体性目标（素质整合的内容）则在本书第三章加以概述，大学生素质自我整合的阶段性目标（素质整合的过程）则在本书第四章加以概述。大学阶段，不断认识自我，不断与社会结合，成长、成才与成人的总体目标不断明确，大学生素质自我整合就能有的放矢。

第一节　目标的确立

大学生素质自我整合目标的确立必须分三步走：首先认识自我，其次认识社会，然后把自我放置于社会中找到定位，目标自然明确。人类最大的任务是认识自己，“我是谁、从哪里来到哪里去、我为什么活着、我要成为什么样的人”等这些人生的重大问题，人们需要首先搞清楚，才能为寻找目标找出基本的依据。其次，认识自己的同时就要认识社会（环境），因为人的生活离不开生存环境，人的发展也离不开社会的发展。社会环境的因素很多，其重点部分是自己赖以生存的国度（国家）和生活在一起的同胞（民族）。认识自己和社会是大学生自我素质整合目标确立的前提，把自己放置在社会环境中予以准确定位，则是确定目标的最后也是最关键一步。

一、认识自我

认识自我是人类的第一要务，也是确立自我素质整合目标的第一步。从心理学的角度来认识自己，主要就是认识自我“人格”。“人格”是个体区别于他人的内在的总体心理特征，可分成三个内容：气质，性格，能力。它对人的行为进行调节和控制。当借助于“人格”基本理论考察了自我，人们就回答了“我是谁”，认识了现在的“我”，然后进一步推断出过去的“我”——“从哪里来”、“为什么这样”，以及将来的“我”、“到那里去”的主要人生问题，以一个现在、过去和将来的全方位的“我”的认识为树立素质整合目标找到依据。

1. 现在的“我”：“我是谁，我怎么样了”

“我是谁？”这是一个人自我意识逐渐成熟时必须思考的基本问题，也是一个成熟的人必须解决的基本问题。每个人就是他（她）自己，有自己独特的个性，即使兄弟姊妹哪怕是孪生也不完全一样，世界上再也找不出跟自己一模一样的另外一个“我”。这实际上就是让每个人认识自己的“人格”：第一，气质；第二，性格；第三，能力。大学生在认识自我时的第一件事情就是认识自己的人格。这里的人格是心理学意义上的而非仅指我们有时说的道德品质和做人的尊严。人格人人都有，各不相同。

(1) 气质

气质是由生理尤其是神经结构和机能决定的心理活动的动力属性，表现为行为的能量和实践方面的特点，如行为的强度、反应的速度、活动的持久性和稳定性等。

前苏联生理学家巴浦洛夫对气质进行了深入研究，认为气质可分为四种：胆汁质、多血质、黏液质、抑郁质。气质与血型有一定对应关系，日本学者能见正比古还长期对血型与气质的关系进行了研究，认为以上四种气质与血型一般的对应关系是：B、O、A、AB。与血型一样，气质是先天的，类型不能改变，气质没有优劣之分，但每种气质都能修炼成为最佳状态，大学生可以把自己所属的那一种气质在层次上发扬光大。如果说“林妹妹”是抑郁质，“张飞”是胆汁质，“林妹妹”不会变成“张飞”，但是“张飞”与“林妹妹”都可以把自己的气质修炼到一定境界。

了解自身的气质，对于大学生确定素质整合目标以及整合素质都很有意义。比如，在外表美方面，知道自己属于哪一种气质类型，就不必盲目模仿另外一种不同的类型。有人冷艳，有人动感；有人古典，有人时尚。在运动锻炼方面，属于胆汁质的人反应能力比较快但耐力会比较差，要多多训练自己的耐力。在情绪管理方面，属于抑郁质的人，心思比较敏感，要多参加集体活动，让自己开朗起来。

(2) 性格

人格的狭义就是性格。可见性格在人格体系中的重要性。性格是指一个人在社会实践活动中所形成的对人、对事、对自己的稳定的态度以及与之相适应的习惯化了的行为方式。有人刚强，有人怯弱；有人暴躁，有人温和。与气质相比，性格是可以改变的。不同类型气质的人都可能冷漠、懒惰、虚荣，也都可以做到热情、诚实、刚强。

正如俗话所说“世上没有两片相同的树叶”，大学生中就有活泼型、安静型等不同的类型，脾气也各不一样。大学生通过对自己、同学和老师，对学习、劳动的态度中就能反思自己的性格特征。气质与性格有相互影响，但不是说机械对应，比如，胆汁质与抑郁质都可以表现出热情的性格。性格有优劣之分，比如，热情为优，冷漠为劣；主动为优，被动为劣；宽厚为优，狭隘为劣，等等。当然，性格是需要修炼也可以改变的，所谓“江山易改，本性难移”是相对的。

俗话说：性格就是命运。它影响一个人对专业、职业、爱情等多方面的选择。在职业方面，有人认为是要顺应性格；在感情方面，有人认为应讲究同一下的互补。

性格是如何形成的？当然不是先天而是后天的教育与影响形成。还有一句俗语，观念决定行为，行为决定习惯，习惯决定性格，性格决定命运。

（3）能力

我国心理学界普遍认为，能力是指人们顺利完成某种活动所必备的心理特征。分为一般能力即智力和特殊能力如音乐能力、数学能力。智力包括注意力、记忆力、观察力和想象力。也可以按照内容把能力分成认知、操作和社交能力，或者按活动性质分为模仿力和创造力。不管如何分类，存在于一个人身上的能力是有差异的，能力特别是智力也是可以测验和培养的。

可以通过了解自己的能力结构特点而扬长避短。补足自己特别欠缺的方面，把自身能力最强处发扬光大，成为自己素质的一大特色。

2. 过去的“我”：“我从哪里来，为什么这样”

“我从哪里来？”了解事情要了解来龙去脉，认识自己也要认识自身的历史渊源以及缘由。每个人都有自己的祖先、父母，都有自己所属的国家、民族和文化，一个人的成长与发展离不开这些。父母生出了一个“我”，给了“我”先天的遗传素质，教育与环境的影响造就了今天的

“我”。大学生现有的身心与社会素质都有祖先、父母的遗传，而且深深打上了环境的印记。回顾和了解到这些具体历史及其原因，是大学生认识自己不可缺少的一环。

（1）遗传

每个人对自己要有自知之明，首先应了解自己的先天条件。每个人都是父母生的，带着父母及祖先遗传的基因，至少大学生应该弄清楚父母给的遗传怎么样，特别是身体、心理素质发展的先天条件，比如体质、身高、体型、血型、气质以及因此而影响的性格等怎么样，这样才能在自我发展的过程中尽可能扬长避短。

（2）教育影响

一个人成长到大学阶段，受到不少外界的影响和教育，大学生也应该弄清楚自己有生以来的积累怎么样，从父母家人那里受到什么样的影响，自己从小到大又悟到哪些，从社会那里又得到些什么，特别是在学校教育中，自己增长了哪些知识，培养了多少能力，这些都需要适时悉心地予以思考总结。

3. 将来的“我”：“我想怎么样，到哪里去”

“我想怎么样？我要到哪里去？”知道了自己是一个什么样的人，接下来还要思考自己想要怎么样，究竟要到哪里去，这种“接下来”的思考是经常发生的。这涉及两个主要方面的思考，首先是思考自己的需要，然后是思考自己主观到底要达成什么目标。

（1）兴趣爱好与需要

一个人对什么感兴趣，究竟爱好什么，特别是到底需要什么，这是人生的一些基本问题，必须好好思考和分析。需要是指人们对某种目标的渴求或欲望，需要是产生行为的动力源，人的行为都是为了满足某种需要的。根据不同的分类方法进行分类，可将需要分为许多类，如：自然需要和社会需要；物质需要和精神需要；外在需要和内在需要，等等。大学生在认识自己从而确定素质自我整合目标的过程中，首先要借助于一定理论了解自己的需要。

马斯洛于1943年在《人类激励理论》一书中提出了需要五层次理论，这就是著名的马斯洛需要理论。其内容主要有：①第一层次需要：生理上的需要。他认为生理需要是人类维持自身存在的最基本的需要，主要包括：吃、喝、衣、住、行等方面的需要。这些需要没有得到满足，人类不可能存在和发展。因此，马氏认为，只有这些基本需要满足到维持人的生存程度之后，其他的需要才会产生。②第二层次需要：安全上的需要。马斯洛认为，安全需要表现为人们要求保障自身安全、摆脱失业和丧失财产威胁、避免职业病的侵扰、解除强暴的监督等方面的需要。他认为，安全需要是在生理需要得到满足之后产生并对人形成激励的。③第三层次需要：感情上的需要。马斯洛认为，在安全需要得到满足之后，不再对人有大的激励作用，这时需要就让位于感情上的需要。至于感情上的需要，主要包括两个方面：一是友爱的需要，即人人都需要伙伴之间、同事之间的关系融洽或保持友谊和忠诚；人人都希望得到爱情，希望爱别人，也渴望得到别人的爱。二是归属的需要，即人都有一种归属于某一个群体的感情，希望成为群体的一分子，并能相互关心和帮助。同时，他认为这一层次的需要在很大程度上受一个人的生理特征、经历、受教育程度、宗教信仰等因素决定，因而，其表现形式差异很大。④第四层次需要：尊重的需要。马斯洛认为，当人们感情需要得到较大程度满足后，其对行为的激励作用减弱，开始产生更高层次的需要——尊重的需要。因为，这时人们追求的是自己稳定的社会地位，要求个人的能力和成就能够得到社会的认可。进一步细分，尊重需要又可以分为内部尊重需要和外部尊重需要。其中，内部尊重需要是指一个人的自尊，具体表现为希望在各种不同情境中有实力、能胜任、充满自信心、能独立自主等；外部尊重需要是指一个人希望有地位、有威信，受到别人的尊重、信赖和高度评价等。因此，马斯洛对人的尊重需要得到满足时的评价是：这时，人觉得活着有价值，能体验到活着的用处和价值，因而，对社会充满热情。⑤第五层次需要：自我实现的需要。马斯洛指出这是最高层次的需要，是指实现个人的理想、抱负，发挥个人的能力到最大程度，完成与自己的能力相称的一切事情的需要，即成为自己所期望的人。①

（2）理想、信念与价值观

理想是人们在实践中形成的、有可能实现的对未来自身和社会发展的向往与追求，是人们的世界观、人生观和价值观在奋斗目标上的集中体现。

信念则是认知、情感和意志的有机统一体，是人们在一定认识基础确立的对某种思想或事物坚信不疑和身体力行的心理态度和精神状态。信念是对理想的支撑。

理想信念是人们精神世界的基础、核心和灵魂的内容，所以，认识自我时离不开它们。自己向往什么，相信什么，这在大学生整合素质确立目标时必须认识清楚。

价值就是有用，是客体能够满足主体需要的效用。人的实践活动对于自己的价值就是人生价值。大学生在认识自我过程中会形成一定的价值观，这种价值观反过来会引导大学生的行动，让大学生去作出判断和选择。人生的价值分为自我价值和社会价值两个部分，人生的自我价值是指一个人主观需要的满足程度，而社会价值则是一个人对社会和他人的需要的满足程度。尽管这两部分相辅相成，不可分割，但是社会对于一个人人生价值的评判总会偏向于看待其社会价值，因为人是社会的人，人的本质属性是社会性。大学生在确定素质自我整合目标时，总是涉及自我需要和社会需要的考察和思考，也总是离不开自我价值和社会价值的判断和选择。

---

① 参考（美）马斯洛：《马斯洛成功人格学》，北方妇女儿童出版社2004年版。

二、认识社会

认识社会几乎是与认识自己同时的事，也是目标确立的第二步。社会是立体的，纵向要看历史、时代，横向要看世界、地球。人类从产生到现在已经有几万年，社会发展也经历了五个阶段，大学生处在21世纪的前半段，处在最新的一个发展时期。世界在不断改变着面貌，作为中国大学生，特别是中国社会和中华民族这样的环境是大学生认识的重点。尤其在确定人生目标时，必须从纵横两方面对环境予以认识，无视社会的现实与条件而独自想入非非，目标的确立就变得虚浮而失去客观性，因而也就难以实现。

1. 时代

（1）总体特征

社会是立体的动态的组织，它总是处在某个时代而带上时代的特征，今天的大学生要了解的社会的纵坐标是时代。今天大学生处于21世纪之初，准确地说，21世纪起始于2001年1月1日，结束于2100年12月31日。21世纪开始后，世界各国各地区经济全球化的趋势日益明显且不可阻挡，美国成为了世界上唯一的超级大国，前苏联在20世纪解体，俄罗斯继承了前苏联的大部分遗产包括政治遗产，其他一些实体国家，包括中国、印度、欧洲联盟等成为不可忽视的重要力量。美国自恃其经济与军事实力，竭力在全球推行其霸权主义，不断鼓吹美国式的民主和文化，但世界各国的文化各有千秋，呈现出千姿百态的面貌。概括地说，这是一个经济全球化、政治多极化、文化多元化的时代。同时，中国经历了30多年的改革开放，经济实力急剧上升（经济总量达到世界第二），政治改革与文化建设也方兴未艾，虽然改革的道路上困难重重，但总体取得了很大的成就。

（2）具体表现

在本世纪，全世界人们主要关注的问题是：全球化、人口过多、老龄化、贫穷、疾病、媒体传播、同性恋权益、堕胎、战争和恐怖主义、温室效应、沙漠化、环境变迁、全球性权力、知识产权、能源，等等。已经发生过的重要事件、发展与成就有：科学技术（国际空间站、人类基因组计划）、战争与政治（阿富汗战争、美伊战争、欧盟东扩、颜色革命、联合国改革）、天灾人祸（“9・11”袭击事件、南亚大海啸、汶川大地震、玉树大地震）、疾病与医学（SARS、艾滋病、禽流感、孔雀石绿、猪链球菌、甲型 H1N1 流感）、环境与自然资源（石油价格猛涨、新西兰大地震、利比亚骚乱、日本大地震）、经济（2001—2002 年阿根廷经济危机、2007—2009 年全球金融危机、2008—2010 年涨钢纪念日）。在中国，人们关注改革的成就（经济总量跃居世界第二、成功举办奥运会、载人航天试验屡屡成功等），也担忧改革中出现的问题（食品安全、房地产、教育等）。

2. 世界

（1）国家

国家是现代社会的基本组织单位。除极个别人，一个人一生下来就拥有了国籍，就是这个国家的公民，就有一定的权利和义务。一个人生活在什么样的国家基本是稳定的，除非移民。个人的发展与国家的发展息息相关，国家的法律规定了公民相应的权利与义务。个人要想求得发展，就需要了解自己的国家，了解国家的性质，特点，法律，政党尤其是执政党的路线、方针和政策等。大学生生活的大环境是整个地球，大学生所处的国度是中国——大学生长期生活也可能一辈子都生活在此的国度。中国是这个世界的一部分。除了带着世界特点，更有自己的特色。作为一个生于斯长于斯的中国人，大学生必须了解中国否则大学生无法好好地在其中生活和发展。这可以说就是大学生最大的“政治”。

一个人应爱自己的祖国，爱它的山河、它的人民、它的历史甚至它的政权，当然其核心是“以人为本”——爱自己的同胞。爱国是一个人的基本道德，也是一个人的自尊。爱国主义是一种综合的情感，包括归属感、认同感、尊严感和荣誉感，这些都是人的需要。我们对国家的爱应该是大爱。当山河并不都美丽、同胞并不皆可爱、历史文化并非全那么先进，甚至政治并不那么尽如人意时，大学生应能心怀大爱。严格来说，不只是国家需要大学生来爱，更多的是大学生需要爱国，有没有一个强大的祖国来让大学生归属，支撑大学生的发展，对于大学生来说其实很重要。

中国是一个社会主义国家，现今走着一条中国特色的社会主义道路，社会的生产方式带着以下特点：生产力还不够发达，还处在社会主义的初级阶段，生产关系是以生产资料公有制为主体、多种所有制并存，以按劳分配为主体、多种分配形式并存的结构。政治上，我们国家的国体（国家的性质）是工人阶级领导的无产阶级专政的社会主义国家；政体（政权的组织形式）是人民代表大会制度；中国共产党（工人阶级的政党）是执政党，与其他各大民主党派共同管理国家事务，进行政治协商；在民族事务上实行民族区域自治；在基层实行民主管理；还有渗透了“一国两制”思想的特别行政区的管理制度，规定了香港、澳门以及统一后的台湾的政治管理方式。这是我们的基本国情和制度。

我们的国家目前正处在一个高速发展时期。自 1978 年改革开放走上中国特色社会主义道路后，发生了翻天覆地的变化。经济总量已经达到世界第二。有人说，我们跟美国比，花 30 年时间走过了他们 300 年的道路。但是我们也要明白，我们的经济人均占有量只是中等水准，特别是我们的资源环境问题特别严重，内忧外患不少。

（2）民族

人都有种有族，世界上有几千个民族，各自有着自己的生产方式和文化形态。众所周知，我们中国是一个多民族国家，拥有 56 个民族，统称为中华民族（华夏民族）。中华民族在几千年的发展中不断融合、互相影响，形成了统一的中华民族文化。中华传统文化博大精深，值得我们引以为豪。我们的同胞黑头发、黑眼睛、黄皮肤，生活在黄土地上，积累了丰富民族精神。团结统一、爱好和平、勤劳勇敢、自强不息等是中华民族精神的集中体现。

每一个大学生都生活在自己的国家和同胞中，作为一个接受高等教育的中国人，应清楚地认识到这些，并且应该培养自己正确的情感。在大学生素质自我整合中，目标的确定更离不开这些。

3. 大学生的机会与挑战

（1）机会

作为今天中国的大学生，可以说躬逢盛世，面临着无数的发展机会，有着前辈不能想像的各种条件。大学生可以张扬个性，只要愿意就可以秀出自己的风采；大学生可以随意选择工作，随意跳槽也能够自主创业；大学生可以利用互联网及各种现代化的工具扩大自己的见识与人际交往。

（2）挑战

大学生所面对的也是一个巨大压力的环境：第一，高等教育的非义务性已被社会所承认，上大学被视为一种投资行为，而目前我国高等教育收费在世界上是很高的，对于相当多的家庭来说，上大学所需要的费用都是一个巨大的经济压力。据有关机构的调查，目前35%的大学生来自农村，来自城镇低收入家庭的大学生也不少。第二，市场经济的建立，竞争机制的引进，大学生也进入人才市场进行双向选择，大学生一毕业就捧到“铁饭碗”的时代已成过去，学生从一入校就背负着就业的压力。据媒体报道，我国每年新毕业的大学生中，大约有15%左右找不到工作。即使找到工作，其工资待遇也不高。第三，在当前变化激烈、价值观取向多元化的社会中，社会上各种价值观念和社会经济现象无时无刻不在冲击着大学生，诱惑着大学生，让大学生经常处于选择的痛苦之中。

三、把自我放在社会中予以定位

把自己放在社会中寻找定位是认识自我与社会后的必然选择，也是目标确立的第三步。懂得自我与社会条件，这样就可以把自己放在社会中去找到一个适合的结合点，这时目标就会脱颖而出。当自我的兴趣、爱好、需要、理想、信念、价值观与气质、性格、能力等主观条件与社会的现实条件结合起来，大学生就会发现自己适合并且能够做一个什么样的人，这样就找到了自己的明确目标。

1. 社会条件

（1）经济发展

本书针对的大学生生活的时代是21世纪之初，生活在改革开放时期的中国，在改革开放30多年后，中国的社会经济环境发生了很大变化。这种变化是全方位、多层次的：在经济快速发展、物质文化产品日趋丰富和人民生活水平总体提高的同时，人们的生活节奏也跟着加快，贫富分化加剧，社会不公现象增多；人们在被抛向市场、失去保障的同时，也获得了空前的机会，但对大多数人来说，经济的压力和就业的压力要大过机会。

（2）社会价值观

原有的价值观念发生了很大改变——观念冲突加剧，价值取向趋向多元，多元化的价值观带给人们多元化的欲望和多元化的实现路径；经济的发展同样也带来了道德伦理的改变，诚信缺失、惟利是图、享乐至上等成为较为普遍的现象。

2. 自我条件

（1）优势

世界上没有两片完全相同的树叶，人的个性特点也是多种多样的，每个人都有自身条件的长短。大学生要善于整理出自己的优势便于发扬光大，并可以由此突破找到自己的最佳出路。比如说一个学生语言表达能力非常突出，就可以选择经常需要语言表达的工作比如教师、推销员等，他（她）在这方面就可以多多进行积累。

分析优势还要分析潜能。科学研究表明，个体的潜能是巨大的。大学生也要分析自己的潜能会怎么样，看看自己尚有哪些没有充分发挥的能力，有机会尝试着去发现。为此，要积极主动地参加一些活动，从中发现自我。

（2）劣势

为了避免误入歧途，大学生也不要避讳分析自己的劣势，自己先抓住自己的软肋，总比被别人抓住要强。知道自己的劣势，就可以尽量避免将它暴露在外，更重要的是可以尽量去加强它。个人的优、劣势可以经常用表格的形式分析整理。

3. 目标定位

（1）适应

人与环境息息相关，休戚与共。首先大学生应该学会与环境相适应，“如果不能改变环境，那就改变自己”。在今天这样一个危机与挑战共存的时代，在中国社会经济环境和现实的压力面前，大学生最好的选择首先就是适应，成为一个适应时代、社会的正常人，而不是怨天尤人或是随波逐流甚至堕落沉沦。

（2）奋进

人能够改造环境，而环境也能造就人。站在这样的时代与社会面前，给自己画一个时代与社会的坐标，找到自己的定位，努力成为一个满足社会、时代需要的有用的人。作为接受高等教育的大学生，还要目光长远，扫视未来，立志成为一个能够自我实现的人。

认识自我，明了自己的需要与条件；认识社会，清楚社会的需要与条件；把自己放置在社会中定位，找到结合点，最终确立自己的总体目标：成为一个什么样的人。

第二节　目标的内容

成为一个什么样的人，是大学生素质自我整合的总体目标。大学生应该首先成为一个身心与社会发展健康的人，这是基本目标；在此基础上成为一个对时代和社会有用的人，这是进一步的目标；最后还要争取成为一个能够自我实现的人，这是最高理想。这些目标是分层次的，首先是做到正常、合格，然后是做到良好，最后是做到优秀。每一目标都是有标准可循的，每一类标准都可以从客观和主观方面去判断了解，并且每一层次目标都可以有自己实现的具体途径和方法。大学生素质自我整合的具体目标内容就是各项素质，这在第三章加以阐述。

一、成长：成为一个健康的人

成长就是一个人走向成熟的过程。“成长教育”最初的概念，是20世纪70年代初以荣格等为代表的西方心理学家和社会学家提出的。他们根据《卡尔·威特的教育》这份在哈佛大学图书馆占有一席之地的、长达1000多页的教案，结合二战后新一代青少年心理和思想中存在的焦虑和浮躁，提出“青少年成长过程中，在学习文化科技知识的同时，还要学习做人、强化心理能力”。对于任何生命个体来说，最低的需求是健康。人在成长过程中的最低要求是能够生存下来，能够正常地生活。大学生也是人，并且仍然处在成长阶段，不仅有着成长的快乐也有着成长的烦恼，成为一个正常而健康的人很重要。大学生成长的标准与目标是健康，而不一定是快乐（快乐有时候可能是病态的）。对于大学生来说，健康是及格水平的目标。

1.“健康”的内涵、意义与标准

（1）内涵

对任何生物体，健康是一种动态平衡即一种平衡的状态：均衡地输入和输出能量和物质（甚至允许生长）。健康也意味着有继续生存的期望，对有情感的动物例如人类，健康有更广的概念。北京大学哲学系教授楼宇烈在一次节目上谈养生哲学，他十分精炼地解释了什么叫健康：“健”就是身体强壮，“康”则是心理安宁。可见健康就不是指身体单方面。世界卫生组织（WHO）的章程给健康如下的定义：健康不仅指一个人身体有没有出现疾病或虚弱现象，而是指一个人生理上、心理上和社会上的完好状态，其中社会适应性归根结底取决于生理和心理的素质状况。传统的健康观是“无病即健康”，现代人的健康观是整体健康，“健康不仅是躯体没有疾病，还要具备心理健康、社会适应良好和有道德”。现代人的健康内容包括：躯体健康、心理健康、心灵健康、社会健康、智力健康、道德健康、环境健康等。

（2）意义

世界卫生组织前总干事马勒博士说：“必须让人们认识到，健康不代表一切，但失去了健康便失去了一切”。健康是生命生存和发展的前提条件，是人的最基本需要；健康也是人的基本权利，是人生最宝贵的财富之一；健康是生活质量的基础；健康是人类自我觉醒的重要方面；健康是生命存在的最佳状态，有着丰富深蕴的内涵。总而言之，一句话，健康代表一个人正常。

大学生虽然是社会中比较优秀的一个群体，但也是社会的普通成员。所以，大学生首先应当具备一个普通人所应当具备的特征即成为一个正常、合格的社会人，也就是身心与社会适应的人。只有身心与社会适应，大学生的生命的存在即生存才有了基础，然后才能谈其他，谈成才与发展，谈自我实现。大学生的现实生活状态呈现出诸多健康问题，足够引起社会和大学生自身的重视、体察和思考。

（3）标准

什么样的人算是“健康的人”呢？现代社会多种理论对于“健康”都有关注而且给出了具体定义与标准。

健康的标准分散在身体、心理与社会适应等多个方面。身体：世界卫生组织提出的衡量是否健康的十项标准是：①精力充沛，能从容不迫地应付日常生活和工作；②处事乐观，态度积极，乐于承担任务不挑剔；③善于休息，睡眠良好；④适应环境，应变能力强；⑤对一般感冒和传染病有一定抵抗力；⑥体重适当，体态匀称；⑦眼睛明亮，不发炎，反应敏捷；⑧牙齿清洁，无缺损，无疼痛，牙龈颜色正常，无出血；⑨头发有光泽，无头屑；⑩骨骼健康，肌肉、皮肤有弹性，走路轻松。心理：在心理方面集中体现在人格的健全。奥尔波特认为，一个具有健康人格的人也就是“成熟者”，而“成熟者”一般都具有以下七个特点：①有自我扩展的能力；②与他人热情交往，关系融洽；③情绪上有安全感，自我接纳；④具有现实性知觉；⑤客观地看待自己；⑥有多种技能，并专注于事业；⑦行为的一致性是其人生哲学。马斯洛则提出了健康人格的十个标准：①有充分的自我安全感；②能充分地了解自己，并能对自己的能力作出适度的估价；③生活理想切合实际；④不脱离周围现实环境；⑤能保持人格的完善与和谐；⑥善于从经验中学习；⑦能保持良好的人际关系；⑧能适度地发泄情绪和控制情绪；⑨在符合集体要求的前提下，能有限度地发挥个性；⑩在不违背社会规范的前提下，能恰当地满足个人需要。我国心理学家黄希庭教授在多年研究人格的基础上，提出了健康人格的以下标准：①能以正面的眼光看待他人，有良好的人际关系和团队精神；②能以正面的态度看待自己，能自知、自尊、自我悦纳；③能以正面的态度看待现在和未来，追求现实而高尚的生活目标；④能以正面的态度对待顺境和逆境，能调控情绪，心境良好。

2. 现今大学生的成长问题与原因

（1）问题

现今大学生的“健康”问题不少，典型的不正常现象有：

身体素质差。部分大学生体质较弱，常常不能胜任体育课更别说军训；大学生大多都有近视问题，有的还是高度近视；伤风感冒频频发作甚至出现嘴角歪斜等中风症状；有因为痔疮、痛经、癫痫等退学的；个别大学生甚至罹患癌症。

心理、精神问题多。从人格缺陷、心理疾病到精神分裂都有。某学院新生中一个学期一个班 3 个同学出现心理问题。还有不少大学生有网瘾，常年沉溺网络不能自拔，荒废了学业。

不适应。对社会有不良看法，比如：一个大学新生在“大学规划”的作业里写道：“社会是座地狱，学校也一片漆黑”。个别大学生中的偏执者，平日总是很严肃、不苟言笑，凡事爱计较，行为反常(比如晕倒、住进医院)；有的不适应学校特别是集体宿舍生活；有的总感觉与同学、老师过不去；还有的在恋爱与求职失败后自杀。

（2）原因

某些大学生的健康不良不是短时间形成的，特别是体质差以及人格异常基本是在以往的家庭和学校教育中就埋下了隐患，但是有些是大学期间的生活予以了推波助澜。这些有隐患的大学生如果能够清楚地认识自己，就能避免继续恶化甚至促使好转。

3. 大学生健康成长的途径与方法

（1）途径

只有通过德、智、体、美、劳五育，身、心、社会三块均衡发展，“健康的人”才能实现。其中每一部分都必须借助于观念与行为两方面，每一方面都离不开知识与技能。中华人民共和国卫生部《中国公民健康素养——基本知识与技能释义》中提及的“健康素养”，既包括了有关健康的知识，也包括了获取和保持健康的技能。具体的知识与技能可参考第三章。

如何健康成长，俞敏洪（新东方的创立者，被誉为当下中国青年大学生和创业者的“心灵导师”、“精神领袖”）在其演讲《成长的空间》中给青少年特别是大学生提出了以下策略：第一，目标和梦想是成长的一个核心要素，因为一个人只有有了目标和梦想才会成长。第二，勤奋学习和努力工作是成长的必经之路。第三，有征服的勇气和愉悦的心情。第四，正确的信念或者信仰。第五，要有正直的人品。所谓正直的人品，就是一个人要有良知和良心，能够分辨出是非，并且能够做正确的事情。

（2）方法

怎么样才能成为一个健康的人，是人们特别关心的，虽然方法众多，但鱼龙混杂，需要大学生拨开云雾，寻找自身适应的可行性的方案，以求能够尽快尽好达成目标。总体说来，首先一点是有问题的要先想方设法解决问题，使自己正常起来；没问题的要保持。

“怎么样”的问题是一个方法问题，上述所知，健康是一个综合概念，既要有每个方面的方法，也要注意综合平衡。

二、成才：成为一个有用的人

成才，就是成为在某一领域里具有才干、才华、才艺、才能的有用人才，通俗地说就是拥有“一技之长”。这种“一技之长”可以表现为高精尖领域的科学研究，也可以表现为普通工作岗位上的生产劳动。现代社会人才标准发生了很大变化——从学历、职称与年薪等表面形式到能力、成绩与贡献的实在内容的转变，总括到一点，现在的人才就是对社会有用、被社会需要的人。作为一个人才，不仅能够满足自身需要，具有自我价值，更多的是能够满足社会需要，具有社会价值，真正能够运用自己的知识、能力、素质为社会作出贡献。

1.“成才”的内涵、意义与标准

（1）内涵

有用就是有价值，价值是客体能够满足主体需要的效用。一个有用的人就是一个能够满足自己、他人和社会需要的人，就是一个人才。传统上大学生把饱读诗书、博学多才之人称为人才，而现代竞争社会对人才有了新的认识与界定，是否拥有职业素质成了人才的一个基本标志。过去我国人事部门对人才的定义是：中专及中专以上毕业，具有初级以上职称的人，后来中共中央、国务院在 2010 年 6 月 6 日印发《国家中长期人才发展规划纲要（2010—2020 年）》中把人才定义为具有一定的专业知识或专门技能，进行创造性劳动并对社会作出贡献的人，是人力资源中能力和素质较高的劳动者。

社会是由各类型人才、各层次人才组成的，有些研究者把现代人才类型划分为“决策层”、“管理层”、“执行层”、“操作层”四类。在《国家中长期人才发展规划纲要（2010—2020 年）》中，人才被划分为六大类：党政人才、企业经营管理人才、专业技术人才、高技能人才、农村实用人才以及社会工作人才。社会需要不同类型、不同层次的人才，任何领域都有人能成就伟大的事业，都能成为拔尖的人才。

（2）意义

人和社会是相辅相成地存在的，对于社会来说，人才的众寡优劣直接影响着其兴衰存亡。对于个人来说，“成才”代表着既能实现自身价值，也能实现社会价值。对于大学生，成才直接意味着能够顺利就业，并且意味着将来有一个好的发展前景。成功是人们的理想之一，而成才是成功的前提。

（3）标准

有关专家认为，人才的标准是：①具备良好的人品；②在博学广识的基础上，在某一个领域或某些领域有所专长；③效率高，讲方法，洞察力强，吃苦耐劳，有创造性思维。一个人才，就是有用，人才与学历、学位没有必然联系，只要努力，干什么都可以成才。目前社会上对人才的选拔，能力优于知识，成绩超越潜力。

曾任 MICROSOFT 和 GOOGLE 全球副总裁的李开复博士 2000 年在网上给中国大学生写了《我的人才观》及《给中国学生的一封信》。不久，两篇文章在互联网上和中国高校中广为流传。其中提到，坚守诚信和正直的原则、生活在群体之中、做一个主动的人、挑战自我、直截了当地沟通等做人的道理，看似浅显，却被不少大学生列为座右铭。2006 年他又在北大等高校向中国大学生发表了《21 世纪需要的 7 种人才》的主题演讲。根据自己的经历，他提出，21 世纪最需要的 7 种人才是：创新实践者，跨领域合成者，人品、聪明才智、团队精神兼具的人而非智商很高的人，高尚的沟通者，热爱工作者，积极主动者，乐观向上者。

2. 大学生成才的问题与原因

（1）问题

如果可以把大学培养人才比做生产产品，需要检验的时候，发现某些大学生根本不合格。他们既没有对某些领域的特别兴趣与目标，也没有积累什么特别的知识与技能，待到离开学校走上社会，或者漫无目标或者高不成低不就，长时间找不到工作。还有些大学生大学毕业，虽然勉强找到一份工作，但是工作中这不会、那也不能，甚至心理上也感觉自己还没有成熟，有时在社会上的用处还抵不上一个没有上过多少学但有社会经历的农民工，其中一些大学生频繁下岗跳槽，在人生的道路上踯躅不前。

（2）原因

大学生毕业后感觉自己没用的主要原因就是没实实在在学习到社

会所需的知识、技能，达不到社会对人才的素质要求。首先是职业规划没做好，或者是没有目标或者是没有把自己的理想愿望与社会需求相结合而设计错了目标，然后是没有好好努力学好专业知识和掌握专业技能，专业素质低下。还有种情况是职业道德不过关或者人际交流素质欠缺，不懂得与人合作。

3. 大学生成才的途径与方法

（1）途径

在成才的路上，天赋和后天学习都很重要。俗话说，“天才是百分之一的灵感加百分之九十九的汗水”。只要善于发现和勤学苦练，人人都可以成才。首先是善于发现自己的优势与特长，找到目标并将优势予以发扬光大；然后是要勤学苦练。勤奋出聪明，博学出智慧，多练出技巧，巧思出硕果。没有永远的博学，只有永远的学习；没有永远的聪明，只有永远的思考；没有永远的智者，只有永远的学者。努力学习，不断进步，吸取各方面的知识，才能不断地提高，才能更加的完善，让自己变得更加优秀。

（2）方法

一是强化成就动机。这其实是一种人生目标或自我定位的问题。人如何定位自己就决定了人如何发展自己。每个人应在心目中有一个对自己未来发展的理想或追求，自己想做一个什么样的人？是一个优秀教师？还是一个成功的企业家？抑或是一个科学家？等等。二是培养敬业精神。敬业精神是人的重要品质，任何职业、任何工作都要求敬业。大学生要想成才，首先需要培养的品质就是敬业精神，它是工作责任心的体现，也是职业态度的反映，更是人生观的折射。能否成才，能否成功，往往与此有着密切的关系。三是坚定执著追求。有了明确的目标或强烈的成就动机，有了敬业精神或认真的工作态度，还不一定能成才，成才还需在以上基础上执著不懈地追求。这既是一种毅力，也是意志，还是恒心、耐心。因为在成长过程中会遇到许多困难、挫折，经历痛苦、磨难，如果一遇到困难就放弃，一遇到挫折就投降，那么，所有的目标、理想都将化为乌有。四是提高综合素质。才不是空洞的，表现为才干、才华、才艺、才能，比如高尚的品德、丰富的知识、出色的才艺、流畅的口头表现能力、扎实的应用文写作能力、卓越的活动组织能力。

三、成人：成为一个能够自我实现的人

"成人"的含义有四：一是生理学意义上的成人，即长大成人，以青春发育完成、生理上成熟为标志，多在18岁以前完成；二是心理学意义上的成人，即懂事了，以认识能力的发展和意向态度的发展，心理上成熟为标志；三是社会学意义上的成人，即独立走上社会了，以能够承担一份社会工作及相应的社会责任，可以自己养活自己甚至养活父母为标志；四是哲学上的成人，即最终完成自我实现，人的一生的终极目标无非是为了这个"成人"，这里关注的即此。对于终极成人的目标，大学阶段不能一蹴而就，但大学生绝不能无动于衷，必须有所思考和准备。

1."自我实现"的内涵、意义与标准

（1）内涵

发展心理学认为，人是自己发展的创造者。也就是说，人的发展不仅仅是来自于外在的适应和生存压力，也来自于其内在动机，特别是追求积极的、快乐体验的动机。对于大学生来说，仅仅成为一个正常的、有用的社会人是不够的，还应该尝试更高的目标追求——让自己的潜能得到充分发挥，成为能够自我实现的人。因为社会和时代赋予大学生的使命比一般普通人要多。

自我实现理论是马斯洛对心理学作出的重大贡献。马斯洛认为，一个自我实现的人应该是：一方面，他们能够接受自己，承认自己的弱

点但努力改进它们。由于这种自我接纳，自我实现的人不会因为自己做过的错事而过分担心或者自责。相反，他们接受那部分需要改进的自我。自我实现的人不是完美的人，但是他们尊重自己，对自己感到满意。另一方面，他们中的大多数人都努力地去做“正确”的事并能创造性地解决问题。

（2）意义

众所周知，人类社会的最高理想是实现共产主义。那么人类个体的生命，最高理想是什么？如果有可能，我们希望活成一个什么样的人？有人只求平安健康地活着，有人希望有较大的发展，实现自我一定的价值；还有的人，希望自己的一生能够足够精彩，发挥出充分的潜能，为他人和社会作出巨大的贡献，这就是自我实现，属于个体生命的最高理想。

自我实现的人虽然比较少但是也有一些，有人认为，林肯就已经拥有自我实现的一生。亚伯拉罕·林肯是美国第16任总统，是世界历史中最伟大的人物之一，领导了拯救联邦和结束奴隶制度的伟大斗争。人们怀念他的正直、仁慈和坚强的个性，他一直是美国历史上最受人景仰的总统之一。尽管他在边疆只受过一点初级教育，担任公职的经验也很少，然而，他那敏锐的洞察力和深厚的人道主义意识，使他成了美国历史上最伟大的总统。马克思高度评价林肯说：“这是一个不会被逆境所吓倒，不会为成功所陶醉的人；他不屈不挠地奔向自己的伟大目标，又从不轻举妄动使之受损；他稳步向前，从不走回头路……一句话，他是一位功成业就仍善良如初的罕见人物。”①

马斯洛的自我实现理论为大学生的素质发展提供了一个远大目标和方向性指导。大学生正处于人生的十字路口，渴望在各方面得到发展，却又缺少目标或者无法选择正确的目标特别是缺乏远大目标。绝大

① 《马克思恩格斯全集》第二十一卷，人民出版社2003年版，第150—151页。

多数可能停留在求生存、求发展的地步。因此，根据自己的意向确定自身存在的意义，树立良好的自信心和强烈的责任感，并主动积极地把自己的智慧和能力有效结合起来，发挥自我无限的潜力，建构与完善自我实现的人生，也就成为大学生素质自我整合的最高目标。

（3）标准

很多人把马斯洛的“自我实现的人”等同于“人格健康的人”，这是不对的。笔者理解，虽然马斯洛自己有时也把心理健康和自我实现这两个词混合使用，但马斯洛所讲的“自我实现的人”与我们一般所讲的“人格健康的人”其实是有本质区别的。健康人格讲求的是做人的一种起码要求，是一个合格的社会人所应当具备的人格特征。而“自我实现的人”则是有强烈的社会责任感、有坚定的人生目标、能主动积极地运用自己的能力、为了实现自己的人生目标可以“奋不顾身”、自己的全部潜能得到充分发挥的人。人格健康的人关注的是社会的认同，享受的是爱和别人的尊重。自我实现的人看重的是创造和超越，享受的是由创造和超越所带来的快乐。

自我实现的人也不等同于适应了时代社会需要的人。身心健康的人能够求得生存，适应时代社会要求的人也很可能得到了一定程度的发展，自我实现的人要以此两者为基础但又与此两者不同。自我实现的人最终得到的是自我潜能全面的彻底的发展，为自己为社会带来了极大的满足，当生命结束，了无遗憾。这种自我实现虽然无比幸福，但得来实属不易。需要经过漫长的磨练，经受无数的失败有些甚至是无比的痛苦。这种人生不多，但是值得人去追求。大学生作为时代和社会的佼佼者，应该树立这样高远的目标。

大学生在大学阶段要为自我实现打下良好基础。罗马不是一日建成，人生的自我实现也绝不是一蹴而就的事，需要尽早开始并终身不懈努力。大学时期不可能马上自我实现，但是大学生需要并且可能为将来的自我实现打下良好基础。就好比人类的最高理想是实现共产主义，尽管共产主义的实现是无比漫长的过程，但是人们比如共产党人早已经开始实践了。相比于人类的发展，人的一生是无比短暂的，所以要追求生命的最高理想，大学阶段就有必要开始了，至少大学生应该做一些必要的准备了。

2. 大学生在做好成人准备方面的问题与原因

（1）问题

如果一个人连成长和成才都不顺利，就不用说顺利成人了，因为成人是更高的目标。大学生中那些成长出现大的问题和不能成才的，当然也就谈不上为成人做好准备了。大学生中可能更多地有人关心成长和成才问题，而忽视了成人问题。他们之中有些人根本想不到这个目标，如果有人问起“自我实现”，他们认为那是不可能的事，或者认为那不关自己的事。既然没有概念，那就谈不上有所行动，最后也就不会有什么成就。还有一些大学生，也能够很好地思考人生的意义，胸怀大志，但是在具体行动过程中缺乏毅力或者方法，最终也不能很好地做好自我实现的准备。有人做过理想信念主题的调查，发现总体来说大学生普遍变得实际、功利。例如，某些大学生心理幼稚，人格不健全；某些胸无大志，得过且过，找不到人生的意义；某些“小富即安”，自己的奋斗就只为眼前一张饭票。

（2）原因

大学生在自我实现方面缺乏思考和行动，主要原因是社会功利思想的影响和理想信念教育的缺失。的确，功利化已进入我们的时代，连大学也不能例外，似乎大学生每天要做有功利的事情，其中主要就是为了就业。从小，父母可能教导子女要努力学习，考上大学；考上大学后说要努力学习，找到工作；找到工作后，要努力工作，多赚钱；赚到钱之后呢？父母已经老了，不懂得跟子女说什么了。有时父母更多地注重生活实际需求，较少教导子女要理想远大，成为伟人，自我实现。从教育角度说，是缺乏理想信念教育，见识短浅，眼界不开阔。

3. 大学生做好成人准备的途径与方法

（1）途径

开阔视野，寻找榜样。大学生要多读书，多关注社会新闻，有机会和条件尽可能多地去游历。所谓读万卷书、行万里路，能够开阔自己的视野，培养自己远大的胸怀。读书可多读伟人传记，寻找榜样的力量，在社会上结交一些高层次的朋友并向他们吸取经验。王侯将相宁有种乎？大学生要相信自己也可以成为未来的伟人。

树立远大理想，坚定崇高信念。没有理想就没有动力，要相信人的潜力是巨大的，不怕做不到，就怕想不到。有多远走多远，目标无极限。一定要相信自己，坚定自己的信念，信念支撑着一个人的理想。

（2）方法

志存高远。首先是要有远大理想和崇高的使命感，因为大学生毕竟是大学生而且如此年轻，国家需要大学生，大学生有的是机会。跌倒了可以重来。存鸿鹄之心，弃燕雀之志。只要有目标，终有一天会实现。

路在脚下。这里说的是大学生要成为“能够”自我实现的人，并非要求大学生大学时期就自我实现。怎么样的积累才能为将来自我实现打下伏笔？自我实现的道路还必须现实地一步一步地走。理想的实现有一个过程，在这个过程中要有科学方法和拼搏精神。

大学生的成长、成才与成人是其同龄人中特殊而具代表性的一种，反映了人的发展的一般规律。成长、成才、成人是互相交织的，三者结合在一起就是成为一个自己满意、社会需要的人。

大学生在整合自己素质的时候，首先要有总体目标。这个总体目标是通过认识自己、认识环境和把自己放置环境中三个步骤确立的。这个总体目标围绕着成为什么人的问题展开，成为什么样的人的目标是分三个层次的。首先是成为身心健康的人，然后是成为对时代社会有用的人，最后是成为能够自我实现的人。达到第一层次是最基本的目标，属于及格；达到第二层次是进一步目标，属于良好；达到第三层次是最后目标，属于优秀。一个都达不到当然就是不及格了。大学生要结合自己的个体特征，量体裁衣，量力而行，循序渐进，依照自己的最低与最高目标定位整合素质，有的放矢。

案例一　感恩的心、感动中国

徐本禹，23岁，山东聊城人，1999年考入华中农业大学经济贸易学院，2002年7月开始到贵州大方县猫场镇狗吊岩村义务支教，2003年考上本校研究生，当年7月，他申请保留研究生学籍，再次回到贵州支教至今。

他说他是孩子王，在贵州最好的朋友就是他的学生。

他说他两年没回家过年了，很惦记生病的母亲。

他说过年了，别的志愿者都走了，自己真的有些凄凉。

他说想带孩子们来北京，让他们知道，北京不仅有平房，还有高楼大厦。

他领奖的时候哭了，举起奖杯和鲜花，他努力抿着嘴，眼泪流得那么认真，那么憨厚。

农历新年在贵州山区里要显得冷清许多。大年初七的晚上，记者再一次联系到徐本禹的时候，他正在给孩子们开小灶，那天的课一直上到11点多，他说他想在走之前多做一点事情。

在他的眼里，他的事情，就比如“上课，中午和晚上家访，写日记，写信，到乡里发材料”等等都是琐碎的事情。

一次普通的支教

“阳光洒进山洞，清脆的读书声响起，穿越杂乱的岩石，回荡在贵州大方县猫场镇这个名叫狗吊岩的地方。这里至今水电不通，全村只有一条泥泞的小路通往几十公里外的镇子……”

他第一次知道狗吊岩是在一年前。当时他大三,一个周末，去汉口做家教，很偶然地在《中国少年报》上读到了一篇题为《当阳光洒进山洞里……》的文章:“阳光洒进山洞，清脆的读书声响起，穿越杂乱的岩石，回荡在贵州大方县猫场镇这个名叫狗吊岩的地方。这里至今水电不通，全村只有一条泥泞的小路通往几十公里外的镇子，1997 年，这里有了自己的小学，建在山上的岩洞里，五个年级 146 名学生，三个老师……”读着读着，徐本禹哭了。

大一开始就被别人的帮助温暖着的徐本禹，曾立志以自己的力量、方式帮助和自己一样贫困的孩子，以此回报别人的关心。他用自己勤工俭学挣来的微薄津贴和拼命学习得到的奖学金，在大学四年里悄悄资助着五个比自己更困难的孩子！读完《中国少年报》上的文章，他决定要“用自己的方式帮帮这些山洞里的孩子”。徐本禹在校园里开始为岩洞小学募捐，号召大家和他一起利用暑假时间到贵州支教，“给孩子们带去一些希望”。

在华中农业大学团委和他所在的经贸学院支持下，2002 年暑假，徐本禹带着募捐来的三大箱子衣服、一口袋书和几个同学坐上了开往贵州的火车。

“有的人一辈子收获不了一滴眼泪，可这一个暑假，我几乎每天都被感动包围，收获着泪水。”这是徐本禹回来后写在日记本上的话，每一次翻开它，狗吊岩的孩子们拿着自制的小红旗簇拥在自己身旁，硬把几个煮熟的鸡蛋塞进他背包的场景就浮现在眼前，孩子们擦着泪眼，不停地问:徐老师，你还会回来吗……现在，毕业了，也是兑现承诺的时候了，不管多大的代价，答应孩子们了，就一定要做到！

当徐本禹决定放弃学籍去支教，去实现一个承诺的事在华中农大传开后，很多人为之感动并主动追随。学校破天荒作出决定，为他保留两年研究生学籍。2003 年 7 月 16 日，徐本禹带着 3000 册图书和 7 个志愿追随的同学一起，再次回到了狗吊岩。

然而，和一年前短短十几天的支教不同，这将是一次漫长的坚守和艰难的抗争。生活的穷困和艰苦他早有心理准备，让他始料未及的是生活环境的巨大差异所造成的心理和话语障碍，使他和他的伙伴很难融入这里。

狗吊岩几乎是一个封闭的信息孤岛，不通公路、不通电话，晚上只能点油灯照明，寄一封信也要在周末跑上 18 公里崎岖的山路……晚上，满身乱爬的跳蚤几乎让他们无法入睡，浑身到处被咬得是包。每天一成不变的玉米渣和酸菜汤是他们的主食。先是两个人水土不服病倒，接着，一次意外的食物中毒让其他人连续几天卧床不起……

一个又一个的追随者悄悄地离开了。

8 月 1 日这天，最后一个同来的志愿者也坐上了返回武汉的长途车，车窗内外，去送行的徐本禹同他无语对视。“如果感觉真的坚持不下就回学校吧，要不，你在这里自己开伙做饭也行，你这样也坚持不下去的。”同学的一番话让他有些担心。

那间堆满了书的 10 平方米的小屋，因为同伴的离去显得有些空荡荡的。村长在门外喊他去吃饭，赶走飞舞的苍蝇后，照例是一人一大碗难以下咽的玉米渣。别人能吃，我为什么不行？狠狠心，他端起来，一口气吃了两碗。生活十分清苦，而支教也相当艰难。徐本禹给自己每天排了六节课。五年级学生年纪稍大，除了教他们常规的语文、数学以外，还特意安排了英语、体育和音乐。徐本禹试图在最短的时间把自己知道的东西一古脑儿都倒给孩子们。但山区信息闭塞，这些孩子们一点也不了解外面的世界，要“讲明白”谈何容易！一篇 200 字的作文，找出 20 多个错别字都算是正常，从来没有人听说过雷锋，也不知道孔繁森是什么人，一时间他也不知道从何教起。有时，一个很简单的问题讲了一二十遍，再问，还是不知道，几次徐本禹气得把书一丢，走出教室，可一会儿又回来继续讲……

通过这些点点滴滴的努力，慢慢地，“孩子们可以听懂普通话了，与人交流也不害羞了”。为民小学的创办者吴道江说，徐本禹的到来，为狗吊岩带来了前所未有的活力。因为徐本禹，学校的学生也增多了。在徐到来之前，学生大约是 140 人，他来后，学生的人数上升到 250 人左右。

“最重要的变化是唤起了村民对知识的重视。”吴道江说。而为民小学的老师们也都认为徐本禹的到来为狗吊岩带来了新的观念。

但课后的时间里，孤独和寂寞最难打发，徐本禹开始自修研究生课程，想利用支教的课余时间把研究生课程学完。“在没有电和信的日子里，我非常孤独，只能靠收音机获取外界信息。我一遍一遍翻看以前的照片和信件，与照片上的家人、同学和朋友说几句话，只有这时我的心里才会舒坦些。”

2003 年 3 月，徐本禹被列入“贵州省扶贫接力计划”，成为“体制内”的志愿者，每月可领取 500 元生活补助。2004 年暑假期间，徐本禹回到武汉向社会募捐。“我总共募捐到了几千册图书，四集装箱衣服。”募捐的事情对他触动很大：“整理募捐的东西非常费劲。我需要别人帮助我，但很难找到真正帮助我的人，我感觉孤独无助。后来我的想法就发生了转变，想通过做一些事情唤起全社会对西部地区贫困儿童的关注，而不是像现在一样无助。”

转点大石村

北京吉普在这条“路”上一点一点往前挪动，说是路，除了仅容一人走过的地方光秃秃横亘着一些石头外，车轮碾过的都是杂草。即使是紧紧抓着车门的把手，也好几次脑袋撞在顶上，一阵阵生疼。

早在记者去采访徐本禹前就听到一句民谣形容贵州：地无三尺平，天无三日晴。果然不假。从贵阳到大方县的几个小时盘山公路晃晃悠悠，还没从眩晕中醒过神来，大水乡政府通往大石村的这条“路”又给了人们一个下马威。徐本禹在狗吊岩的岩洞小学支教半年后，学校从山洞搬下来，修建了新的校舍，办学条件有了很大改善。2004年春天，大方县大水乡党委书记沈义勇邀请徐本禹去作报告，

在开往大石乡的车上，沈书记和徐本禹聊了很多，希望徐本禹能充分发挥自身优势以及华中农大的优势，为西部经济的发展创造条件，从根本上解决西部的基础教育问题。沈义勇觉得徐的专业和所在学校对西部地区的发展“有招可施”。他还告诉徐本禹，大水乡政府一定会大力支持和配合他的工作，一定积极为他的活动创造条件，希望他能到大水乡支教。

“农村孩子读不起书的原因是经济不发展。”沈义勇说，“所以，我就请徐本禹到大水乡来，利用他自身的资源为大水乡的发展带来机遇。”这次谈话后，徐本禹的想法开始改变，希望从单纯的支教行为变为带动地方经济发展。应该由点上升到面，上升到带动一个地区的经济发展上。“我一直在考虑如何才能在支教的同时，利用自己所学的知识为当地经济的发展做一点事情，在更大程度上发挥志愿者的作用和价值。大水乡大石小学的办学条件更差，学生更需要帮助，而且当地政府很重视教育和经济的发展，因此我决定忍痛割爱，离开狗吊岩，到更需要帮助的地方去！”

贵州大方县大水彝族苗族布依族乡是一个少数民族占80%左右的民族乡，大自然的鬼斧神工用独特的喀斯特地貌造就了满目的奇山秀岭，同时也带来了贫瘠的土地和极为不便的交通。直到今年5月这里才通了电，村民们辛勤劳作一年，菲薄的收获还不够吃半年的口粮，他们

只好去当地的小煤窑背煤，当起了最廉价的运输工具。很多学生因为交不起每年 140 元的学杂费而辍学。

大石小学的校舍是一座有几十年历史的两层木楼，上面一层摇摇欲坠，其中一间是四年级教室，另一间门口挂着牌子：危险，不要靠近。老师们的办公室得低着头才能进去，掉了一片门的木柜上贴着早已褪色的对联：只有诗书万卷，全无金银半文。在这海拔 1600 米的高原，冬天，风会像刀子一样穿透木板间拳头大的缝隙，割在孩子们，也割在老师们的脸上。

这一切深深震撼了徐本禹。他给华中农大团委书记写了三封信，谈了自己的想法。这三封信引起了学校的极大关注。学校党委书记李忠云教授说："要去人看看，要支持徐本禹，可以给点钱把小学的校舍修一修。作为一所全国重点大学，应该为西部基础教育做点事，这是大学的社会责任。"

2004 年 6 月 26 日，华中农大的两位老师来到了贵州省大方县。他们考察了猫场镇狗吊岩小学和大水乡大石村小学，深受震动。大方县委、团县委负责人表示，尊重徐本禹的意愿，不管他在大方县哪儿支教，都坚决支持。就在华中农大两位老师在大方县的山路上颠沛的时候，他们接到了华中农大校长张端品教授打来的电话。张校长说："学校决定捐助 8 万元帮助徐本禹，用来为当地小学修建新校舍。"

两位大学老师深受震动的，不仅是大石村的贫穷，更重要的是当地老百姓同贫穷进行着顽强搏斗，特别是孩子们强烈的求知渴望。他们在给学校党委提交的考察报告中写道："大石村民风淳朴，有尊师重教传统。村办小学年久失修，摇摇欲坠，教室间用竹篱隔断，透光透风。屋顶大面积破漏，用塑料布和硬纸板遮雨。地板早已磨得凹凸不平，四处开裂，嘎吱作响，走在上面令人提心吊胆。教室里光线昏暗，课桌残缺不全，不少学生用破木板搭在两端的课桌上，挤在一起上课。黑板小而破旧。在这样的教室里，孩子们学习认真专注，书声琅琅，响彻山野，闻者无不动容。”

2004年7月11日是华中农业大学暑假的第一天。从贵州归来的一位老师把在大方县拍的照片选出100幅，配上简要文字，以《两所乡村小学和一个支教者》为题发到了网上。接下来的事情让几乎所有人都感到意外：仅仅几个小时的工夫，存放照片的服务器就因为访问量过大而发生堵塞，跟帖的数量急剧增加，不少热心的网友更是将这篇帖子整理后发到了国内外各大论坛。从发出帖子的7月11日到7月20日短短9天，这篇帖子在各个网站被点击总数就超过了百万！很多网友是流着眼泪读完这篇帖子的。他们在跟贴中用得最多的一个词是“感动”。紧接着，从祖国内地到港澳台，从亚洲到欧洲，从北美到澳洲，要求捐款捐物的电子邮件雪片似飞来。成千上万的网友在邮件中表达了一个共同的意愿：因为徐本禹的故事而感动，因为感动而行动……别人给我一碗饭，我要还他一碗肉。

高高的个头，方脸庞，戴着近视眼镜的徐本禹来自山东聊城郑家镇前景屯一个贫困的农村家庭。按徐本禹的自述，他的父亲是一名小学教师，母亲在家务农，是家里主要的劳动力。

“尽管家里穷，母亲还是经常拿出家里的东西帮助那些更贫困的家庭。”徐本禹说，“从小我就受母亲的影响，帮助需要帮助的人。”1999年9月，徐本禹考入华中农业大学经贸学院经济学专业。

“我考上大学后不久，第一次接受了别人的帮助。”徐本禹说，那时刚刚军训完，天气已经比较冷了，但他只穿着一件薄薄的军训服。“我的同窗室友胡源的父母来看望儿子时，我正好在宿舍。阿姨看到我穿得少，就把胡源的两件衣服送给了我，并对我说：‘天气冷了，别冻着。在生活方面有什么困难和叔叔阿姨讲。’我听了非常感动。就是这件事情改变了我一生的看法。”徐本禹说，当时他只有一个念头：接受了别人的帮助，就要把爱心传递下去，用自己的行动来帮助那些生活上需要帮助的人。

开学不久，徐本禹勤工俭学赚到了第一笔收入50元钱，除7元自用外，其余全部捐给了山东费县一个叫孙姗姗的贫困女童。

徐本禹还因向绿色希望工程捐款而成为湖北电视台《幸运地球村》节目的嘉宾。“节目录制完后，主持人送给我500元钱。回到学校，我把其中的200元钱捐给了班上一名家庭条件很差的同学，100元捐给了在聊城师范学院读书的同学，还有100元钱捐给了湖北沙市的孤儿许星星。”

许星星曾获得过全国十佳春蕾女童的称号。徐本禹说，他一直没有间断过对许星星的资助。“来贵州之前，我因考研成绩优秀获得了6000元国家奖学金，我从这6000元中取出2400元留给了系党支部的老师，作为许星星两年的生活费，每月100元。”

2004年夏天，无数的人因为徐本禹而感动，因为感动而行动。

徐本禹：好多人说是我的行动感动了社会上的人，其实我一直这样认为，我的行动只能说自己做一点点，然后最主要的是社会上的人，那些有爱心的人，来帮助这边以后，我又被他们的行动所感动，然后我再做，我更加努力地去做，然后这种传递式的。

徐本禹：我母亲，经常说一件事，就说我家小时候没有钱买菜，是我邻居借了两块钱买的菜，我妈现在经常提这件事，我妈提这件事让我明白一个道理，就是当别人需要帮助的时候，伸出自己的手或者你所提供的帮助对自己来说是微不足道的，但是对于那些需要帮助的来说，就是和身上衣和口中食那种不可或缺，特别是后来在大学里面，在我价值观和人生观慢慢趋于成熟的时候，又有那么多的好心人来帮助我，就影响我了自己，就希望我自己做一个感恩的人，用自己的行动帮一帮那些需要帮助的人，对得起那些曾经帮助过的人，对得起自己。

狗吊岩的新变化

不能不说，贵州省大方县猫场镇狗吊岩为民小学因为徐本禹的支教行为，已发生了明显的变化。

现今的为民小学是一座二层砖混结构的建筑。

徐本禹回忆说，他第一次知道“岩洞小学”还是在2001年12月，他在《中国少年报》上看到了一篇介绍“岩洞小学”的文章。“我被孩子们的精神感动了，心里总想着为他们做点事情。后来我就和同学们决定暑假时到‘岩洞小学’帮帮孩子们。”

2002年暑假，徐本禹和另外4位华中农大的同学一起来到“岩洞小学”。“没来过这里的人根本想像不到这里的条件有多差。山洞里黑漆漆的，光线很暗。孩子们都听不懂普通话。村民家里都很穷，孩子们每天都要背着背篓打猪草，上山、下山，非常辛苦。”在狗吊岩，徐本禹教的是五年级。

他承诺要带这个年级的学生升入初中。2002年8月8日，徐本禹暂时离开了狗吊岩返回学校。“有一个孩子问我，‘大哥哥，你还要来吗?’我当时正在报考研究生，很难下决心。但看到孩子期盼的眼神，只能点点头。”

我向孩子们承诺，毕业后，我来这里支教两年。“孩子们对知识的期盼鼓舞了我。”徐本禹说，毕业时他已经考取了学校的公费研究生。“我支教的愿望非常强烈，最后学校同意给我保留两年的学籍，并给我很多支持和鼓励。”“这是华中农大建校以来首次破例。”徐本禹笑着说。

8月28日，为民小学的创办者吴道江表示，徐本禹的到来，为狗吊岩带来了前所未有的活力。

“孩子们可以听懂普通话了，与人交流也不害羞了。”吴道江说，因为徐本禹，学校的学生增多了。在徐到来之前，学生大约是140人，他来后，学生的人数上升到250人左右。

“最重要的变化是唤起了村民对知识的重视。”吴道江说。而为民小学的老师们也都认为徐本禹的到来为狗吊岩带来了新的观念。

“没有电和信的日子，我是非常孤独的”

狗吊岩距猫场镇18公里，两地之间有一条简易路相通。这条路崎岖不平，很少有车辆往来。记者进村时，租了一辆三轮车，走了将近一个半小时。司机说，如果下雨，这条路根本就无法通车，唯一的办法就是走路。志愿者邓长亮曾在雨后走过一次，他在日记中记载，走这段路花了将近4小时。

“我每天都感觉到很孤独，从城市生活到农村生活的落差是一方面原因，另一方面原因是语言上的障碍。”8月29日，徐本禹回忆那段支教生活时说，开始的一段时间他特别不适应，非常想念家，“感觉时间过得很慢。”

2004年4月，徐本禹回到母校华中农大做了一场报告。第一句话是:“我很孤独，很寂寞，内心十分痛苦，有几次在深夜醒来，泪水打湿了枕头，我快坚持不住了……”本来以为会听到豪言壮语的学生们惊呆了，沉默了，许多的眼泪夺眶而出。

徐本禹到贵州支教后，媒体曾对他的事迹做过一系列报道。徐本禹因此有了全国各地的支持者。去年下半年，他总共收到了一百多封信，每封信他都要回复。

华中农大一批老师和学生放弃休假，自发组织起来办理网友的捐款事宜，学校也破例为这个名为“华农贵州支教基金”的义工小组开设了一个专用账户，由学校、媒体和专家教授共同进行监督管理。点对点的资助学生工作也随即展开，大石小学176名贫困学生很快全部得到资助。7月6日，中共贵州省委书记钱运录对此事作出批示，省、地、县教育主管部门派出调查组进行实地调查，一致认为网上图文报道反映的情况属实，并召开现场办公会，研究解决大石小学的校舍问题。到记者采访时，大石小学已更名为“华农大石希望小学”，完成37万元建校资金的筹集，新校舍已经动工修建。

目前已有13个国家的热心人士通过网络了解到徐本禹的支教事迹，并要求资助大石小学的贫困学生，美籍华人陈旭昭女士还在美国进行募捐，为大石小学的学生资助2000美元。54岁的王昌茹一直在关注徐本禹的事迹，2004年7月初她从武汉赶到了大方县，“我是冲着徐本禹来的，徐本禹走到哪，我就跟到哪”。她决定与徐本禹一起支教。华中农业大学、武汉大学、中央民族大学、中国传媒大学、贵州大学等高校的志愿者先后赶到大水乡，与徐本禹一起进行支教和社会调查。

据大水乡政府统计，截至8月29日，共有36名志愿者在大水乡支教或考察。受捐赠的小学生达188人，捐助资金13760元。大石村小学的修建工作也已经开始。“华中农大捐赠了8万元，省教育厅拨款20万元，毕节地区教育局5万元，大方县教育局3万元，总计36万元。”徐本禹高兴地说。

“大学生都是普通人，同徐本禹一样，大学生并不能靠一个人的力量改变一切，但是，当大学生对这些孩子的眼神还能够有所触动的时候，我知道自己的心还没有死，血还没有冷……”这是一个网友在读完帖子后的留言。围绕着一个普普通通的志愿者，一群普普通通的山里孩子，网络这样的新媒体所凝聚的爱心汇成一种可以实现的强大力量。不止一个网友在留言中说，自己每天都要看一次这篇帖子，感受这种单纯和健康的爱，让自己的灵魂经历一次洗礼，让这爱唤醒自己内心深处蛰伏许久的人性的光辉……

“志愿者应成为桥梁，而不是单纯支教”

实际上，最终促使徐本禹离开狗吊岩到大石村，是他和大水乡党委书记的一次谈话。徐本禹承认，这次谈话坚定了他利用自身价值为乡亲造福的决心。

2004年2月29日，徐本禹从武汉回到贵阳。是日，大方县团委借大水乡党委书记沈义勇的车到贵阳接徐本禹。

“在车上，我和徐本禹聊了很多，主要是希望徐本禹能充分发挥自身优势以及华中农大的优势，为西部经济的发展创造条件，从根本上解决西部的基础教育问题。”8月29日，大方县大水乡党委书记沈义勇告诉记者，他在和徐本禹谈话中，觉得徐的专业和所在学校对西部地区的发展“有招可施”。“我还告诉徐本禹，大水乡政府一定会大力支持和配合他的工作，一定积极为他的活动创造条件，希望他能到大水乡支教。”

“支教只是解决一部分人的问题，但是不能从根本上解决问题。农村孩子读不起书的原因就是经济不发展。”沈义勇说，“所以，我就请徐本禹到大水乡来，利用他自身的资源为大水乡的发展带来机遇。”

当日晚，大方县县委组织部张部长与徐本禹也有一次谈话。“张部长也说，希望我能利用自己的专业优势和学校资源，学有所用，发展地方经济，从根本上改变大方县贫困孩子的受教育状况。”徐本禹说，寒假期间，他就产生了唤起全社会关注西部地区贫困儿童的想法，但一直没有找到好的途径。

“与沈书记和张部长谈话后，我的想法就开始‘升华’了，从单纯的支教行为变为带动地方经济发展。”徐本禹说，在来狗吊岩之前，目标很单一，就是把孩子们教好，但现在他认为这样的想法有点狭隘，应该由点上升到面，上升到带动一个地区的经济发展上。“我一直在考虑如何才能在支教的同时，利用自己所学的知识为当地经济的发展做一点事情，在更大程度上发挥志愿者的作用和价值。大水乡大石小学的办学条件更差，学生更需要帮助，而且当地政府很重视教育和经济的发展，因此我决定忍痛割爱，离开狗吊岩，到更需要帮助的地方去!”

“我认为志愿者应该成为一种桥梁，而不是单纯支教。”徐本禹说，只有这样，意义才会更大一些。 2004年7月，徐本禹正式离开狗吊岩。与狗吊岩相比，大石村同样贫穷。

按照大石村村委会副主任王成良的介绍，大石村是大水乡最偏僻落后的村庄，全村 187 户，783 口人，人均年收入约 200 元，村里的机动车是外出打工者购买的两辆摩托车。

王成良说，大石小学始建于 1944 年，没有在教育局备案，没有公办老师，现在所有的老师都是自愿的，老师们的月工资在 110—150 元之间。

大石村小学的教室是一座两层木质结构的楼房。踩上去，感觉整个建筑都在摇摇晃晃。木质楼房的每层楼有三个房间，分别安置一至六年级 6 个班的学生。教室的墙壁是用竹子编织而成，四处透风。

“冬天孩子们勉强挨得过。”学校老师高松说，没有取暖设施，孩子们都是硬挺着，这让他心疼。

“徐老师说要给大石村换一个新的面貌。”35 岁的校长王成范谈起徐本禹时，脸上就挂满了笑容。

王成范说，知道徐本禹要到大石的消息后，村里人就一直盼着徐老师的到来。

8 月 27 日，大石小学报名工作已经开展了几天。

“村民们知道徐老师要来，都来给孩子报名了。很多辍学的孩子都回到了学校，这学期学生由 128 名增加到近 200 名。”校长王成范说，本来学校每学期收 70 元书杂费，但徐本禹说了，只收 40 元书费，杂费他去争取。

8 月 30 日，徐本禹告诉记者，大石村 128 名学生的杂费已经落实。不可避免的是，徐本禹的离开在狗吊岩掀起了轩然大波。

狗吊岩为民小学的创办者吴道江就颇有微词：“徐本禹的离开不仅伤害了我的感情，而且还伤害了孩子们的感情。因为他承诺要在狗吊岩待两年，要带一个年级的学生升入初中。”

吴道江表示，徐本禹的离开对为民小学的影响是非常大的。他非常希望有更多的志愿者到为民小学支教，但他不想要“编制外”的志愿者。“学校最大的问题就是教师资源的短缺。为民小学有 6 个年级，只有4位老师，长期下去，不仅老师吃不消，学生们受到的影响也非常大。”吴道江尤其感到失落的是，很多志愿者和捐赠物资都是追随徐本禹的，徐本禹走到哪，志愿者和捐赠物资就走到哪。“为民小学能办一天算一天，即使倒闭，我也无可奈何。”

徐本禹的学生对老师的突然离去也感到不可理解。14岁的杨光军说，徐老师走之前，班上的人都不知道。“他走之后，我们非常想念他，希望他还能回来教我们，还能给我们寄来书费，徐老师曾答应给我们的。”

（来源：国际在线综合）

案例二　成长是一种痛

“大四”是象牙塔与真实社会之间最后那层窗户纸，22岁的付成励本来正在经历人生的这个阶段。他留给朋友们的印象，更多还是未经污染的真诚和单纯，“热情、直率、一根筋”，好友李乐（化名）感慨，“看着他，就像看中学时候的自己”。凶案悲剧因此更令人震撼，进入201教室前，这个内心世界黑白分明的年轻人，究竟经受了怎样的隐痛与挣扎。

惊变：张扬行凶者

付成励的两刀，都砍在程春明的颈部右侧大动脉上。他没有给老师留任何生机，也没有给自己留任何退路。他在端升楼201教室的19名同学眼前完成了这起张扬的凶案，然后拿出手机报警自首。此后，再也没能返回9号楼他的宿舍。9号楼是中国政法大学昌平校区唯一一栋在校外的宿舍楼，以前是老师宿舍，后来因为学生太多，改做了男生宿舍，4人一间，楼下还有独立的餐厅食堂，条件比校区里其他宿舍楼都要好。2005年付成励考入政治与公共管理学院的时候，正好被分到了这里。昌平校区并不算大，9 号楼虽然在校外，但距离学校不过几分钟的路程。

10 月 28 日凶案前的下午，付成励的大部分时间都在宿舍里度过。他睡了一个很漫长的午觉，从午饭后一直到 15 点多，事后朋友们相互回忆求证，这似乎是当天付成励唯一的异常。他向来精力旺盛，很少午睡，就算睡，时间也很短。其实，在凶案之后想接近付成励的朋友们并不容易。这些在校大学生们的情感天平正经受着前所未有的挑战，学生与朋友的双重身份，让他们陷入双倍的悲伤和困惑。他们会忍不住上网，看到各种版本的传言和猜测，如果与他们了解的事实不符，又忍不住义愤不已。双刃剑般的传播效应，让他们在缄口沉默和接受采访之间更加犹豫不定，他们不希望再伤害到悲剧中的任何一方，不管是已故的程老师，还是命运未卜的付成励。

“请允许我自私地认为，可能舆论的淡忘是对当事者家属最大的安慰，也允许我自私地淡忘这件事。”在拒绝采访的短信中，小武（化名）再三向我表示道歉。可班上的同学都知道，他的情绪至今难以平复。小武和付成励同一个宿舍，两人床对床，关系一直非常好。他在凶案后深深自责，觉得是自己最近忙于考研，对好朋友过于疏忽，没能发现一点端倪。李乐心中同样百味杂陈，她和付成励在不同学院，两人在学校社团联合会（以下简称“社联”）公关部共事时结识，这个有男孩子般活泼率真性情的女生，和付成励因为脾性相投，很快成了密友。辗转找到李乐的时候，她同样也在忙着准备“大四”后的出路。犹豫后，李乐最终同意接受我的采访，理由很简单，只是希望付成励也能得到媒体公允的描述。

李乐在 10 月 28 日的中午曾经给付成励打过电话，也没有什么特别原因，就是觉得想他了，想跟他说说话，这两个好朋友之间经常如此。而且因为忙着准备考试，李乐已经有一个星期没有跟付成励通过电话。可打过去没人接，快 16 点了，付成励才给她回复电话过来，解释说自己中午在睡觉。李乐说，电话里他的声音听起来也是那种刚睡醒的低沉。付成励还在电话里约李乐当天“一起在学校吃晚饭”，说好久没见了。可李乐在市区上考试辅导班，最快也要周五才会回昌平。于是付成励一如既往的热心，在电话里耐心解答李乐的提问，告诉她怎样换乘公交车才是从辅导学校回昌平的最佳路线。

此后大约 1 小时，李乐又跟付成励通过一次电话，也是付成励打过来的，说自己刚刚洗澡回来，看到手机上又有她的未接来电。李乐则解释说自己没再打电话，可能是误拨。这次的通话比较短，闲聊几句就挂断了。凶案之后，李乐认真查过通话记录，最后这通电话是当天的 16 点 53 分。后来朋友之间相互询问，确认这是目前所知付成励在朋友圈子里最后的通话记录。朋友们当然会追问电话内容，李乐想了又想，还是不能从这两通电话中找出任何异常。从最后通话的 16 点 53 分到 18 点 40 分的凶案之间，只有不到两小时，李乐也因此更加困惑，“他明明还约我一起吃晚饭的……”

反差：校园热心人

李乐过来的时候手腕上戴着一串佛珠绕成的手链，这是付成励旅游拜佛时给朋友们带回来的礼物。这饰物并不贵重，一串只有几块钱，难得的是心意。李乐说，付成励是那种“特别热心而又懂得分享的人，心里总是装着别人”，每次回学校，不管是从天津的家里回来，还是从外地旅游归来，总会带上各种小纪念品，分赠给朋友们。这佛珠也是这样，见者有份。李乐一直戴着，在付成励出事后也不愿取下。

“真诚、热情、直率、简单、一根筋。”这是朋友们在描述付成励时，使用频率最高的词语。他总是能从生活里找到简单而美好的东西，昌平校区与十三陵水库相邻，阳光灿烂的日子，付成励就会突发奇想，邀李乐骑单车同游十三陵，享受阳光。李乐有时候故意以不会骑车为由拒绝，付成励并不在乎，一口承诺自己骑车带她，还张罗着再邀上其他朋友。这些都与凶案后政法大学校方的评语“性格内向，成绩和表现一般”大相径庭。事实上，校方的评价对于付成励的朋友们来说，也是一种伤害。他们尊重逝去的程老师，但同样珍视昔日好友，希望犯了罪的付成励也能得到应有的尊重。

和付成励关系并不算亲近的萧寒（化名）也是这么想的。虽然只比付成励高一届，但她喜欢用“这孩子”来称呼这个学弟。这种身份上的距离感，除了年龄或许也源于两人在社团中的不同职位。2006年4月和付成励在社联公关部共事的时候，她是部长。以前的大学校园里只有分散的各种社团，后来才出现了社联这样的组织，由校团委直接领导，专门负责管理社团，和学生会一样，有着官方性质，可以在未来各种选拔和求职中“加分”。在各社团中活跃的一般是“大一”新生，而社联看重的则是“大二”、“大三”的学生。社联公关部有两种职能，外联和礼仪。礼仪是负责各种大型活动的礼仪接待，而外联则是整个社联最核心的部分，负责拉赞助。萧寒觉得，其实公关部是一个“很费力不讨好的地方”，“整个社联钱的压力都集中在公关部，能拉来赞助，是应该做的分内事，而拉不来，就是没能力”。

拉赞助并不容易。学校附近任何一家新店开张，小餐馆也好，饰品店也好，都得在第一时间过去磨嘴皮子，以在社联刊物上发布广告作为赞助款的交换。公关部因此成为公认最能锻炼人，也最能和社会接轨的地方。虽然很能凸显个人能力，但能持续留下的人并不多。付成励“大一”就加入社联公关部，李乐去的稍晚一些。到了萧寒接手的时候，最初的10多个人已经减少到只剩3个，付成励和李乐都留了下来。萧寒当然明白拉赞助的难处，“每次能拉来一两百元就很高兴了，500元就顶了天了”。付成励一直显示出他在社会交往方面的能力，他以自己的热情和幽默，总是能和周围的店主搞好关系，而且拉来过几笔大的赞助，算是名声在外。萧寒对付成励的第一印象也很深刻，“刚好赶上社团文化节的前期招标，这工作跟公关部无关，他是公关部唯一义务过去帮忙的，感觉很有能力很能张罗”。

在萧寒成为社联副主席之后，付成励也被任命为公关部部长，可任职没多久，就在2006年换届选举的时候被撤了下来。萧寒告诉我，这是因为领导层都感觉付成励“后来心思就不在公关部了”。可李乐一直替自己的好朋友觉得委屈，在她看来，付成励之所以被撤，更大程度上还是因为“新任主席并不喜欢他”。李乐说，付成励是那种“不喜欢做表面功夫的人”，他不喜欢写那些格式严谨页码颇多的计划书，但并不等于心思不在工作上，可这种随意在领导眼中更像是破坏规则。而且付成励很多时候也有些太随便，“社联开会的时候，还会穿拖鞋过去”。种种细节叠加，让李乐和公关部的其他人都清晰感觉到，“主席不喜欢付成励”，可让李乐惊讶的是，“只有付成励自己傻乎乎的一点都不知道”。有一次付成励还拿着手机跟李乐说，自己在跟主席发短信开玩笑，李乐“当时心里就很崩溃”，可又找不到合适的方法提醒他。

被撤掉部长职务后，离开了社联的付成励义务做了许多事情，帮助李乐适应公关部的工作，甚至还会主动跑出去联系好赞助，然后通知李乐去接手。昌平校区的商家赞助到后来越来越难获得了，付成励后来需要坐车到市区才能发现新目标，但他一点也不在乎这功劳不能记在自己名下。这也让李乐始终觉得，付成励是那种最没有心机，也绝对不会算计别人的人。相反，他特别仗义，“能把别人的事儿当自己的事儿去做”。还有同学见证了他的好人缘，“夸张到一次跟他一起横穿学校，他一路上跟人打招呼的手就没放下过”。

“己所不欲，勿施于人”，在小敬（化名）眼里，同班同学付成励就是这样一个人。在独生子女群体里，能像他这样总是能为别人着想的人并不多。虽然在班级里没有任何职务，可大学三年下来，他不仅包揽了宿舍里所有打扫卫生和打开水的活，而且“班上只要有同学生病，陪床的就一定是他”。

这种对于感情的真诚，单纯得未经污染，还有很多事例为证。比如“大一”第一学期，班里有同学夜里突然患病，被送到区医院，晚上他回来比较晚，听说之后执意要赶去医院，可宿舍楼下的大门也已经锁了，结果他从三楼跳窗出去赶到医院。早上5点同学醒来看见他趴在床边很惊讶，知道详情后感动得哭成泪人，这也是这个个头1.80米的男同学在大学里唯一一次流泪。李乐生病时也被付成励这样细致地照顾过，在电话里跟母亲说，母亲都很惊讶，“怎么还会有这么热心的人?”

端倪：少年心事

大学生活总是在不经意间就迅速从指缝中溜走，今年9月份暑假过完，李乐和付成励都成了“大四”毕业生。这种标签般的身份，也意味着他们需要认真思考人生的下一步，在众多可能性中作出选择。李乐和小武一样，都选择读研，但付成励打算就业，考公务员。

从初中到高中，付成励的成绩在班级中一直都很拔尖，天津东丽区他就读的两中学，老师们能回忆起来的印象，符合所有好学生的标准，聪明好学，成绩好，爱运动，乐于助人。尤其在天津市第一百中学，高中的几次分班考试，付成励一直在实验班，成绩保持在年级前15名。不过进入大学之后，他自我评价标准发生了一些变化，更看重社会实践，而不是功课。虽然成绩如今在大学里也成了个人隐私，不过因为关系好，李乐还是知道付成励的成绩很一般，“他不在乎分数，觉得只要能过就行”。

按照学校规定，“大三”暑假，学生们都要完成实习。他们有各种选择，律师事务所或其他机构。付成励和小敬都选择了报社，今年7月到9月，他们一起到了《人民日报》海外版。海外版暑期实习生有四五十人，统一由记者部主任管理，每周几次选题会后，就分成不同的合作团队完成采访。主任记得这两个学生，付成励“很积极，也很努力，奥运会期间领衔做过好几条大稿子，还发过海外版头条”，不过他对小敬印象更深刻，“更有悟性，表现更突出”。主任现在能回忆起付成励的，还有“这孩子不太懂事”，连带也就想起“他看人的眼神直勾勾的，很愣很愣”。

这种眼神可能在陌生人看来是冒犯，可在朋友眼里，付成励就是这样，“看人直勾勾的”，“做人也不加掩饰”。李乐说，付成励并不是那种心思细腻的人，不能敏锐察觉朋友们的心事，就像他不能察觉自己不受社联领导喜欢一样。不过，假如直接挑明了告诉他自己遇到麻烦或者情绪不好，那他就会实心实意地送上关心。可当他决意要关心一个人的时候，往往太过排山倒海，有时候“真会让人觉得很有压力”。虽然会用夸张的语气抱怨一下付成励关心人时的用力过猛，但回忆起这些，李乐都会不自觉地笑，传递出她所感受到的温暖。

可李乐也觉得，热心的付成励并不是一个喜欢倾诉的人。也许是他总挂着招牌式的笑容，所以朋友们很多时候也会忘记，这个简单通透的人也会有心事。李乐意外发现过付成励的一次异常。某天上午，她也是突发奇想给付成励打电话，结果付成励说自己正在14楼。那是政法大学昌平校区最高的一栋主楼，14层已是顶层。李乐很讶异，赶紧追问，而付成励的声音听起来也很奇怪，说自己在这里想些事情。李乐觉得不对劲，让他下来，不然自己就马上过去找他。结果付成励说不用了，约她在食堂见面，一起吃饭。李乐在10分钟内赶到约定的食堂，没多久，付成励也来了，看到她，依旧是招牌式的笑容，然后沉默了一会儿，说“今天你算是救了我一命”。李乐大惊，斥责他没事胡思乱想，付成励也没有过多地解释。再后来，两人的话题就在用餐中扯到了其他地方。

这异常李乐也仅发现过一次。后来的付成励像什么都没发生过一样，依旧古道热肠。“大四”开学之后大家各自为前途忙碌，只有他依旧那么公益，把自己搜集到的各种就业信息，比如公务员招考之类及时发邮件或短信告诉朋友，怕他们错过了。朋友们不会写求职履历，他甚至还会帮着做一个模板，给别人参考。李乐很努力想回忆起这个时间，但记忆还是像碎片一样很难缀联起来，更何况这一天前后都那么普通。仔细想了又想，她只记得是在今年夏天，“5月份他和女朋友分手之后，到7月份去实习之前的某一天”。

成长：初恋的忧伤

爱情就和专业课一样，差不多也成了大学里的必修课。这是个甜蜜而又让人困扰的话题。从女生的角度，李乐抱怨昌平校区里男女比例过于失调，以至于“姐弟恋”在政法校园里成了传统。同样从女生的角度，她注意到热情的付成励其实是一个感情上很羞涩的人。“他可以主动交很多朋友，但如果让他去追一个女生，他绝对不会主动。”她也疑惑地问过付成励，得到的解释很青涩，似乎是付成励以前有心仪的女生，主动试探时候遭到拒绝，此后就很退缩，害怕再被拒绝。

羞涩的付成励还是恋爱了，初恋，时间是2007年。女孩是中国政法大学的保送研究生，比他大了近3岁，成绩非常好。恋爱后付成励和李乐的联系一度变得少了，她因此也取笑过他，“甜蜜起来就忘记了朋友”。据李乐所知，付成励和女孩是经朋友介绍的，“认识的时候对方已经是研究生了”。李乐强调这段感情“是女孩主动的”，女孩喜欢叫付成励“弟弟”，也会发来短信说“想弟弟了”。付成励会拿给李乐看，证明女孩已经喜欢上他。可李乐会泼冷水，提醒他“对方也许只是把你当弟弟”。付成励不这么觉得，他举出更亲密的例子，某天女孩送他乘公共汽车回昌平，在车站的时候“亲了他的脸一下”，李乐也就不再打击他。中国政法大学分成蓟门桥和昌平两个校区，研究生在蓟门桥，这段恋爱谈得有些辛苦，李乐说付成励“经常要跑到市区去，路上要花近1小时，很多时候一个星期也见不到女朋友一次”。或许也因为如此，朋友中见过这女孩的并不多，女孩有时候也会过来昌平校区，和付成励的室友们吃过饭；而付成励去蓟门桥校区的时候，也见过女孩的一些朋友。

作为好朋友的李乐并没能见过这个女孩。有一次，付成励特意带她去跟女孩吃饭，两人坐车从昌平赶到蓟门桥，原本已经说好了，可等他们到了，女孩怎么也不肯下楼，“就说自己累了，不想下来了，也不让付成励把带给她的东西送到宿舍，说放在楼下传达室就可以了”。李乐因此觉得这个女孩性格有些奇怪。面对这种冷遇，付成励却不介意，李乐只好自己分析，“也许他已经习惯了”。李乐还见过晚上付成励在网上和女朋友聊天，经常是“他在不停地说，可他女朋友偶尔才回应两句，等付成励不说话了，就说早点休息吧，还发来一个笑脸，让人很崩溃”。这段感情，至少在李乐看来，和自己理解的恋爱太不一样。

而更多隐情，她也是在今年初两个人闹分手的时候，才有更深的了解。不善于倾诉的付成励还是选择了向李乐诉说部分心事，这心事过于隐秘，以至于李乐也觉得，付成励之所以会说，实在是因为内心太过困惑，“不知道应该怎么对待他女朋友，对方才肯接受”。李乐听来的故事，带着伤痛。女孩是法学院的，初入大学不久，还没有经历过恋爱的她被程春明老师所吸引，“和程老师发生过关系”。从时间上推算，那是2003年左右，那时候的程春明还在第一段婚姻里，或者说第一段婚姻的尾声。这段师生纠葛并没有持续很长时间，两人后来也分开了，但这段经历让女孩陷入了某种心理上的困境。虽然她并未因此恨程春明，但此后也没有交过男朋友，付成励是她第一个正式交往的男朋友。李乐无法确认这故事的真实性，她只是听到付成励的转述。但她从女性的角度，觉得不可能是编出来的，“没有女生愿意这样抹黑自己”。

付成励是一个在感情上很传统的人，他当然被这隐秘的往事所震撼。可他的回应并不是放弃，而是“一定要娶这个女孩”。李乐后来才知道，付成励听过女朋友的倾诉后，2007年的国庆长假，迅速把女孩带回了天津的家，告知父母，这就是自己未来要娶的人。李乐也疑惑于付成励的举动。可付成励执著地认为，既然女朋友连这么隐秘的往事都告诉了他，证明了对他的信任，自己因此“必须肩负起责任，一定要娶她”。这逻辑也让李乐“很崩溃”，她劝过付成励，也许对方未见得需要他承担这个责任，可付成励执拗地认为，“不承担责任就不算个男人”。

可在付成励的描述中，女孩的反应更让李乐疑惑。女孩那一方的情感在直线降温，“说出往事以后，付成励对她越来越好，可她反而越来越冷淡，到后来基本上就不搭理付成励了”。

伤痛：撕裂的青春

付成励的家在天津东丽区的一个小村庄。东丽是天津外环线外的郊区，从天津到塘沽的津塘公路和轻轨并行，从村里穿过，把村庄分隔成南北两半。便利的交通条件，也让这里成为东丽经济开发区所在，土地已经被大规模征用，林立的厂房也吸引来许多外地打工者，村里人不再靠土地谋生，而是寻找与开发区相关的副业。

付成励的父亲十几年前就从黑龙江来了东丽，他有一门修车的手艺活，也靠这个在天津扎下根来。付成励大约在小学四年级的时候，跟随母亲从黑龙江逊克农场一起来了天津。网名叫“东京冬天”的小学同学还记得，付家刚来时候，家庭条件很不好，“一开始我家里人还不叫我和他玩”。可后来，付成励的爱学习和乖巧迅速赢得了邻居们的喜欢，家长言语间就变成“你学学人家孩子”。付家陆续搬过几次，大约在2000年付成励读初二的时候，搬到了现在的村子。这对夫妻留给村里人的印象是“朴实、本分”，夫妻俩凭借自己的勤劳2000年前后也在村里买下了一处平房。早年村里的平房可以买卖，房子不大，花了大约5万多元。村里常见的四合院式建筑，院墙围起来，进院门正对着的是一个“福”字照壁，绕过照壁就是主屋，三间房子，全部加起来不过30平方米。进门是客厅，左右两侧分别是付成励和父母的房间。像老北京的四合院一样，房子里没有单独的浴室和卫生间，公厕在离他家不远的村口，风过，异味刺鼻。

买房置业后，付家的经济状况还是比较紧张。父亲依旧在厂里修车，而母亲换过很多工作，“最多的时候一个人打过三份工”。至于付成励，转到村里初中之后，成绩依旧很好，他爱踢足球，也迅速融入了新环境。2003 年中考时候，考上了东丽区第一百中学，这也是东丽区最好的一所中学，面向全市招生，能从村初中考过来的，每年不超过 10 个。2006 年之前，第一百中学可以招收外地生源，叫做借读生，但学费高昂，每年要 1.5 万元。付成励虽然跟随父母到了天津，但他的户口还在逊克。他的求学，和许多外来务工者的子女一样，有各种门槛。但付成励很争气，几乎每年都能拿到奖学金，从 3000 元到 5000 元不等，这也是校方为优秀借读生缓解学费压力的一种举措。

高中时期的付成励人缘一如既往地好，他也符合了家长们所有的期待，“孝顺、懂事、听话、学习好”。当付成励 2005 年考上中国政法大学的时候，邻居们都不觉得意外。大学的学费比高中时的借读费少多了，付家的家境也开始逐渐有了起色。大约在付成励上大学之后，付家和村里其他人一样，挨着院墙，在院子里修起了 4 间豆腐块般的平房。随着开发区的发展，外来打工者越来越多，这些简陋的房间可以按每月 100 元的价格租出去。只是依旧没有独立的浴室和厕所。他的母亲也不必那么辛劳了，现在固定在一个肉类加工厂里打工，帮工人们做饭。村里人原本也觉着，还有一年付成励就毕业了，辛劳的父母看起来可以享享儿子的福了。

村里也有人去年国庆节见过付成励带了一个女孩回家，付成励个头 1.75 米，白净瘦弱，女孩比他矮，看起来很斯文。女孩在付家待了一两天，后来邻居还在和付成励母亲闲聊的时候问到过这事。付家只有这一个孩子，他的母亲一直以他为荣，也会和邻居们分享他的成长点滴，比如去报社实习，比如打算考公务员，交女朋友的事当然也不例外。根据邻居的说法，母亲对付成励的恋爱态度比较犹豫，听说是女孩家境很好，父母在司法系统，她因此担心因为家境过于悬殊，付成励很可能被对方的家庭所嫌弃。只是父母也知道这是儿子的初恋，他们因此并不是过于担心，年轻也意味着充满变数。

可他们似乎并不知道，儿子的感情其实很不顺利。李乐说，按照付成励的说法，他对那女孩越好，女孩越觉得有压力，屡次提出分手，说自己配不上付成励。3月份时候两人就闹过分手，李乐劝他试试把感情降温，不要对那女孩太好，也许对方就不会太有压力，或者干脆分手。李乐也知道付成励的关心常常用力过猛，在朋友的角度都会觉得受不了。可付成励不这么想，他觉得“她已经受过那么大的伤害，假如我要是对她不好，就会让她觉得我嫌弃她”，更谈不上主动和女孩分手。

可今年5月的某个晚上，李乐接到付成励的电话，说他和女朋友终于还是分手了。电话里，付成励很郁闷，说女孩求他放过自己，他只能放手了。虽然在李乐看来，这分手更像是必然，但她还是耐心地劝慰付成励。说出这段隐秘的故事对李乐来说并不容易，她在描述时尽量保持中立和克制，只转述自己听到的，并不妄加猜测，也不作过分的评论。她甚至还会看着我的眼睛，很真诚地要求我，“可不可以不要说那个女孩不好的话?”她说，付成励很在乎这个女孩，最不想伤害的人就是她。

虽然李乐与付成励有过如此密切的交谈，但她还是无法梳理出那天晚上付成励行凶的动因。毕竟对程春明的厌恶，付成励在一年多以前就已经有了。付成励并不认识程春明，也没有选过他的课，可在听过女孩的故事后，就对这个名字生出了本能的厌恶，李乐也受了一些影响。付成励觉得，虽然是多年前的往事，可这事情严重地伤害了他的女朋友，而程春明作为成年人，作为老师，行为上有不道德的地方。李乐劝过他不要过于在意，毕竟是以前的事，何况女孩自己都不恨程春明了，可付成励坚持认为程春明“做了不好的事情，就是坏人”。

凶案发生的时候，李乐在市区上辅导课，晚上才从朋友的短信中获知，听到遇难老师是程春明，“心里当时就愣了一下”，她马上给付成励打手机，关机。发短信，没有回复。到了深夜23点，最终确认了行凶者就是付成励，当晚一夜不眠。第二天下午男朋友陪她回了昌平校区，校园的拓荒牛塑像前摆满了祭奠的鲜花和卡片，只有一张是给付成励的，让他“坚强地活下去”。李乐说，她想了好几天，觉得付成励太傻了。这场剧变也让她明白，“这世界并不是只有黑白两种颜色，还有很多是灰色的”。成年人世界里的普世原则，这些青春期的孩子却是在撕裂般的疼痛中才领悟。

李乐和付成励的其他朋友一样，陷入了双重的悲伤和困惑。逝去的程老师，就算曾经有过错，也错不致罪，而付成励，面对未来的司法审判，也许要面临漫长的牢狱之灾，他的青春已经戛然而止。还有程春明的妻子，李乐说起来的时候，会陷入沉默，“我们后来才知道程老师又再婚了，妻子正怀着5个月的身孕，怎么可以宝宝一出生就没了爸爸？”付成励的父母在出事以后连夜赶往北京，住在一个简陋的小宾馆，后来去宿舍收拾付成励的行李时，有同学见到过，那场面让他们至今心酸：“他妈妈在收拾东西的时候，脸上一直保持着笑容，没有当着同学们掉一滴泪，还安慰来送行的同学说，你们都要好好的，好好学习。”

（文章来源：2008年11月《三联生活周刊》，记者：王鸿谅）

第三章　大学生素质自我整合提纲挈领

学术界关于素质的内容结构的研究结论众多，典型的有“三类”（身体素质、心理素质和社会素质）、“八种”（政治素质、思想素质、道德素质、业务素质、审美素质、劳技素质、身体素质、心理素质）。笔者经过深入研究认为，一个素质完善的大学生的特质可以集中概括为六个方面：身心健康，富于学识，能力高强，修养良好，具有专业与职业素养，懂得审美与创新。因而，大学生在整合自己的素质时也应从此六个方面予以提纲挈领：一是身体与心理，二是科学与文化，三是生活、劳技与人际交往，四是思想、政治、道德与法律，五是专业与职业，六是审美与创新。此六类（15 种）素质内容，具有各自地位，缺一不可，相互渗透。至于还有信息素质、学习素质等说法，都是与以上各项交叉包含的内容。

第一节　身体与心理素质

人，首先有着一个物质的实体——身体，由此基础上才有附着在身体之上的心理——精神，然后是身心互相合作发展完善，维持生存与发展。人的身心是个相辅相成的统一体，它们的发展不仅是各有内涵的，而且是讲究相互协调的。身体健康是心理健康的物质基础，心理健康是身体健康的精神支柱。身体状况的改变可能带来相应的心理问题，生理上的缺陷、疾病，特别是痼疾，往往会导致各种不正常的心理状态。作为身心统一体的人，身体和心理是紧密依存的两个方面。关注大学生的素质，最基本的内容应该是身心素质，对于大学生整合素质来说，最基础的任务是保持身心的健康。

一、身体素质

顾名思义，身体素质指人的身体方面的素质。在这里，为了从更加全面的角度整合大学生的素质，我们不妨广义地将身体素质理解为身体内在的体质以及系统器官活动状况和功能能力等多方面。人最宝贵的是生命，生命对于我们只有一次，生命的附丽是身体。身体素质是人的总体素质的前提与基础，需要不时予以关注和整合，大学生亦然。整合身体素质的目标是健康，而健康是有确定标准的。目前大学生身体素质存在一定问题，大学生要充分利用学校有利条件在睡眠、饮食、运动、心理调节等方面积极主动地进行身体素质的整合。

1. 身体素质的内涵与意义

（1）**内涵**

所谓身体，是指生物的物质实体，是生物的生命构造，可以表示该生物的健康程度，以致表示该生物是否死亡。我们这里关注的是人的身体，指人的整个躯体，主要包括头、颈、躯干、双臂及双腿，另外包括呼吸、心血管、神经系统和其他内脏各组成部分，每部分由细胞构成。在运动学上，人们把肌肉活动的基本能力(包括速度、力量、耐力、灵敏度、柔韧度五方面）称做身体素质。在日常生活中，人们更多地把体质等同于身体素质。在大学生的素质整合中，我们应当使用更为广义的身体素质概念。身体素质应当包括与人的身体相关的体质、形态、生理功能以及肌肉活动的基本能力等多方面。

身体素质自然地表现在体育锻炼方面，经常潜在地表现在人们的生活、学习和劳动中，一个人身体素质的好坏与先天的遗传有关，但也与后天的营养和体育锻炼情况关系密切，通过正确的方法和适当的锻炼，可以从各个方面提高身体素质水平。

（2）意义

俗话说，身体是革命的本钱，健康是发展的资本。生命的存在是“1”，其他都是加在后面的“0”，没有这个“1”，增加多少“0”都没有意义。健康是人生一切的基础，是事业奋发的前提。社会上因健康问题而毁掉事业和人生的例子比比皆是，如，传媒界的罗京、企业界的乔布斯等的英年早逝令人惋惜，人们一定要引以为戒。

大学期间的学习更多的是一种脑力劳动，只有具备健康的身体，才能有效地应对。身体健康对大学生的学习有很大的促进作用；反之，则会不同程度地妨碍大学生的学习，影响大学生的学业成就。对于漫长的人生而言，大学阶段是身体健康的建设积累阶段，大学生由于年轻，目前身体一般没有明显问题。但是，如果不注意运动锻炼、保健养生，久而久之，身体就会出现各种问题，有时甚至等不到毕业就会不堪忍受，谈何为将来储备健康呢？

2. 整合身体素质的目标与内容

（1）目标

大学生身体素质整合的基本目标是身体的健与美，主要是身体健康。“身体健康”应该是个体生理上的完好状态，不仅指的是没有疾病和不虚弱，但至少包括了没有疾病和不虚弱。

健康是有标准的，1978 年世界卫生组织给出的十大标准为：①有充沛精力，能从容不迫地负担起日常繁忙工作。②处事乐观，态度积极，乐于承担责任，事无巨细不挑。③善于休息，睡眠良好。④应变能力强，能适应外界环境的各种变化。⑤能抵抗各种传染病。⑥体重适中，身体匀称，站立时头、肩、臂位置协调。⑦眼睛明亮，反应敏捷，眼和眼睑不发炎。⑧牙齿清洁，无龋齿，牙龈颜色正常，无出血现象。⑨头发有光泽，无头屑。⑩肌肉丰满，皮肤有弹性。从以上标准中可以隐约看出，其中包含着身体的美的要求，如皮肤、眼睛、头发的光泽与身材的匀称等，实际上当我们关注自己的身体，也离不开对美的关注与把握。这种美不是外在的梳妆打扮，而是以生理健康为基础、从身体内在透出来的色彩和形状的生动、和谐之美，总体来说，大学生身体素质整合的目标是健而美。

（2）内容

“体质”是由先天遗传和后天获得所形成的，是人类个体在形态结构和功能活动方面所固有的、相对稳定的特性，与心理性格具有相关性。从形态上看，健康体质的人形体肥瘦适中，男性肌肉健壮，女性皮下脂肪适中，不过肥，不过瘦；健康体质的人面色滋润，红白适中，皮肤细腻而有光泽，而且神采奕奕。从功能上讲，健康体质的人胃口好，不厌食，不贪食；不易饿，不到开饭时间不饥饿；不易饱，不是稍食即有饱胀感；健康体质的人排便正常有规律，大便每天一次，或隔天一次，不干不稀，成条状，畅通无阻，小便每天3—4次，色微黄而清，畅通无阻，不痛不涩，尿后无余沥不尽感。健康体质的人冬天不怕冷，夏天不怕热，能适应季节与气候。

肌肉活动的基本能力包括五方面：速度素质是人体在单位时间内移动的距离或对外界刺激反应快慢的一种能力；力量素质是身体某些肌肉收缩时产生的力量；耐力素质是指人体长时间进行肌肉活动和抵抗疲劳的能力；灵敏素质是指迅速改变体位、转换动作和随机应变的能力；柔韧素质指人体活动时各关节肌肉和韧带的弹性和伸展度。这五个方面素质的好坏直接反映了人们在日常生活中承受能力的强弱。肌肉活动能力的强弱，是衡量一个人体质状况的重要标志之一，对增强人的体质和健康有重要意义。

3. 大学生身体素质的问题与原因

（1）问题

大学生的身体素质问题主要体现在体质不佳上，现今的大学生普遍比以前的同龄人个头要高，但是体质普遍下降。其次一个突出问题是视力普遍下降。近视或者高度近视的人群占大多数。

大学生常见的健康问题有：①因不吃早餐、暴饮暴食、食用垃圾食品、不规律饮食而引发的腹泻或胃痛、上火（青春痘、口臭）；②因穿着轻薄、饮食贪凉而引发的伤风感冒和扁桃体炎甚至嘴脸中风歪斜；③因不讲卫生而造成的脚气、肛瘆、皮炎等；④因不按时作息或者过于沉迷网络，熬夜、缺乏睡眠而导致的头晕、植物神经功能紊乱等；⑤因缺乏运动而导致的痔疮、肥胖、脊椎不正、近视加重等；⑥因缺乏运动常识而导致运动性意外损伤；⑦因先天遗传和后天缺乏营养保健知识而体质差；⑧因吸烟、饮酒等不良嗜好而引发的问题；等等。

（2）原因

影响健康的主要因素有遗传（生理与心理）、自然环境、社会环境、不良生活方式与嗜好。大学生身体素质问题主要原因是健康观念与生活方式，特别是大学生们缺乏对体育的兴趣及体育锻炼习惯，是影响其自身健康的重要原因。根据 39 健康网的调查：来自上海 33 所高校的抽样调查显示，主动参与体育锻炼的学生人数仅为 18.5%。不少学生认为自己运动能力差，没时间，没必要，不如搞公司、搞创业。大运会期间，常听见各高校的体育教师感慨，美国大学生每周要进行 12 个小时以上的课外体育锻炼，80%的人参加了各类体育俱乐部；而我们的大学生呢，做广播操得请老师点名监督，组织个运动协会得摊派名额……反之，吸烟成了提高学习效率、消除心理疲劳、表达友情的“最佳方式”，喝酒谈天、通宵打牌等等成了“休闲”。

其次，传统的应试教育思想以及体制影响也很大。北大、清华曾对 570 名学生进行了调查，发现学生们每天除了上课外，有一半以上的人每天还要花 2 至 5 小时的时间做作业。而这些学生升入高校之前，62%的人每天做功课的时间长达 4—5 小时，每周能从事 1—2 次体育活动的学生仅占 41%。此外，学校体育设施不好、有效体育活动少、对体育教育认识不够等因素也客观造成了学生身体健康情况差。学校体育常常是说起来重要、做起来次要、忙起来不要。许多高校体育教育只是令人遗憾的低水平，学生基本上是学完丢光，健康状况怎不令人担忧。

4. 整合身体素质的途径与方法

（1）途径

学校体育与竞赛。身体素质教育就是体育，自古以来在学校教育中受到重视。大学体育课是大学生以身体为主要手段，通过合理的体育教育和科学的体育锻炼过程，达到增强体质、增进健康和提高体育素养为主要目标的公共必修课程，大学生要充分利用；每一年学校还有至少一次运动会和多种形式的体育竞赛，大学生也可踊跃参加。

自我体育锻炼。大学生要利用学校提供的各种体育设施进行课外体育活动及竞赛，如篮球、排球、羽毛球等球类以及田径运动场的跑步等田径运动，这是每天都可以随时进行的。现在一些高校还开设了舞蹈、瑜伽等一些富于美感的锻炼方式，大学生有了多种锻炼条件，既可以享受健康，又可以享受美。

自我养生保健。现代中国人，由于经济等原因，大多数并不重视或者不懂得养生之道。过去几十年，大家只能勉强吃饱穿暖，讲究吃喝保养被认为是资产阶级作风，要坚决打击。今天我们社会有了一定的经济条件，社会上对于健康和养生已然变得重视起来，美容保健机构丛生，各种保健知识通过互联网也传播甚广，中国古代的养生文化也兴盛起来，社会大众也渐渐重视起保健养生。据说，大学生中也有一些去定期美容保养的。但美容院的美容保健只是帮助保持身体健康的一个小方面，应更加全面拥有自我保健和养生的知识，具有自我保健的能力。

（2）方法

常听人说，维护健康有四大基石：充足睡眠、平衡饮食、适量运动、心理健康，维多利亚健康宣言则说道：管住嘴、迈开腿、睡好觉、常欢笑，讲的都是差不多的道理。

运动锻炼。运动锻炼显得尤其重要。每天都要有些运动，出出汗，使筋脉活络、气血畅通、身体平衡。大学生待在室内用脑用眼的时间较多，要提醒自己常常起身活动，到室外见见阳光、望望远，舒缓血脉和眼睛。生命的健康在于运动，大学生整合身体素质的重点应放在体育锻炼上，要从一开学就给自己作出一个较适宜的体育锻炼计划，长期坚持下去。

睡眠休息。适当地休息，不能因为学习或者课外兴趣特别是上网而失去作息规律，弄得异常疲劳，让身体超支；年轻大学生的睡眠时间最好不少于 8 小时。在大学课堂上，特别是在上午一二节的时候，最容易看到萎靡不振、昏昏欲睡的同学，仔细打听原因，往往是晚上没有睡好觉。有的是长时间的恶性循环，造成神经衰弱，已经影响到身体健康。

饮食营养。尽量注意饮食科学，比如，在上火时就不能吃得过于辛辣，而怕冷的人就别贪冷饮等；不要总去路边摊，以免误食地沟油；应戒烟限酒，那些年纪轻轻、叼着一根香烟的大学生在很多人看来其实并无潇洒形象可言。

心理健康。身心互动的道理大学生都多少懂得，保持心情开朗与心态平和有利于身体健康。所谓心宽体胖是有道理的，心态好也是身体好的条件之一。

检查治疗。对于年轻大学生来说，也要观察自己身体有无疾病，发现情况要去检查，发现问题要依靠医生抓紧治疗。

二、心理素质

心理素质是人的整体素质的核心。[①] 在身体健康的基础上，心理素质是人的第一素质、基础素质。而在其中，人格即个性特征又是基础和核心。一个人的心理素质是在先天生理素质的基础上，经过后天的环境与教育的影响而逐步形成的。心理素质是先天和后天的合金。心理素质具有人类素质的一般特点，但也有自己的特殊性。由于近年来大学生心理素质出现的问题较多，学界对心理素质重视的程度提高，探索了许多增强大学生心理素质的有效方法。

1. 心理素质的内涵与意义

（1）内涵

所谓心理，是指生物对客观物质世界的主观反应。心理学的研究表明，人的全部心理现象可划分为四个基本范畴：心理动力、心理过程、心理状态和心理特征。其中心理动力包括需要、动机、兴趣、爱好、理想、信念和世界观；心理过程包括认识过程、情感过程和意志过程（认识过程又包括感觉、知觉、记忆、想象和思维；情感过程包括情绪和情感两个方面；意志过程包括自觉性、果断性、自制性和坚韧性）；心理状态包括睡眠、觉醒和注意三种状态；心理特征即人格，包括能力、气质和性格。心理过程具有暂时性、动态性，心理特征具有稳定性、持续性。心理现象既是脑的机能，又受社会的制约，是自然和社会相结合的产物。心理素质是在遗传基础之上，在教育与环境影响下，经过个体实践训练所形成的心理能力与性格品质的综合体现，是指个体在

① 王文礼等主编：《大学生综合素质教育》，高等教育出版社 2010 年版，第 127 页。

活动中表现出来的内在的、深层次的心理特征的总和，其中最集中和突出表现的是人格特征。所谓人格，指的是个人的心理面貌或心理格局，即个体各种稳定而独特的心理特征的总和，它包括了一个人的气质、性格、能力等多方面的内容。其中的心理能力包括内在动力、认知能力与心理适应能力。

心理素质水平的高低应该从以下方面进行衡量：性格品质的优劣、认知潜能的大小、心理适应能力的强弱、内在动力的大小及指向。对内体现为心理健康状况的好坏，对外影响行为表现的优劣。

（2）意义

前苏联教育家苏霍姆林斯基说过："没有心理上的修养，体力的、道德的、审美的修养就不可能想象。"① 心理素质处于素质教育的基础地位，个体认知、人际交往等一切社会活动都离不开这个基础，心理素质对内制约着主体的心理健康状况，对外与其他素质一起共同影响主体的行为表现。在此意义上，心理素质是个体在身体素质基础上的第一素质。

心理素质教育的目的是全面提高心理素质，开发心理潜能、发展心理特点、培养心理品质。心理素质整合能够促进大学生身体健康，促进大学生良好习惯的养成，促进大学生学业。

2. 整合心理素质的目标与内容

（1）目标

大学生心理素质整合的基本目标是心理健康。著名心理与教育学家马斯洛认为，良好的心理素质表现在以下几个方面：①具有充分的适应力；②能充分地了解自己，并对自己的能力作出适度的评价；③生活的目标切合实际；④不脱离现实环境；⑤能保持人格的完整与和谐；⑥

① （苏）B. A. 苏霍姆林斯基：《给教师的建议》，教育科学出版社 1984 年版。

善于从经验中学习；⑦能保持良好的人际关系；⑧能适度地发泄情绪和控制情绪；⑨在不违背集体利益的前提下，能有限度地发挥个性；⑩在不违背社会规范的前提下，能恰当地满足个人的基本需求。

中国心理卫生协会近年组织相关专家，开展了“中国人心理健康标准制定”的课题研究。通过文献调研、专家调查和专家讨论，研究制定符合中国国情和社会文化的心理健康标准，具体可从五个方面来衡量：①自我认识方面：应该能够客观全面地认识自我并接纳自我，有心理安全感；②独立性方面：应该具备基本的独立生活和学习能力，能够解决日常遇到的一些问题；③情绪方面：要求情绪基本稳定，心态比较积极，能够适当控制自己的情绪；④人际交往方面：应该能够建立和谐的人际关系，在社会交往中获得心理上的满足感；⑤环境适应方面：要求能够接受现实、承受挫折，并采取合理措施应对困难。

（2）**内容**

个体心理可以分为四个方面：心理动力、心理过程、心理状态、心理特征，这四个方面都表现出个体心理素质。一般强调心理过程与心理特征即人格两方面，这两方面更能突出心理素质的内容。

心理过程可分为三个部分：①认知现象：是人们获得知识或者运用知识的过程，或信息加工的过程。这是人基本的心理现象。包括感觉、知觉、记忆、思维、想象等；注意则是伴随心理过程的一种心理特征。②情绪和情感：其过程是一个人在对客观事物的认识过程中表现出来的态度体验。例如，满意、愉快、气愤、悲伤等，它总是和一定的行为表现联系着。人在认识客观事物时，不仅仅是认识它、感受它，同时还要改造它，这是人与动物的本质区别。③意志：为了改造客观事物，一个人有意识地提出目标、制定计划、选择方式方法、克服困难，以达到预期目的的内在心理活动过程即为意志过程。心理过程是人们共同具有的心理活动。但是，由于每个人的先天素质和后天环境不同，心理过程在产生时又总是带有个人的特征，从而形成了不同的个性。

个性心理特征是一个人身上经常表现出来的本质的、稳定的心理特点，体现在能力、气质和性格的不同方面，能充分表现个体的心理素质。例如：有的人有数学才能，有的人有写作才能，有的人有音乐才能。因此，在各科成绩上就有高低之分，这是能力方面的差异。在行为表现方面，有的人活泼好动，有的人沉默寡言，有的人热情友善，有的人冷漠无情，这些都是气质和性格方面的差异。能力、气质和性格统称为个性心理特征。

3. 大学生心理素质的问题与原因

（1）问题

心理问题是大学生群体的多发问题，也是素质整合中最主要的问题。近年来大学生中忧郁症、焦虑症甚至精神病频发，在助学金、奖学金、恋爱、就业等问题上障碍丛丛，显示出大学生心理素质的问题。

有关调查表明，在大学生中发生心理障碍的比例近年来有不断上升趋势。2001 年一项以全国 12 万名大学生为对象的抽样调查中，20%—23%的人被发现有心理健康问题，主要有学业的忧虑、人际关系的苦恼、因经济攀比引起的心理失衡以及由性和恋爱产生的心理困扰等。一些学者曾提出心理健康“灰色区”的概念，即将心理健康比做白色，心理疾病比做黑色，这之间的状态就是灰色，也称“亚健康”或“第三状态”。调查显示，几乎所有大学生都为“第三状态”困扰过。“第三状态”表现为：无聊无为、胆怯退缩、自卑逃避、封闭压抑、优柔寡断、虚荣矫饰、偏激固执、任性刁蛮、委屈感与牢骚、悔恨、犯罪感与自责、仇恨与敌意、自我失败主义等等。①

大学生心理问题主要有以下方面：①婚恋和性问题，如择偶、异性

① 傅进军主编：《大学素质教育概论》，科学出版社 2005 年版。

交往、失恋、单相思、性行为、性心理等；②人际关系问题，如人际恐怖、沟通障碍、交往困难、代际差异等；③个人发展问题，如价值观的困惑、人生目标的抉择、职业的选择等；④个性及心理问题，如苦闷、情绪紧张、孤独、自卑、胆怯、忧郁、恐惧等；⑤身体健康问题，如失眠、神经衰弱、不良习惯等；⑥学习问题，如学习动力、考试焦虑、专业思想、学习方法等；⑦其他问题，如娱乐、法律、宗教信仰、违规行为等。

（2）原因

大学生心理问题总体上是因为家庭教育与学校教育的失误。由于多数是独生子女，家长容易过分关注甚至溺爱，加上社会上某些错误的观念（比如孩子绝对不能打骂），家庭和学校对学生不敢批判（激烈的批判就是“骂”），以至于某些大学生小时候一些事情做得不对也没有及时予以引导和批评指正。有的则是从来不让孩子受一点委屈以至于变得像温室里的花朵，过于敏感和自尊，受不了半点批评和打击，到了后来遇到一点挫折就可能出现故障。

从小心理素质较弱，到了大学，大学生本应有能力自己来认识自我、调节心理，但是少部分人又不注重心理建设，所以导致问题多发。

4. 整合心理素质的途径与方法

（1）途径

学校的心理教育与咨询。一些学校开设了心理教育课，大学生可充分利用课程时间主动了解心理常识和技能。学校的心理中心有专业的心理老师，大学生遇到心理障碍，不妨找他们进行疏导。某些学校组织的“5.25 心理活动月”活动卓有成效，大学生应积极参与。

参加各种课外活动。人是社会的人，长期离开了与他人的交流，很容易产生心理问题。在人群中，可以感受到更多的安全感；人在活动中，可以转移注意力，忘记各种烦恼。

自我调节与身体锻炼。善于疏导不良情绪。用改变认识角度、合理宣泄、转移注意力、松弛训练、音乐疗法、心理暗示、补偿生化、培养幽默感等方式进行自我调节，对心理健康很有帮助。身体健康是心理健康的基础，身心互补，身体不健康，心情自然不好。要不断进行身体锻炼，达成脑体平衡。

（2）方法

认识自我，找出问题。按照心理活动的范畴仔细检查自己心理的各个方面。心理动力：自己的需要、动机、兴趣、爱好、理想、信念和世界观分别是什么样的；心理过程：自己的感觉、知觉、记忆、想象和思维，情绪和情感，自觉性、果断性、自制性和坚韧性等分别是怎么样的；心理状态：自己在睡眠、觉醒和注意三种情形下的心理状态怎么样；心理特征：自己的能力、气质和性格怎么样。各个方面尤其是稳定的人格，其中主要问题有哪些，要对自己有一个科学、合理的评估。

进行调节，达到平衡。首先，要进行自我肯定，悦纳自我。人要不断地否定和肯定自己才能进步，而否定的最终目的是为了向肯定方向发展，自我肯定，保持坚定的信念，往往是成功的关键。自我肯定要抛弃自卑，增强自信。自卑需要三个条件：一是缺乏成功的体验；二是缺乏客观公正的评估；三是自我评估偏颇。要抛弃自卑，首先要战胜自我，为自己树立一个目标，要有坚强的信念，相信自己的能力。其次，要正视自己的问题，通过自己的努力或外力的帮助来排除障碍，达到新的平衡。

身体素质教育是传统“五育”中的“体育”，一直以来在教育中受到重视，心理素质教育则是近年来得到广泛重视的一项教育，有时人们把它归纳到“大德育”的范围，作为德育中思想政治教育的基础内容。本书认为，人的身心是相辅相成的一个整体，共同作为健康素质，组成人的总体素质的基础。

第二节　科学与文化素质

“不懂”是弱者的口头禅，也是他们无奈之表达。相反，一个有才智的人不仅自己生活、工作更加得心应手，而且更容易受到人们的尊重。一个人，怎么样才能算是有水平高？这没有统一标准。但是作为一个大学生，大学生的知识结构却是有章可循。懂得，表现为科学文化知识的获取；只有“懂得”，才能“会做”。科学文化素质是一个人素质的中心内容，代表了其实力水平。

一、科学素质

科学素质是人们在科学方面所具有的较为稳定的内在的基本品质。其中在自然科学方面主要体现在物理、化学、天文、地理、生物学等知识教育之中，表明人们在这些知识及与之相适应的能力、行为、情感等综合发展的质量、水平和个性特点。

1. 科学素质的内涵与意义

（1）**内涵**

科学，广义是指运用范畴、定理、定律等思维形式反映现实世界（自然界、社会和思维）各种现象的本质和规律的知识体系。属于社会意识形式之一。在中国，教科书上一般将科学分为自然科学（或称为理科）和社会科学（或称为文科）。学术界按与实践的不同联系，分为理论科学、技术科学、应用科学等。从准确、可验证性并能达到普遍公认的角度讲，科学一词指自然科学。本书取自然科学之意。

科学素质一般指树立科学思想，崇尚科学精神，了解必要的科学技术知识，掌握基本的科学方法，并具有一定的应用科学处理实际问题、参与公共事务的能力。科学素质包括掌握科学知识的多少、理解科学思想的深浅、运用科学方法的生熟、拥有科学精神的浓淡、解决科学问题能力的大小，综合表现为学习科学的欲望、尊重科学的态度、探索科学的行为和创新科学的成效。

（2）意义

科学素质是人们追求"真善美"中"真"的一环，科学素质是大学生素质的重要组成部分，是大学生在社会生活中参与科学活动的基本条件。2006 年 2 月 6 日，国务院正式发布《全民科学素质行动计划纲要》，对公民科学素质教育提出具体要求。大学生科学素质教育是公民科学素质建设的必然要求，是全面提高科学道德素质的客观要求，是改变大学生科学素质状况的迫切要求，是积极推进大学生素质教育的内在要求。

2. 整合科学素质的目标与内容

（1）目标

讲科学。大学生是同龄人中学识水平相对高的一类人，应更加讲求科学精神，不信迷信，不传谣。

懂科学。大学生应努力探索科学知识，应用科学知识解决生活中的问题。

（2）内容

科学知识。科学知识是人们在实践基础上获得关于自然现象和过程的本质及其规律的认识，包括科学经验知识、科学理论知识、科学发展知识等。科学知识是科学素质形成与发展的基础，科学知识教育既能提高大学生对客观世界的认识能力，又能促进大学生的智力发展和科学世界观的形成。大学生要根据自己文理科的发展特点有针对性地进行科学知识整合。

科学能力。科学能力是指直接影响科学实践活动成效与能否顺利完成科学实践活动任务相联系的个性心理特征，是完成科学实践活动的本领。科学能力既是科学素质的重要因素，又是科学素质的外在表现。科学能力是在科学知识学习和研究应用基础上形成与发展的，反过来又作为基本素质贯穿和促进科学知识的学习、研究和应用。大学生要根据自己文理科的发展特点有针对性地进行科学能力培养。

科学方法。科学方法是人们在认识和改造客观世界的实践活动中总结出来的正确的思维方式和行为方式，是人们有效地认识自然的工具和手段。大学生要根据自己文理科的发展特点有针对性地进行科学方法教育。

科学思想。科学思想又称“科学观”，是指人们对科学本身的基本看法。当一个人形成了一定的科学思想后，就在他的头脑中建立起科学活动的基本点，从这一点出发去构建科学认知的框架，确定自己的行为取向和态度。大学生要加强辩证唯物主义世界观、科学价值观、科学自然观的教育。

科学品德。科学品德包括科学动机、科学兴趣、科学情感、科学意志、科学作风等要素。科学品德可看做是科学素质中的非智力因素，在认识过程中起着动力、定向、引导和强化的作用。大学生要加强对自己的科学动机、科学兴趣、科学情感、科学意志、科学作风的教育。

科学精神。科学精神是在探索科学真理和对科学本质的认识不断深化的过程中孕育起来的推动科学进步的价值观和心理取向。比科学思想与品德层次更高。大学生要培养自己求真务实、规范严谨、批判创新、坚忍不拔的科学精神。

3. 大学生科学素质的问题与原因

（1）问题

偏科现象。文理分科导致文科学生普遍对自然科学的忽视。目前社会上经济学科领域已出现毕业生因为知识结构太偏颇而就业难的现象，应引起高度注意。教育制度的某些方面尚不够完善，尚待改革。

（2）原因

缺乏科学兴趣。由于教育和社会环境的影响，大学生普遍缺乏对科学的兴趣。

缺乏科学意识。不相信科学就相信迷信，陷入唯心主义世界观。

相信迷信。某些大学生缺乏科学意识，轻信、盲信甚至迷信。社会上经常会有一些造谣传谣现象，其中也有不少大学生参与或跟风，比如有时网络上或手机上的一些帖子，胡吹乱侃，生搬硬套的内容，一些大学生其实是不假思索地就跟进了。甚至有些是为了自己的某种利益利用迷信来威胁恐吓人们的内容，某些大学生也能相信。

4. 整合科学素质的途径与方法

（1）途径

课内学习。大学的课内学习能够帮助大学生提纲挈领地获取自己所需的科学知识，有针对性地培养大学生需要的各种能力，从而提高科学素质。

课外探索。实践出真知，在课外活动中，许多时候大学生都可以发现新的信息、学到新的知识，社会是个大的科学文化知识的仓库，就看大学生自己有没有发现的眼光。在各种阅读活动中，人们更是可以获得丰富的科学文化知识，进而增进大学生的才能与素质。转变教育观念，不断更新内容和方法，重视科学素质教育，进行科研活动。

（2）方法

科学理论。科学理论是科学素质形成的基础，不仅要系统地掌握科学知识，也要了解知识本身的形成过程、发展历史，还要弄清这一历史过程中有代表性的人物；不仅要掌握结构性的知识，也要了解研究性的问题；既要了解作为逻辑系统的理论本身，也要清楚它们与实践的联系。

科学实践。科学实践不仅是科学知识的根本来源，也是科学素质培养的根本途径。大学生进行科学实践就是参与和动手、实验和尝试。其形式是多种多样的，如课程实践、科学竞赛（电子设计、数学建模等）、课题研究和撰写论文等。

二、文化素质

因为“文化”的多义，人们对“文化素质”的理解也出现多义。人们有时把“文化素质”当做“人文素质”，有时又叫做“社会科学素质”，甚至有时也把“文化素质教育”等同于“通识教育”或者“博雅教育”等。文化素质作为人的众多素质中的一种，是相对于其他素质如政治思想素质、道德素质、业务素质、身心素质而言的，更多地是相对于业务素质而言的。在教育领域，特别是当讲到在高校中加强大学生文化素质教育时，文化素质的概念实际上主要是从人文社会科学与自然科学的分野来理解的。从这一角度出发，文化素质主要是指人文社会科学素质，或者说就是特指人文社会科学方面的素质。①

1. 文化素质的内涵与意义

（1）内涵

“文化”是个多义词，据说有几百种含义，经研究，笔者认为至少有大小不同四层含义比较典型：最大的一层意思是指人类在社会实践过程中创造的所有物质和精神文明；第二层是指精神生产能力和精神产品，包括一切社会意识形式；第三层专指人文科学包括文学艺术、历史和哲学等；最小的一层意思是一个人的受教育程度特别是语文水平，比如“小学文化”。在本书中，我们取中间第三、四种含义，将“文化”

① 北京医药大学课题组：《中医大学生文化素质的内涵》，载《中医教育》1998年7月第4期。

略等于“人文”。如上所述，文化素质的概念实际上主要是从人文社会科学与自然科学的分野来理解的，文化素质就是人文社会科学素质。“人文素质”从广义上讲是指一个人成其为人和发展为人才的内存于主体的精神品格。这种精神品格在宏观方面汇聚于作为民族脊梁的民族精神之中；在宏观方面体现在人们的气质和价值取向之中。人文素质的培养起始于人性的自觉，注重人的心灵自悟、灵魂陶冶，着眼于情感的潜移默化。良好的人文素质表现为：追求崇高的理想，优秀的道德情操，向往和塑造健全完美的人格，热爱和追求真理，崇尚严谨、求实的科学精神，培育儒雅的风度气质等。“人文素质”从狭义来说，指文史哲艺等社会科学知识和技能，本书所指大学生的文化素质主要所指即此。

（2）意义

人文科学包括文学艺术、历史和哲学等，文化素质是人们对于文化的掌握、运用与发展，是人各项素质中的根本和基础的素质之一，也是在人类发展中起基础性作用的素质，对于其他素质的形成与发展有很强的渗透力与影响力。大学作为社会文化的传承者与时代精神的代言人，它所培养的大学生应该具有丰厚的文化素质。

文化素质是学校教育的主要教育目的和内容，大学生文化素质不只是大学教给的人文社科类包括哲学、历史、文学、社会学等方面的知识，而且这些知识需要通过大学生的语言或文字的表达体现出来，通过大学生举手投足反映出来，变成大学生的综合气质或整体素养。所以有知识的人不一定有文化，因为任何知识都有其局限性和片面性。

2. 整合文化素质的目标与内容

（1）目标

人文精神培养。人文素质是关于“人类认识自己”的学问，“做人的根本在于品质培养”，发展人文素质就是“学会做人”，引导人们思考人生的目的、意义、价值，发展人性，完善人格。追求人的美化，启发人们做一个真正的人，做一个智慧的人，做一个有修养的人。

有文化。大学生在基础教育阶段就积累了许多文化知识，到大学阶段，更要博览群书，全面深入地吸取知识并融会贯通，成为一个广闻博识之人。

（2）**内容**

文学、历史、哲学。人文社会科学是由众多科学组成的学科群体，其中传统的内容就是文史哲（文学、历史和哲学）。文学又被称做“人学”，是一种用语言塑造形象以反映社会生活、表达作者思想感情的艺术，也叫“语言艺术”。文学通过作家的想象活动把经过选择的生活经验体现在一定的语言结构之中，以表达人对自己生存方式的某种发现和体验，因此它是一种艺术创造，而非机械地复制现实。在有阶级的社会里，文学带有阶级性，优秀的作品又往往具有普遍的社会意义。文学的形象不具有造型艺术的直观性，而需借助词语唤起人们的想像才能被欣赏。这种形象的间接性既是文学的局限，同时也赋予文学反映生活的极大自由和艺术表现上的巨大可塑性，特别是在表现人物内心世界上，可以达到其他艺术所不可及的思想广度和深度。中国魏晋南北朝时期，曾将文学分为韵文与散文两大类，现代通常分为诗歌、散文、小说、戏剧、影视文学等体裁。在各种体裁中又有多种样式。历史，是指一切事物特别是人类社会的发展过程，对于人类历史发展过程的记录和阐释也叫历史。历史学是主要研究人类如何创造历史活动的人文科学，包括人类社会历史发展的内在动力、历史的发展规律等等内容。哲学是世界观的学说，是关于世界观的理论体系，主要包括存在与意识的关系问题、认识论与价值论等内容。哲学是对自然界、人类社会和思维的总体规律的认识和把握，是一切自然科学和社会科学的概括和总结，又对所有具体科学具有指导作用。

教育学、伦理学、语言学、宗教学、民族学、人类学、艺术学、美学等。教育学是研究教育现象、揭示教育规律的一门科学，即研究如何培养人的科学；伦理学亦称道德哲学，侧重于研究人的内心世界，价值观念、人格建设等精神现象；语言学研究人类社会的语言交流活动，包括语言的结构和功能；宗教学主要研究宗教活动的本质和特征、起源和历史、类型及世界主要宗教；民族学以氏族、部落、部族、民族等人们共同体为研究对象；人类学是一门广泛地、综合地研究人类在不同时空条件下的生物特性和社会特性，研究人类的体质特征、类型及变化规律的实证科学；艺术学研究人们的艺术活动，包括艺术的本质和特征、艺术的一般类型、艺术的欣赏和批判等；美学主要研究人对现实的审美关系即艺术中的哲学问题，包括美的本质、美感、美育、美学史等。

3. 大学生文化素质的问题与原因

（1）问题

偏科现象。文理分科导致理工科学生普遍对人文社会科学素质的忽视。重专业轻人文，缺乏人文修养，只关心与专业相关的知识，把考试当做指挥棒，死记书本。

有学历没文化。虽然有些大学生毕业时拿到了文凭，但其实内在缺少文化。

（2）原因

应试教育的影响。虽然基础教育阶段的学生们也十分努力地学习各门文化课，但某些学生主要是围绕考试来学甚至死记硬背，不考的不学，学习内容不能融会贯通，高考之后所学文化知识便忘掉大部分。

4. 整合文化素质的途径与方法

（1）途径

广闻博识。大学有很好的条件可以让大学生提升文化素质，图书馆是一座知识宝库，大学生尽可以置身其中，广闻博识。

融会贯通。大学生吸取了众多的文化知识，还要进一步融会贯通，

“内化”成自己素质的一部分。

（2）方法

广泛阅读，搭建知识框架。总听人说，大学生是有知识、有文化的人。大学生到底有了多少的知识、文化？经历了十多年的家庭教育和学校教育，特别是基础教育阶段的课程重在基础性，文理分科，具体分出语文、数学、外语、政治、地理、历史、物理、化学、生物等科目，经过小考、中考和高考的强化训练与考试检验，学生们从中的确积累了很多的知识。笼统地讲，一个准大学生也就是一个比较有文化的人，具体说来，其文化程度也就是高中毕业。但是，这还远远不够，在大学还要不断地扩展积累知识，使文化程度达到“大学”水平。大学生在文化素质的整合中，应该首先搭建明确的基本知识框架，然后完善其中的常识。如果一个大学生只是不断地学习，但是没有明确的方向，可能徒劳无功。大学生在入学时就应该搭建起自己的知识框架。大学，是培养专业人才的地方。与基础教育阶段的学习不同的是，分专业，开设了专业课。在大学，课程分公共课（有的叫基础课）、专业课（专业课中又有专业基础课），这两类课程中又有必修课和选修课。大学生要建立宽专结合的知识结构：基础知识50%、专业基础30%、专业知识20%。

一些基本的知识，是必须在大脑中储备作为思考的基础材料的，不能到时候再求助于电脑或者他人。要将文化知识与专业知识相结合，在大学，不仅要用心集中学习专业，而且也要广泛阅读、深入了解文史哲以及宗教、伦理等人文知识。很多内容，是老师和书本常常不能带给学生的，需要大学生自己主动用心地去探求。

参与活动，广泛接受文化熏陶。充分利用校内校外各种文化资源，参加各种文化艺术活动。校园的社团活动，校外的社会调查、志愿服务、单位实习这些活动都能让大学生的文化素质得到提高。

科学和文化犹如一对孪生子，互相依存、相辅相存，共同构成人类生活的智识系统，在五育中简称为“智”，成为胜任某项任务的基础条件。

第三节　生活、劳技与人际交往素质

一、生活素质

学术界很少有研究关注生活素质的，但它却很重要。现代教育家陶行知提出“生活即教育”的思想，因此其教育思想被一些人认为是真正的素质教育。这里的“生活”是狭义，指的是人们日常的衣食住行，生活素质就是人们处理自己衣食住行的知识、能力。衣食住行这些日常生活的处理，弄不好也会影响到一个人的工作甚至整个生存与发展。一个人不懂生活，自理能力差，依赖他人过日子，离开了他人就不能活，还谈什么发展。所以生活素质对于年轻大学生来说，也是一项必须关注且认真整合的素质。

1. 生活素质的内涵与意义

（1）内涵

生活，在这里指的就是日常生活，通俗地说就是过日子，就是打理衣食住行。生活素质，就是在处理衣食住行等生活日常问题上表现出来的意识、知识与能力。生活素质，可以包括采购（货比三家）、寻医问路、交通常识、自我保护等等，都是大学生必须学习的内容，这些都需要一定的能力与技能。

（2）意义

同样是过日子，有的人过得很有水平，有的人却惨不忍睹，这不是个简单的有钱没钱、有条件没条件的问题。打扫、整理、清洁、洗涤、买菜、做饭、理财、养生保健（饮食健康），甚至针线活（钉扣子）、插花礼仪等，总之是日常“居家”生活的这些琐事，有些人不屑一顾，更有人无能为力。

生活素质，并不仅是女人的事。由于传统社会分工的影响和女性特有的品质，女性当然更是应当具备这些素质。大学生来到大学，就要学会独立生活。将来走出校园，更加首先要将日常生活安顿好，在好好工作的同时，好好生活。为此，在大学期间，就要培养生活素质。

2. 整合生活素质的目标与内容

（1）目标

爱生活。活着是很有趣的一件事，大学生处在人生的朝阳阶段，更应有一颗朝气蓬勃的爱生活的心。

会生活。逐步练就各种生活技能，顺利地生活。

（2）内容

穿衣吃饭。穿衣吃饭，这是每天都不能忽视的事情，自己要有独立打理的能力。人从床上起来就要穿衣，穿什么，根据不同的季节场合需要选择，衣服穿了要洗，不穿时要收拾整理，穿久了或者有新的需要了要添置，这些都需要合理安排，还需要一定的审美与选择能力。一日三餐都要吃喝，饮食从哪里来，自己会否懂得烹饪加工，饮食有关身体健康，还要考虑如何选择和安排更加有利于健康。等等这一切都不是随随便便的事，得有讲究才行，穿要穿得有风度，吃要吃得有营养。

整理、布置环境。每个人都会在一定的环境中居住。或单身，或成家。或者在集体宿舍，或者在小家庭中，或独自居住。为了生活得更加舒心，需要常常整理和布置。不同个性、不同素质的人对环境要求是不一样的。人们的居室风格可能千差万别，但是整洁却只有一种。有些人的住处是见不得人的，俗话说像狗窝，可以用脏乱差来评价。

理财、采购。日常生活需要物质充实，离不开金钱的支撑。但是对于金钱的利用，也是有讲究的。收支的平衡、总体安排以及明细收支都需要精打细算。具体物质需要采购，采购过程中需要懂得识货，或许有时要做到货比三家。理财与采购，不精明不行。

养生、防护、救生。健康是人生一件大事，从小要懂得养护。日常生活，免不了存在一些风险，也要懂得预防与保护。最好还要学会一些救生知识与技巧，在危难时刻，保护自己和他人的安全。

休闲娱乐。节假日善于安排组织亲朋好友的聚会，善于活跃气氛，也能显示自己的才艺。

3. 大学生生活素质的问题与原因

（1）问题

生活意识欠缺。近年来大学生上学由家长护送是普遍现象，不足为奇，这里面有多种原因，不一定是大学生本身的素质问题。但近年来大学发现有家长陪读现象，个别大学生号称需要保姆以及有不少大学新生不能适应集体宿舍生活，要求出外租房，这足以凸显大学生生活意识的欠缺。小时候依赖父母，长大了必须自立。生活是每个人自己的事。

独立生活能力差。个别大学生的自理能力出奇地差，在宿舍，不讲卫生，臭袜子满天飞，经常不洗衣、不洗澡、不换衣服，身上一股味，桌子乱糟糟，床铺像狗窝，影响室容，东西也总是找不着地方。有些不会理财、不懂得买东西，上当受骗还常常有份，生活费总是入不敷出，无论父母支持多少，总是没钱用。有些大学生，别说自己做饭，离开父母，安排饮食都成了问题，常常忘记吃饭，弄得饥一顿饱一顿，水都不知道喝；衣服穿得不伦不类，不是热了就是冷了，动不动又把自己弄病了。也不懂审美，身上穿的床上摆的看起来都俗不可耐。总之，生活过得一塌糊涂。这不仅不是一个令人喜欢的个人形象，而且这样的人出去后无法单独正常生活。

（2）原因

一是不愿，懒惰成性；二是不懂，无能为力。有的是从小家庭和学校根本未予教育，过惯了“衣来伸手、饭来张口”的寄生虫生活，懒散成性，没有自立的意识；有的是由于基础教育阶段课业负担过重、高考的压力以及独生子女的背景等原因，学校和家庭没有时间和条件去训练，学生从不做家务，没有独立生活能力。

4. 整合生活素质的途径与方法

（1）途径

培养意识。要热爱生活，要有“做个生活家”的意识，以依赖和剥削别人为耻辱。时时处处都能感觉到生活的美好，对日常生活别有兴致，有精益求精的生活态度。

精明强干。一要知识全面，会盘算、懂安排。二要麻利，会做能干。要多多参加实践尝试，在家多做家务，在校学做杂务，学会自我管理与服务。

宿舍生活最显生活素质。要保持自身的干净整洁，勤洗澡勤洗衣勤整理；在食堂就餐要守时，懂得饮食营养搭配，有条件时比如寒暑假回家学习做饭，课外活动也可以找机会做做饭或者外面做做野炊等；自己计划用度和上街采购，货比三家。现在流行的网购大学生也不妨一试，从中可以扩大见识，学到一些购物等消费知识。

（2）方法

学做饭。看烹饪书。请教一些家庭主妇或厨师学做几道拿手菜。

懂得妆扮。看美学书，看时尚杂志，学点化妆技巧，懂得装扮自己及居住的环境。

学养生。学习基本的卫生保健知识，掌握基本保健方法。

学理财。平衡自己的开支，抽空学习财经知识，了解生财之道。

二、劳技素质

“五育”中的“劳”就是劳技素质教育。劳动不仅是人们谋生的手段也是人们实现自我的主要途径。大学生应有“劳动最光荣”的意识，爱劳动还要会劳动，劳动需要能力与技能。劳动技能有一般能力层面的，也有技能层面的，劳技素质体现在生活方面也体现在工作方面。

1. 劳技素质的内涵与意义

（1）内涵

劳技是劳动技能的简称，是在生活、学习和工作中运用的基本技能。劳动技能有用于私人的、社会的，有动脑的、动嘴的、动手的、动身体其他部位的（腿踢球、身体协调跳水、跳高）。包含在生活、学习与工作的能力和技能常常是交叉的，并且是以科学文化知识为基础的。劳动技能也是建立在基本能力基础上的，通常分为通用的和专业的两种。专业的技能放在后面的专业素质里面论述，这里主要讲通用的劳动技能素质，指的是一个人建立在基本能力基础上的通用的劳动技能。

一个21世纪的大学生，无论将来从事什么样的职业（哪怕只为生活不为职业），都必须具备一定的通用技能，至少能够独立生活。这些通用技能主要包括：生活、表达（口头的包括母语和至少一门外语，书面的应用文）、计算机、驾驶等方面，这些也是大学生的最基本技能。其中外语、写作、计算机、驾驶曾被称为21世纪的“四大”通行证。

（2）意义

教育与生产劳动相结合，是我国教育方针的基本要求，也是培养提高人的素质的重要依托。劳动创造了人，也是人类一切物质财富获得和精神财富创造的基本途径。千变万化的科学技术，虽然为人们丰富多彩的生活提供了诸多方便与可能，但必要的劳动技能依然是不可缺少的。大学生亦然。

高等教育阶段虽然不像中等职业教育主要是学习技术，但是技能的获取也已经是不容忽视的大事。现今社会用人单位往往对大学生上岗动手能力不满意，技不如人往往意味着就业竞争力差。俗话说，技不压身，技术在手，走遍天下。在生活中，也很需要掌握基本的技能。

2. 整合劳技素质的目标与内容

（1）目标

勤劳。劳动与自立更生是每一个人都应追求的优良品德。

动手能力强。只有自己能做才是最可靠的，所谓“技不压身”，别人也抢不走。

（2）内容

基本生活劳技。洗衣做饭，整理环境，采购理财，待人接物。生活素质中已经具体论述，这里省略。

基本工作劳技。①口语表达。良好的沟通需要借助语言表达（口头的和书面的）。首先是口头表达——会说话。作为一个大学生，对话的通顺是必须的，即兴演讲、辩论也常常用到。口头表达能力也就是口才的训练，在大学一般并未开设专门课程，这就要求大学生自己做个有心人，不仅要有意识积累口头表达知识，尤其要不放过一切训练自己口才的机会。在宿舍、在课堂、在校园，只要不违反纪律和规定，大学生都要善于主动与人交流。有些大学生说话都说不流畅，笨嘴拙舌，很是让人对其素质认定大打折扣。②写应用文。然后是书面表达——能写文章。现代社会，很多事情、很多场合不能仅靠口头的沟通，应用文的运用十分频繁。除了一些专业的应用文要训练熟稔，一些基本的应用文如借条、假条、申请书等就更应该训练有素了。现在社会上用人单位经常感叹的就是“如今的大学生很少能写的了”。有些人英语学得很好，但自己的母语却一塌糊涂，不仅不懂写甚至话也说不太好，真是邯郸学步。③外语。在国际交往日益频繁的今天，只会流利使用自己的母语还远远不够，还要至少掌握一门外语。目前我国高校一般开设的都是英语，因为英语是世界上使用人数最多的语言之一，也是联合国通用语言之一。大学生从小就学习英语，可是很多人到了大学都不会与外国人交流，尤其是准备将来工作在大城市，甚至还想进入外企，英语不好那是绝对不行的。④计算机操作。随着互联网在中国的普及，计算机的发展也日新月异，深入到社会生活的每一个环节。不会熟稔使用计算机，简直就跟从前的“文盲”差不多。大学一年级就开设了这样的课程，并且还要求大家通过一定级别的考试。至少大学生要通过相应等级的考试，最好是根据实际需要，多掌握一些操作技能，如上网搜索、收发邮件、QQ 或 MSN 等聊天、网购、电脑维护等。有的大学生沉迷于网络游戏，疏于训练文档、幻灯片制作等技能，毕业时不会编辑文档，不会制作 PPT，也不会制作表格甚至打字都很慢。⑤驾驶。随着生活、工作节奏的不断加快以及交通设施的不断健全，自己驾驶车辆的人越来越多。大学生至少应该学会骑自行车和摩托车，最好考取汽车驾照。有些大学生，毕业时连个自行车都不会骑，叫人大跌眼镜。现在，很多大学生在大学期间就利用业余时间学会了驾驶，取得了驾照，在就业时就是一门让用人单位刮目相看的基本技艺。

3. 大学生劳技素质的问题与原因

（1）问题

不屑于劳动。认为劳动特别是动手的劳动是体力活，是蓝领或者下等人才做的。

懒惰依赖。有些同学整天宅在宿舍，连吃饭也是叫外卖。甚至还有穿上纸尿裤网上生存连厕所都不用上。不少大学生出生在城市独生子女家庭，从小不用做家务，不懂安排饮食起居，养成了四体不勤、五谷不分的恶习。

不会做，动手能力很差。“理科生不懂写，文科生不会做”现象很普遍。很多学生会说、懂得道理与理论，但是要真正做起来就不行。比如：一年级大学生在写作时普遍存在以下毛病：①首先是态度上的：部分同学有逢写即抄的本能，还有些即使不抄，也是不认真，敷衍了事。

②在具体文章里，无题目或题目不居中，甚至用“答”来写文章，不分段；把应用文体写成纯议论文或者记叙文或者日记文体；无主题思想，无逻辑，条理混乱；中国是强国等基本判断错误；语言散漫，口语化，“啊、哦、呃”语气词一堆，极不合乎文体；感叹号一排，逗号等标点符号在前；字丑、错别字多。

逢写即抄。现在互联网发达了，大学生中不少人养成了逢写即抄的恶习。长此以往，完全丧失了独立思考和写作的能力。

（2）原因

家庭教育的失误。一些家庭不重视培养孩子的劳技素质，什么都代劳甚至包括写作业，长此以往，贻害无穷。

应试教育的影响。学校教育中不考察劳技素质，所以学生缺乏应有的劳动观念。

4. 整合劳技素质的途径与方法

（1）途径

生活自理。大学生的日常生活中有些事务是需要自己亲自动手解决的。

勤工俭学。大学生节假日在校内或校外可以争取勤工俭学，锻炼劳技素质。

（1）方法

爱劳动。我国当代的教育方针早就明确指出：应该使受教育者在德、智、体、美、劳等方面发展，成为有社会主义觉悟的、有文化的劳动者。为了全面实现这一方针，我国的教育正在由应试教育向素质教育转轨，而要全面提高受教育者素质，劳动实践教育不仅是必不可少的一项独立内容，而且对德、智、体、美等方面素质的提高具有极大的促进作用。

“爱劳动”不是婴幼儿或者中小学生的专利，是所有人应追求的优秀品质。胡锦涛同志代表老百姓心声提出的“八荣八耻”中就有一条“以热爱劳动为荣，以骄奢淫逸为耻”。大学生应自己动手、丰衣足食，养成爱劳动、勤动手的习惯。在素质整合时以劳树德、以劳增智、以劳强体、以劳健心、以劳益美。

会劳动。大学生要会劳动，原则上应懂得独立生活技能和基本工作技能，从小事做起，多到社会上去看，多动手学，勤学苦练，亲自尝试训练，甚至拜师学艺，争取学会一技之长。

具体劳动方式可以从个人生活自理、参加公益性义务劳动、勤工俭学、生产实践活动等方面水平。

三、人际交往素质

人有两重属性：自然属性和社会属性，但社会属性是人的本质属性，也就是说，人是社会的人，离开了社会和他人，人将不人。人是社会关系的总和，这一点，马克思早就论述过，社会实践也多有例证。人在发展过程中，不仅在不断完善自我的才能、修养与个性中而活出自我，而且与社会和他人不断发生交流与互动以此进一步完善自我，共同促进社会的发展。人和社会他人之间的这一种关系互动——社会交往，也叫做“人际关系处理”，就是通俗人们所谓的“做人”。一方面是关系，一方面是关系处理，两者构成人际交往素质的全部。人际交往是本能且必需的，对人的发展也显得十分重要，是一个人把自我推向社会最终实现社会化的跳板。人际交往素质是整体素质的关键，也是大学生素质整合的关键。

1. 人际交往素质的内涵与意义

社会学将人际关系定义为人们在生产或生活活动过程中所建立的一种社会关系。心理学将人际关系定义为人与人在交往中建立的直接的心理上的联系。中文常指人与人交往关系的总称，包括亲属关系、朋友关系、学友（同学）关系、师生关系、雇佣关系、战友关系、同事及领导与被领导关系等。人是社会动物，每个个体均有其独特之思想、背景、态度、个性、行为模式及价值观，然而人际关系对每个人的情绪、生活、工作有很大的影响，甚至对组织气氛、组织沟通、组织运作、组织效率及个人与组织之关系均有极大的影响。

（1）**内涵**

人是活在社会关系里的，广义的社会关系亦包含生产关系，狭义上讲的社会关系就是个体的人际关系，通俗地又叫做“人缘”或“人脉”。人际关系即一个人与他人的关系，是人与人在交往中建立的直接的心理上的联系。总结起来，人际关系是社会人群中因交往而构成的相互依存和相互联系的社会关系，是人与人之间在一段过程中彼此借由思想、感情、行为所表现的吸引、排拒、合作、竞争、领导、服从等互动之关系。

人际交往（即社会交往，简称社交）就是处理人际关系，即通俗所说的“做人”(广义的“做人”就是人活一辈子，人之为人，活着就是做人。而狭义的“做人”就是处理人际关系）。人际交往是一种能力，也是一种素质。

（2）**意义**

比尔·盖茨说过：这是一个竞争的时代，也是一个合作的时代。现代人都需要别人的帮助，人际沟通能力和交往能力在很大程度上决定了一个人的前途和发展。社会上常常也有这样的说法：“做事先做人”。评价一个人的人际关系处理得好，就说“他很会做人”，否则就是“不会做人”。做人对于我们人来说的确十分重要。

人是社会的人，人际交往是人的本质需要；现今社会是多元化和丰富多样的，人的社交也是社会和时代的要求。人际交往是人类社会中不可缺少的组成部分，人的许多需要都是在人际交往中得到满足的。如果人际关系不顺利，就意味着心理需要被剥夺，或满足需要的愿望受挫折，因而会产生孤立无援或被社会抛弃的感觉；反之则会因有良好的人际关系而得到心理上的满足。心理上的疾病往往由紧张所引起。研究表明，社会支持可减少或防止心理紧张所造成的心理伤害。社会支持与心理健康的联系是由于人际关系对心理健康发生了作用。在绝大多数场合下，社会支持和高度的自我尊重可以保有心理健康。协调而亲密的人际关系有利于身体健康，尤其是一个人在病中更需要人们的关心。有关研究表明，有家庭的人或亲戚朋友多的人，生活得更幸福些，原因是他们所获得的人际关系发生了作用。

2. 整合人际交往素质的目标与内容

整合人际交往素质的一个突出目标是与人相处和谐，这必须从各种关系中具体问题具体对待。古今中外，人们面临的大致关系体系是大同小异的，大学生必须逐一予以分析，找出其中的重点。

（1）目标

人面对的社会关系总共有：自我、自然、社会与他人。其中与他人的关系是重点，构成人际关系。古代中国，人们把人际关系称做“人伦”，人际关系的处理有一系列的准则——伦理道德，留下了十分深厚的处理人际关系的文化。在现代，人们按照与自己心理距离的远近又分出陌生人、熟人、朋友、亲人(父母)、爱侣(配偶）等各类关系。还有，从规则角度分为主从性、合作性和竞争性等类型的关系。

对于今天的大学生来说，大家面临的主要人际关系有十来种左右，总括起来，或可作为“八大关系”加以重视，从近到远依次大致是：父母、兄弟姊妹、亲戚、同学、老师、朋友（或恋人）、熟人、陌生人。特别是在大学，同学朋友关系等成为人际关系的重点。

（2）内容

同学交流，培养真正的友情。社会上一些人彼此接触时可能会端起架子，估计权势、地位的分隔，在大学则不然，相互之间基本都是不带利益关系的交往，单纯纯洁，大学生应珍惜这一种珍贵的缘分。有时候大学生与同学可能也会有一点小小矛盾和摩擦，这没什么；现在作为同班同学可能让人不以为然，将来只要是一个母校毕业的都会感到无上亲切。自己班上的同学，每个人都要争取主动接触和了解，同一专业的也要多多认识，两个班一起上课，尽快主动记下同学的姓名，尽量广泛与人交流。交朋友没必要舍近求远或者只去找像自己或者附和自己的人做朋友。良友有很多种：乐观的朋友、有智慧的朋友、脚踏实地的朋友、幽默有趣的朋友、激励自己上进的朋友、提升自己能力的朋友、帮自己了解自己的朋友、对自己说实话的朋友。真正的朋友大多从同学中来，很多大学时的朋友会成为大学生一辈子的好朋友或知己，一起求学和寻求自身发展的路上，这段友谊弥足珍贵。

异性交往，不刻意恋爱也不排斥爱情。不是与异性的接触就一定要谈恋爱，异性之间也可以有真正的友谊。但是与异性接触往往需比与同性接触更加慎重，不小心容易被当事人或者其他人误解。毕竟男女有别，对异性同学的关注不应该事无巨细。至于爱情，有人说不是大学的必修课，但可以是选修课。是否予以选修，因人而异，更多时候是自然而然。大学时谈恋爱可以教大学生如何照顾别人，增进进取心和自控，但是一切随缘，不要为了谈恋爱而谈恋爱。那种与别人攀比或者为了避免无聊而刻意谈恋爱的人，是自己人格不够健全的表现，多半没有好的结果甚至可能给自身带来一些伤害。

关注父母家人，发展亲情。大学生已经成人，正确对待自己的父母家人自不必言，对其他亲戚长辈也不能像小孩子一样跟在自己父母后面了，要以自己独立的人格参与亲戚间的来往。应主动关心亲人，发展亲情，在亲人有困难时主动伸出帮助的手。没必要刻意强调代沟的存在，社会本来就是各种年龄的人共同组成的。如果真的感觉有“代沟”，不是听任扩大而是想法沟通予以缩小。在年长者尤其是亲人中间寻求到的朋友——忘年交，往往对自己影响和帮助更大。

师生交往，学会寻找良师。学生与老师间的联系主要在课堂，课堂上大学生主要是按照老师的教学安排完成学习任务，只要学习认真，与老师的关系就不会差到哪里去。课间休息时，可以加强与老师的了解。通过请教老师一些问题和询问老师基本情况与老师增进了解，课外也可以与老师联系，不主张学生向老师借钱或请老师吃饭、给老师送礼。在学校生活、就业等方面多多请教老师，听取老师的意见和建议，渐渐地就可能与老师建立起良好的关系。一般，老师会与学生平等相待，因为大学生已经是成人了，大学老师不会过多管束、强制大学生，一般性错误一般只会点到为止。有的学生与老师姐妹相称，毕竟是师生关系，不主张把老师当保姆、当父母、当兄弟（姊妹）一般看待。

3. 大学生人际交往素质的问题与原因

接受了高等教育，并不一定保证就能自然学会了做人。有些大学生直至毕业走入社会也还是“无比单纯”，对人际关系一窍不通。有的则认为人际关系处理太过麻烦，甚至感到十分敏感害怕，而产生畏惧，干脆不与人来往，像刺猬一样自己缩成一团，和社会有点什么接触就刺伤别人。更有甚者，在校期间就与人不能和谐相处，与人激烈冲突，达到退学的地步。

（1）问题

与同学相处困难。有一些大学生向来性格内向，或者是自卑胆怯、缺乏安全感而戒备心重，表现出孤独、淡漠的交际倾向，基本不主动和人来往。还有一些是因为内心孤傲、清高、挑剔、看不起别人，有了这些偏执的观念，总是单枪匹马、离群索居，似乎宁愿做独行侠也不愿意跟人多说一句话，多给一个微笑。一个人太厉害，就会缺少朋友。所谓“水至清则无鱼，人至察则无徒”。或者是因为强势而得罪同学。有些大学生自己比较聪明能干，很容易对别人指手画脚，让人无所适从；或者每到一处，总是风光占尽，不给别人丝毫机会。另外则有一些大学生，无趣、无能，永远只是别人的陪衬或者下手。当这两种人遇到一起，纵然前者热情似火，后者也可能冷若冰霜，选择远离于他（她），常常弄得不欢而散。

与异性关系别扭及出现恋爱问题。有些学生从小跟异性相处比较少，在异性面前容易紧张，不懂得异性的心理与表现形式，常常错把友谊当爱情。或者，在恋爱中不懂得技巧而受到失恋伤害。

（2）**原因**

心理素质不良。过于敏感、自尊或者自私冷漠、虚荣功利等，这些不良的心理素质是人际交往的大敌。自卑、担心别人看不起自己，别人说一句无心的话总在自己心中萦绕，久久不能释怀，这都不利于积极交往。有些往往一想到人际关系就在想自己的面子、想交往对自己有什么好处，未免虚荣功利。总说“多个朋友多条路”、“朋友多了路好走”、“因为朋友能帮助自己，上大学主要是为了积累人脉”，总之就是想从朋友那里得到什么，这其实都是交际功利性的表现。有的人还注重盲目与朋友较长短，攀比。

缺乏沟通技巧。很多时候，大学生不是不愿意与人沟通，而是缺乏沟通技巧，不知如何是好。

4. 整合人际交往素质的原则、途径与方法

处理好人际关系是需要掌握一定的原则、途径和方法的。整合人际交往素质也必须从这些方面入手。

（1）**原则**

平等原则。平等是促进个人与他人和谐的前提。在人际交往中总要有一定的付出或投入，交往的两个方面的需要和这种需要的满足程度必须是平等的，平等是建立人际关系的前提。人际交往作为人们之间的心理沟通，是主动的、相互的、有来有往的。人都有受人尊敬的需要，都希望得到别人的平等对待。人际关系的基础是彼此间的相互重视与支持。任何个体都不会无缘无故地接纳他人。喜欢是有前提的，相互性就是前提，我们喜欢那些也喜欢我们的人。人际交往中的接近与疏远、喜欢与不喜欢是相互的。

互助原则。互助是促进个人与他人和谐的必然要求。在人和人的交往中，相互关心、相互帮助，对增进彼此的理解，加深彼此的感情，有着重要的意义。中国传统道德中的乐于助人、与人为善的古训，今天仍然值得发扬。要学会如何为陌生人提供帮助。如果见到一群人照相，而拍照的是他们中的一个，就主动过去帮忙，这样就可以把所有人都拍进去；见到一个骑车人车上掉下来东西，马上就捡起来递给他，举手之劳与人方便；甚至是为别人开一下门这样的行为，也蕴涵着助人为乐的精神。

诚信原则。诚信是促进个人与他人和谐的保证。诚信即指一个人诚实、不欺骗、信守诺言，从而取得他人的信任。待人真实，使我们变得独一无二。我就是我自己，不要去刻意做作地装出其他一副样子。有些心理书上喜欢提到这么一条理念：想成为什么就先装成什么。它的实质是，只要先装出一副理想中某个人的模样来，最终就能成为那个人。但是，归根到底，还是装出来的。所以抛弃这条虚伪的心理学教条，以大学生自己的方式去尽力做好一切。言必信，行必果。不要承诺自己做不到的事情；不要让别人对大学生产生不切实际、无法满足的期望；不要随口应承、大包大揽。做一个言而有信的人，这就是诚信。

宽容原则。宽容是促进个人与他人和谐必不可少的条件。相容是指人际交往中的心理相容，即指人与人之间的融洽关系，与人相处时的容纳、包涵、宽容及忍让。要做到心理相容，应注意增加交往频率；寻找共同点；谦虚和宽容。为人处世要心胸开阔，宽以待人。要体谅他人，遇事多为别人着想，即使别人犯了错误，或冒犯了自己，也不要斤斤计较，以免因小失大，伤害相互之间的感情。只要干事业、团结有力，作出一些让步是值得的。上述这些人际交往的基本原则，是处理人际关系不可分割的几个方面。运用和掌握这些原则，是处理好人际关系的基本条件。

与以上相反的内容，就成为人际关系处理的一些忌讳。比如：自大与自卑，距离太近与冷漠，虚伪与自私，势利与功利。

（2）途径

培养自身的魅力。如果自己没有什么特长和爱好成为人际交往的一个很大障碍，那么可以去选择和培养一些兴趣爱好。共同的兴趣和爱好是与朋友建立深厚和持久感情的途径之一。很多在事业上有所建树的人并不只是会闭门读书，他们大多都会有自己的业余兴趣和爱好。业余爱好不仅是人际交往的一种方式，还可以发掘自己读书以外的能力。体育锻炼可以发挥一个人的潜能，而且很多体育项目还可以培养大学生的团队合作精神。如果真的没有什么兴趣爱好，多读些好书，或者自己感兴趣的书，丰富自己的知识，帮助自己思考，因为没有什么比智慧和渊博更能增添一个人的魅力。

学习相处的技巧。在班级里、社团中，多观察周围的同学，特别是那些自己觉得交往能力和沟通能力强的，看他们是如何与人相处的，比如，如何处理交往中的冲突、如何说服他人和影响他人、如何发挥自己的合作和协调能力，甚至如何表达对他人的尊重和真诚、如何表达赞成或者不同意、不冒犯他人又充分体现自己的个性……渐渐地就会发现，注意与人交往的方法对自己的人际关系也能起到意想不到的效果。每一个朋友都可以成为自己的良师。观察每一个朋友，看看他们值得学习的地方，无论是热心、幽默、机智、博学、正直、沟通、礼貌，以他们做模范。同时，慷慨地帮助每一个朋友，做他们的良师和模范。

进行实践的磨练。社团是微观的社会，参与社团是步入社会前最好的磨练。在社团中，可以培养团队合作的能力和领导才能，也可以发挥自身的专业知识。但是更重要的是做一个诚心诚意的服务者和志愿者，或者在担任学生工作时主动地承担沟通同学和老师之间的桥梁，锻炼自己的沟通能力，服务同学和老师，这些经验都很宝贵。这个学习过程也不会轻松，挫折是肯定的，但是不用灰心，大学社团里的人际交往学习是不用“付学费”的，错了可以重头再来。

（3）方法

心理平衡：主动性、克制力。善于社交的人，是心理比较平衡的人，既有相当的主动性，也有一定的克制力。否则，对别人毫无兴趣、漠不关心，遇到一点事情就指责埋怨的人，是不会交到真正朋友的。第一，主动关注、关心和帮助别人。大学生要学会对别人感兴趣而不只是让别人对自己感兴趣。热忱关注别人，然后真诚地关心，必要时予以热心帮助，做一个有爱心的人。第二，克制自己，谦让、宽容别人。与人交往，总会遇到一些事情甚至矛盾，这时候需要大学生的克制力。对别人要抱着诚挚、宽容的心去相待，对自己要抱着自我批评、愿意修改的胸怀来自省。要善于处理自己的情绪，不要让不好的情绪影响了与周围人的关系。

沟通技巧：耐心倾听、主动沟通。第一，耐心倾听。如果我们对他人有兴趣，并认真倾听，尽力去真正理解他们，我们就能更好地体会他们的感受。被别人理解是人类最强烈的需求之一，当一位好听众，用我们的心灵去听听对方的想法与感受，然后要坦诚地告诉对方，我们听到了什么，有什么样的感受和想法。第二，主动沟通。沟通是人际关系中最重要的一部分，它是人与人之间传递情感、态度、事实、信念和想法的过程，所以良好的沟通指的就是一种双向的沟通过程，不是我们一个人在发表演说、对牛弹琴，或者是让对方唱独角戏，而是用心去听听对方在说什么，去了解对方在想什么，对方有什么感受，并且把自己的想法回馈给对方。

除此以外，还有很多事都能帮助大学生和人建立良好的人际关系：深度自我认识及接纳、常持诚恳的态度、谦卑温柔的心、适度自我表达、尊重别人并欣赏自己、站在对方立场设想、将心比心。

人的各种素质首先表现在自然属性中，然后表现在社会属性中。人的自然素质固然是基础，具重要性，但如果人的自然素质不与社会联系和结合，人也就不可能发挥其素质，人际交往就是典型的社会素质。大学生必须懂得这个基本道理，多与人交流沟通，寻找策略，取得交往的最佳境界，保证人际关系畅通。

第四节　思想、政治、道德与法律素质

人必须靠观念与行动“两条腿”走路，并且人的观念总是支配着人的行动。人首先对自身有思考，形成一定的思想特别是规范意识，然后才能用这些规范来规范自己的行为，使其符合社会需要、与他人保持和谐关系，同时使自己更加有修养，实现内心的和谐。这种思考及其形成的思想与规范意识就是思想、政治、道德与法律素质的内容。思想即观念本身，政治广义而言就是大学生关于生活现实的思想，道德与法律是社会规范方面的思想。这些内容对于一个接受高等教育的大学生，都是必须面对和不能回避的。在大学生的多元素质中，除了最基础的身心健康外，思想政治道德与法律方面的素质是灵魂、方向，它对造就高素质人才起着引导和保证作用。

一、思想素质

思想指思考或者一个人的思考的结果即观念，人的思想永远是其行为的先导。大学是社会文化的传承者，时代思想的聚集地。大学生作为同龄人中的佼佼者，怎能脑袋空空，没有思想呢？那么如何才叫“有思想”或者如何培养思想素质呢？大致的脉络是：认识自我、认识社会，把自己放在社会中予以正确定位。思想素质指的是会思考，有思想。当

掌握一定思维规律、拥有一定思维方法，明白自己是什么样的人、要成为什么样的人，同时了解社会是怎样的、如何处理自己与社会的关系这一切之后，一个人就自然而然地拥有了一定的思想素质了。

1. 思想素质的内涵与意义

（1）内涵

思想，作动词解即是思考、思维活动，作名词解则是思维活动的结果，即观念。人们的社会存在，决定人们的思想。人们的行为反映人们的观念，人们的观念指导人们的思想。

思想素质是指人们在社会生活中形成的对社会和人生的态度以及日常行为的行为准则的观点、见解以及有关评价，是人对客观事物理性反应发展到一定高度时敏捷的思维结晶。

（2）意义

人跟一般动物不同，是有精神的，也是有思想的。人们的思想（观念）指导人们的行为，思想素质的水平决定行为效果的高低。思想素质是决定大学生思想品位和思想境界的根本因素，对造就大学生全面发展起着引导和保障作用。“不长脑袋”（不爱思考、不善思考）、“头脑空空”（所思甚少、没有主见）的人将庸碌一生。

2. 整合思想素质的目标与内容

（1）目标

会思考。能针对具体问题主动、独立思考，有一定的思维方法。

有思想。对人生和社会的一些基本问题，有自己的基本观点。

（2）内容

学会思考，掌握方法。一定程度上，思想就是思维。思维是一种理性认识或理性认识的过程，是人脑对客观事物能动的、间接的、概括的反映。包括逻辑思维和形象思维，通常指逻辑思维。它是在社会实践的基础上进行的。认识的真正任务是要通过感觉而达到思维。思维的工具是语言；思维的形式是概念、判断、推理等；思维的一般方法是抽象、归纳、演绎、分析与综合等。大学生要整合思想素质，离不开对思维一般方法的认识。

思考必须掌握一定的具体方法，才能完整和深入，达到理性认识的高度。思维的一般方法是抽象、归纳、演绎、分析和综合，具体的还有很多，每个人都可以试着总结出自己的思维规律。比如说本书归纳总结的“思维四点论”（是什么、为什么、有什么、怎么样），杜威关于认识过程的理论“思想五步说”（感觉到疑难、找到疑难的所在和加以明确的理解、提出各种解决疑难的假设、对这些假设和进行推理和选择、通过观察与试验决定有效与否），等等。

关注人生，关注社会。认识自我与社会。人类最大的任务是认识自我，认识自我的同时需要认识自我所处的环境——社会，在思考了自我和社会之后，人们就自然有了一些对人生、对世界的看法，然后把自己放在社会中继续思考，还会得出自己的价值观等思想。

在现实教育活动中特别是在高校的思政课教学中，对于思想政治课的议论与偏见是不少的。首先是有一部分学生，认为思政课是中国特色，是执政党、国家、学校、教师等方面对学生洗脑，对学生的控制。还有个别其他科的教师也对思政课产生误解，认为思政课都是说教、灌输而已，只是浪费时间。辅导员有时也会对思政课另眼相看，认为这些不重要，可以在这个时间安排学生去做别的活动。其实都带着一些误解，说大了，是对人的本质认识不深刻。人是什么？属于动物，但不是一般动物，是有精神、思想、感情的高级灵长动物。人类与一般动物最大的区别是就是有思想，而动物只有简单的动物心理。人和动物相同的是都有两重属性：自然属性和社会属性，但人的本质属性是社会性。人是社会关系的产物，人只能活在人群中，才能成为人。鉴于此两点——有思想，活在社会中，所以人们必须思考，必须注重社会关系。而任何一个政党，在思想政治教育方面予以关注和引导是天经地义的事情，在世界上任何一个国家以及中国历史上的任何一个朝代，都有思想政治教育。

3. 大学生思想素质的问题与原因

（1）问题

不爱思考，缺乏思想。一种人平日习惯了什么都不想，头脑空空，思考问题不知从哪里开始，表达空洞，说起话来嗯嗯唉唉，支支吾吾；写作往往无观点、少素材，缺少实质性内容。

思想混乱，不成体统。还有一种人，自以为很有思想，什么都可以随便说几句，但没有条理逻辑，乱七八糟有时甚至是自相矛盾，让人不知所云。

思想偏激，有害行为。另外还有一种人，思想偏激，大部分时间都不着主流。不知是为了标新立异还是心理的偏差使然，总之也是让人感觉思想素质有些问题。偏激的思想必然导致偏激的行为。

（2）原因

有环境方面的影响。父母或者周围人们都是不怎么爱思想和有思想的人，习惯了不想事，没有主见。

还有教育的误导，应试教育的毒害。死记硬背，应付考试。

或者从小被家庭教育或者小学老师教导做听话的孩子，习惯了一切听从他人，不用有思想。

4. 整合思想素质的途径与方法

（1）途径

课内注重思考与表达。应努力、主动思考课堂上老师提出的问题，并争取一切机会将自己的思想表达出来。

课余可通过写随笔或评论的方式促进思想素质提升。

（2）方法

探索思维规律与方法。怎样做到"有思想"？必须首先训练思维方法。思维的一般方法和具体思维规律如"四点论"、"四步骤"（现象、问题、原因、策略）等都需经常训练，才能有所体会，最后形成习惯。"三观"的基本理论问题，社会生活中的一些热点、焦点问题，都可以拿来思考和讨论，以磨砺自己的思考。也可以通过尝试表达思想来促进自己的思考。所谓思想政治课，里面肯定是有思想的。大学思想政治课特别是思想道德修养与法律基础课（简称"思修课"）的第一部分就是思想教育，分别从自我精神世界的核心内容——理想信念到社会的重点内容——国家民族再到人生价值一直导引大学生的思考，形成一定的思想素质。

不断思考，建立观念体系。人们较低水平的意识体现为心理，较高水平的意识体现为思想。思想或观念在一定时期都形成一定体系，具体内容有哲学、道德、宗教、文学艺术、科学思想、政治法律思想等，集中表现在"三观"（世界观、人生观、价值观）上。世界观是人们对于世界（自然界、人类社会和思维）的总体看法和根本观点，人生观是人们对人生基本问题（人生的目的、人生态度、人生价值等）的总体认识和根本观点，价值观则是人们对什么是价值、如何评判价值、怎样创造价值的根本认识和观点。世界观包括了人生观与价值观，人生观包括了人生价值观。"三观"中纵横交织着哲学、道德、宗教、文学艺术、政治法律观等思想。大学生观念整合的重点具体在理想、信念、爱国主义、民族精神、人生价值观等方面。

二、政治素质

毋庸讳言，现实生活中，有不少人不关心"政治"甚至讨厌"政治"，一些大学生也是如此。但如果我们仔细探求一下"政治"究竟是什么，政治素质对于我们到底意味着什么之后，或许情况会有所改变。

政治，广义上就是大学生的社会现实，狭义上是一个国家及其执政党的路线、方针和政策。人都生活在一定的现实社会之中，具体存在于一定时代的一定国度。作为这个时代这个国家的人，我们对它漠不关心、一无所知，我们就可能变成瞎子、聋子和哑巴，最终错失自己的权利与发展。大学生作为未来社会和国家的建设者和接班人，在综合素质中不能缺少政治素质。

1. 政治素质的内涵与意义

（1）内涵

何谓政治？最广义的政治，就是人们的生活现实。一般来说，政治是经济的集中表现，政治所要处理的主要是国家社会生活中的各种关系包括阶级内部的关系、阶级之间的关系、民族关系以及国际关系等，并表现为代表一定阶级的政党、社会集团、阶级势力在国家生活和国际关系方面的政策和活动。狭义的政治是指一个人所生活的国家及其政党的路线、方针、政策。

政治素质是指人们在社会化的过程中所获得的对其政治心理和政治行为发生长期稳定的内在作用的基本品质，是社会的政治理想、政治信念、政治态度和政治立场在人的心理中形成的并通过言行表现出来的内在品质。它是人们从事社会政治活动所必需的基本条件和基本品质，是个人的政治方向、政治立场、政治观念、政治态度、政治信仰、政治技能的综合表现。人的政治素质主要包括政治立场、政治品德和政治水平，具体包括政治理论知识、政治心理、政治价值观、政治信仰、政治能力等。政治素质具有阶级性、内在性、综合性、相对稳定性、层次性等特征。

（2）意义

人应该生活在当下，关注当下的一切现实情况尤其是自己国家的现实发展及其与自身的关系。记得有一位专家在一次大学校园报告会上说："同学们，你们可能不喜欢政治，甚至讨厌政治，但是你们一辈子也离不开政治！"人的政治素质的高低也是社会政治文明发展水平的重要标志，准确把握政治素质的内涵和特征是提高人的政治素质的前提。大学生政治素质涉及大学生的根本政治立场和理想信念等大是大非问题，不能忽视。

2. 整合政治素质的目标与内容

（1）目标

有立场。作为一个大学生，对国内国际一些政治话题应有自己基本的立场。

知时事。对国内国际一些热点焦点问题，应耳熟能详。

（2）内容

基本政治理论。关于"国家"、"阶级"、"政党"等基本政治概念的理解，对于"经济基础决定上层建筑"、"经济决定政治"等基本规律的认识。

本国基本政治制度与国情。对于国家性质（国体）、政权的组织形式（政体）、政党制度、民族管理制度、特别行政区基本制度的了解，对于国家历史与现实的了解。

当下国家以及执政党的路线、方针与政策。国家和执政党的性质，其政治纲领、基本国策等。

国内国际的形势与热点问题。经济、政治与国际关系中的大事。

3. 大学生政治素质的问题与原因

（1）问题

部分人麻木、无知。认为政治对自己无用，政治是官场仕途之人的专利，与普通百姓无关。既然自己不想当官，那么自己可以将之置之度外。还有人认为政治不是一般人能够沾惹的东西，害怕关心政治会惹祸上身。

存在“愤青”意识。“愤怒青年”这个称呼早在1970年已经出现，当时特指对社会现状不满，而急于改变现实的青年。后来，被简称为“愤青”，并成为网络语言中的专有词汇，狭义上是指对社会、政府、国家的明天已彻底失去希望，以激进的言辞表达想法的人士。因此，狭义上的“愤青”也被一般老百姓所厌恶，他们不是消极逃避，就是盲目乐观。愤青的行为经常造成社会的不安定，一定程度上扰乱了人民的生活。

功利主义思想。另外一种极端现象则是，挖空心思攀缘权势，攫取权力，趋炎附势，对待政治采取“现实主义”、“功利主义”的态度。这存在现实原因，一些人对现实不理解。今天中国特色的社会主义事业，实行社会主义市场经济体制，所有制中加入了私有等成分、分配方式中加入了按劳分配以外的分配方式，这都是为了更好地发展我国的生产力，需要人们客观地认识、理性地对待。中国还是社会主义的中国，公有制的主体地位、追求广大人民群众的根本利益和社会的公平仍然是国家政治生活中的重大主题。

（2）原因

这都是社会历史原因造成的。中国传统社会“官本位”思想导致许多老百姓都认为政治就是官场专利。“文革”时期的极左政治导致一部分中国人对政治的恐惧，敬而远之，或者是为了保护自己而变得圆滑，对待政治用走过场、形式主义来应付，缺乏真正的权利意识，这在一定程度上贻害后人包括大学生。

4. 整合政治素质的途径与方法

（1）途径

认知了解。要学习政治基本理论与知识。

关注现实。运用理论分析社会热点问题。

(2) 方法

学习掌握基本理论。除了一般政治学基本理论，当代中国大学生要认真学习马克思主义基本理论包括毛泽东思想和中国特色社会主义理论等中国化的马克思主义。它们是我们党在新时期各项工作的根本指针和中华民族振兴的法宝。学习理论，要学以致用，同改革开放的现代化建设的实际，同自己的思想实际结合起来。通过对现实热点政治现象的关注和讨论，弘扬理论联系实际的优良学风，在理论与实际的结合上下功夫。只有坚持不懈，持之以恒，才能在运用马克思主义解决改革开放和现代化建设实际问题的能力上，在改造客观世界和改造主观世界的自觉性上有新的提高，大学生个人的政治素质才能有很大的发展。

大学生的思想政治课集中了主要政治理论与常识，内容包括马克思主义基本理论、中国化马克思主义理论（毛泽东思想、邓小平理论、"三个代表"重要思想、科学发展观）、政治知识（政治制度、政党、国家、民族、宗教、国际政治）、形势政策。

关注和参与社会。关注社会热点、焦点问题，弄清国际国内的时事，了解党和国家的路线方针政策以及策略。一是通过思想政治课来关注社会。学校之所以开设思想政治课，就是为了提高学生的思想政治素质。这是主渠道，应好好利用，不能忽略。二是在课外活动中关注社会。课外要多参与政治讨论，进行政治主题演讲、辩论，进行社会调查，撰写政治研究报告。三是通过社会实践关注社会。宣传基本政治理论和知识，参与正当的政治呼吁、声援等活动。

怎样做到"懂政治"？首先是关注了解，关注新闻、时事，了解国家的政策、人民的生活。懂政治还要参与政治实践，用建设性的行为对待政治。政治参与需要冷静的素质，思考与表达都需要理性。现在大学生中加入中国共产党的人数不少，大学生党员应真正了解自己政党的宗旨，作为一名党员，能够真正履行自己的义务。那种为了功利目的而入党的投机行为是不可取的。

三、道德素质

传统“五育”中的“德育”就是道德素质教育。但是那是笼统的指称，包括了思想政治、道德和法律（有时甚至包括心理教育）等方面。这里讲的道德素质，是德育的核心内容，指的是一种行为规范教育。很多时候，人们所说的“素质”就是指道德素质、文明和修养程度。道德素质是人们的道德认识和道德行为水平的综合反映，包含一个人的道德修养和道德情操，体现着一个人的道德水平和道德风貌。它是人们追求“真善美”中“善”的一环，对于大学生素质整合意义重大。在今天重申道德素质的重要性并非简单的老调重弹。

1. 道德素质的内涵与意义

（1）内涵

道德，是评价人的行为善恶的心理意识和原则规范的总和。道德在社会和个人两方面都占据着重要地位。于社会，道德属于社会的上层建筑，是社会意识形态(社会意识形态还包括哲学、宗教、文艺、科学、政治法律思想等）之一。作为社会意识形态的道德，归根到底是社会经济关系的反映。道德与法律一起互相渗透、相互制约、互为保障，发挥着调节社会关系的重要作用。社会道德的发展不仅影响到社会关系，也影响到社会的经济发展。于个人，道德更不是可有可无的东西。一个人要靠观念和行动两方面支撑，其中观念部分的重要内容就是道德。人们做什么不做什么常常首先需要进行道德判断和道德指导。从人们自我实现的需要上而言，道德修养的完善是其重大内容。

道德素质是人们的道德认识和道德行为水平的综合反映，包含一个人的道德修养和道德情操，体现着一个人的道德水平和道德风貌。大学生道德素质是指大学生在做人与成人实践中内化成的行为规范的心理品质，包括大学生在学校和社会生活中形成的若干关于善与恶、公正与偏私、诚实与虚伪、廉洁与腐败、创新与陈旧、积极向上与不思进取等观念的判断。

（2）意义

“人无德不立，国无德不兴”，德乃做人之首，立国之本。道德素质是人们追求“真善美”中“善”的一环，也是观念世界最基本的内容之一，更是自我完善不可或缺的任务。构建和谐社会，全面建设小康，道德的规范和引导是不可缺少的。社会发展需要人们具有良好的道德修养、健康的思想情操、正确的政治方向和远大的理想抱负，这是调节个人的行为、处理个人与他人和社会关系的必需。没有人的道德素质，就没有社会和谐，也就没有全面小康社会；没有人的道德素质的提升就没有社会的进步。和谐社会的构建，需要社会每个分子的参与，公民道德进步能够促进社会进步。作为“社会人”，我们对自身道德素质的追求应该是永无止境的，国家也应该加强公民道德建设力度，只有这样，社会才能不断发展，构建社会主义和谐社会的目标才能早日实现。

中国古代就十分重视人的道德素质的社会作用。提出“德者，国家之基也”，“有才无德，其行不远”。所有这一切都表明道德素质在人的整体素质中的关键地位，以及对社会的存在和发展的重要性。

2. 整合道德素质的目标与内容

（1）目标

讲道德。大学生的修养主要表现在道德品质方面，心里必须想着道德，一切行为皆不违背道德。

懂规范。大学生应能分辨恶德与美德，明了当今社会约定俗成的道德规范体系的具体内容。

知行统一。讲求道德、知道规范，如果行为上不能贯彻落实，等于前功尽弃。

（2）**内容**

中华传统美德。中华历史发展尤其是漫长的中国封建社会，给人们留下了诸多传统，其中不乏道德内容。这些传统中有糟粕的也有优良的内容。糟粕的集中体现在两点：上尊下卑和男尊女卑，今天人们应予以祛除。优良的体现在今天继承和弘扬的内容上，比如集体主义、诚信、纪律、责任与感恩等。具体内容表现在今天大家约定俗成、普遍遵守和认同的道德规范中。

中华传统美德可以从“人伦”（人际关系）方面去总结归纳，从一个人处理自己的关系出发，我们大致可以归纳到至少十种重大关系以及十种相应的道德标准：对待父母的“孝”，对待兄弟的“悌”，对待配偶的“贞”，对待子女的“严”、“慈”，对待师长的“尊”、“敬”，对待朋友的“义”、对待陌生人的“仁”、“爱”，对待国家（朝廷）的“忠”、“公”，对待自然（天地）的“敬”、“畏”，对待自己的“慎独”、“为己”。这些传统美德值得我们今天弘扬，当然，具体运用起来还要有所发展和扬弃。

现今道德规范。如上所述，社会和个人都需要道德。但谈论道德，当然还是从“人”这里入手，道德是人的道德，一般动物和无机物无从谈起。道德作为人们的社会规范，首先是从身份开始规范的。作为社会的人，都是有身份的，在今天的中国社会，我们大家有一个共同的身份——公民。作为合格公民，总有一定的规范，在我国，现今提倡的公民基本道德规范是：爱国守法、明礼诚信、团结友善、勤俭自强、敬业奉献。然后，道德还可以从场所予以规范，社会生活可以分为公共、职业和家庭三大场所，在今天的中国，三大场所也有着各自的道德规范，其中社会公德的基本内容是文明礼貌、助人为乐、爱护公务、保护环境、遵纪守法；职业道德的基本要求是爱岗敬业、诚实守信、办事公道、服务群众、奉献社会；家庭美德的主要内容是尊老爱幼、男女平等、夫妻和谐、勤俭持家、邻里团结。在恋爱中，人们也要遵循一定道德：尊重人格平等、自觉承担责任、文明相亲相爱。

3. 大学生道德素质的问题与原因

（1）问题

道德心理逆反。社会上有一些人，不仅不把规范当一回事，而且总有一些逆反心理出现，做出一些极端的行动来吸引人的眼球。青少年中也出现了典型的道德逆反。青少年道德逆反主要是指一种反控制的社会心理及行为状态，是青少年在一定条件下、一定时期内产生的与社会道德要求不一致的情绪和言行，是青少年对家庭、学校和社会在道德教育的内容、形式、方法、环境和教育者产生的厌恶、反感、对立甚至拒绝的道德心理体验和与此相应的道德行为倾向。[①] 毋庸置疑，这种道德逆反在大学生中还继续存在。为了大学生的发展，高校和大学生自身都要注意这个问题。

缺乏系统道德知识，行为失范。大学生从小接受道德教育，但到大学，对于“什么是道德”都普遍说不上来。显然，大学生缺乏道德的系统知识和基本理论认知。从前大学生对于道德，仿佛道听途说不少，但基本是一些支离破碎的感受，几乎从未作过深入细致的思考。上大学后，一旦听闻谈论道德，总以为是老生常谈，认为自己的道德修养也没有问题，所以根本就没有兴趣去关注。当涉及一些行为的善恶判断与选择时，没有可供支撑的道德知识与理论依据，产生行为失范。

不诚信，不守纪律与个人主义。在大学生群体中，一些不道德（比如：不诚信、不守纪律、自私自利）的现象时有发生。不诚信主要表现在考试舞弊和助学贷款的偿还上，不守纪律主要是在课堂学习和宿舍生

① 曾玉琴：《青少年道德逆反的成因及对策研究》，载《重庆科技学院学报》2009年第10期。

活中，自私自利的个人主义表现更加普遍，可能发生在任何场合。

知行不统一，明知不可为而为之。很多时候，人们不是不懂道理，而是不想做，更做不到。大学生也是这样。明知不可为而为之，这次犯了错误，下次还可能再犯，就是管不住自己。这是不少大学生的通病。

（2）原因

社会转型期影响。经济基础决定上层建筑，由于社会经济体制的改革，社会上层建筑的道德也受到一些影响。社会的物质文明建设还不够。经济决定文化，“仓禀实而知礼节”，某些地方某些时候社会道德有滑波。这些都影响到大学生群体。

4. 整合道德素质的途径与方法

（1）途径

从小事做起。大恶往往源于小恶，小错不改，终究酿成大祸。要修养个人道德、改善社会风气，须从小事做起。

从“我”做起。社会道德的完善不是等着上天或大人物来解决，而是每一个公民的义务。

（2）方法

道德认知。掌握道德基本理论（道德的本质、道德的作用、道德的起源、道德的发展规律等）。校纪校规中有道德要求，校园文化中体现良好风尚，大学生从中都可以获得道德感染与认知。

通过对道德基本知识与理论的学习，以及自身的深刻体会与感悟，懂得道理。尤其是思想政治课的《思想道德修养与法律基础》课，可以带领大学生认识和懂得道德的基本知识与理论。

道德情感与意志。平日大学生应主动获取“正能量”，善于从历史和现实中吸取有利影响。课堂上通过师生互动的道德教育体验等方式，培养一定的道德情感。同时，中华几千年的优良道德传统不能熟视无睹，应善于用先贤的智慧来滋养我们的心灵。

道德行为。知行统一，讲道德。践行公民道德基本规范、社会公德、职业道德与家庭美德等。从我做起，从小事做起。

四、法律素质

法律是国家制定或认可的由国家的强制力保证实施的行为规范。人是社会的人，大多数人都生活在以国家为单位的群体中。作为国家的公民，每个人都有着一定的权利和相应的义务。国家对所有这些权利和义务以法律的形式做了规定，每个人都要了解和遵守。法律素质是人们法律意识、法律知识和运用法律能力的总称，拥有一定法律素质的人，才能懂得更好地实现和维护自己的权利，履行自己的义务，同时也不侵犯他人的权利，一旦侵犯必须承担应有责任，这样便于人们在国家生活中和谐相处，更好地发展。

1. 法律素质的内涵与意义

（1）内涵

法律，是国家制定或认可并用国家强制力保证实施的行为规范的总称。纪律则是一个组织内部的行为规范。有国家就有法律，法律是一种特殊的社会规范，可以说，法律规范是社会对人的行为设置的最后底线。

法律素质是指人们法律意识、法律知识和运用法律能力的总称。

（2）意义

遵守法律是公民的基本义务。法律素质是现代社会人必备的基本素质，更是大学生思想道德素质的重要组成部分，是大学生素质教育的重要内容。大学生是祖国的未来，只有懂法、守法、用法才能适应社会和时代发展的需要。

2. 整合法律素质的目标与内容

（1）目标

扫盲。大学生入学时绝大部分尚为“法盲”，因此大学生法律素质的整合目标首先是“扫盲”。

做守法公民。大学生也是公民，守法是公民的基本义务之一，大学生应通过法律知识的学习，了解法律制度，树立法治观念，做守法公民。

（2）内容

法律意识。具备法律意识首先必须认清法律的本质，体会法律与人特别是我们自身的关系。它是一种社会规范，是由国家制定或认可的，代表了统治阶级的意志，在今天的中国代表人民大众的意志。其次，必须树立法制观念，应认识到“法治”优于“人治”。在今天的中国，树立自由平等、公平正义、权利义务等基本观念就是具有法治意识的表现之一。再次，必须认真体会法律的权威，树立法律的权威并维护法律的权威。最后，要有法律思维。出现法律纠纷要用法律思维解决问题，不能“一哭二闹三上吊”或者“私了”。

法律知识。大学生的《思想道德修养与法律基础》课就为大学生提供了基本的法律知识，特别是其中第八章“了解法律制度，自觉遵守法律”，把有关我国主要法律制度的知识重点呈现出来。大学生首先可以学习了解实体法（宪法、民商法、行政法、经济法、刑法等），在此基础上再进一步学习了解程序法（调解法、仲裁法、民事诉诉法、行政诉讼法和刑事诉讼法等）具体法律制度，掌握基本法律知识。

法律能力。法律能力包括法律思维能力、法律表达能力和对法律事实的探索能力。在这三个方面的能力中，法律思维能力是法律素质的核心。法律思维能力包括：①准确掌握法律概念的能力。②正确建立和把握法律命题的能力。③法律推理的能力。④对即将作出的法律裁决或法律意见进行论证的能力。法律表达能力可以分为口头表达能力和书面表达能力两方面。探知法律事实，即调查、搜索、制作、组合、分析、认证法律事实，是法律实践活动的重要环节。

大学生应尽力通过参加模拟法庭等课堂实践或者法律主题辩论以及社会实践努力训练自己履行义务，尝试运用法律进行自身维权活动，分析、解决问题，提高自身的法律能力。

3. 大学生法律素质的问题与原因

（1）问题

缺乏法律信仰，法制观念淡薄。英国法学家波洛克说，“法律不能使人人平等，但是在法律面前人人是平等的”。部分大学生不能正确理解“法律面前人人平等”这句话。凡事无绝对，世上也没有绝对的平等，“法律面前人人平等”指的是法律给予每个国家公民一样的权利和义务，不会因为其性别、民族、外貌、文化条件等而不同。比如杀人偿命，一个有钱人要偿命，一个没钱人也一样。社会上偶尔发现有钱人用钱买命的情况，那不是法律本身的错，而是出现了不正之风，是见不得人的勾当。

违法犯罪现象上升。近年来，大学生违法犯罪事件不少：2002 年发生的大学生刘海洋硫酸伤熊事件、计算机系统盗取账号事件、大学生创办色情网站、马加爵杀害同学、付成励杀害老师，等等。特别是刘海洋一案，当时震动了全国，这位清华大学生被拘留后说，自己学习过民法、刑法，但不知道伤害狗熊是违法犯罪。除了以上重大事件，还有一些难以理解的大学生日常行为中表现出来的如盗窃室友、绑架邻居、毒害同学等违法犯罪现象。

国际国内形势的影响，导致某些大学生出现心理和价值观问题，利欲熏心，意志薄弱。往往以身试法。

自我保护能力比较差。就有某些社会上非法传销活动的组织者专门盯上了某些急于就业的大学生，甚至还有研究生。在兼职、实习及就业过程中，也不懂得怎样为自己维权。在初次就业时，和用人单位签订协议是必须的，协议的内容中必须有试用期、基本工资和社会保险等内容，社会保险最多有“五险一金”（医疗保险、养老保险、失业保险、工伤保险、女职工生育保险、住房公积金），一般至少要有“三险”。

部分大学生通过大学阶段的学习，懂得一些法律知识，但不懂得具体运用，遇到一些法律突发事件容易冲动，要不打落牙齿肚里吞，要不找人“黑吃黑”。

（2）原因

引起以上问题的主要原因是没有法律扫盲。以前的应试教育中没有法律一课，大学生缺乏基本法律常识。在大学，也没有深入学习法律知识，有的大学生大学毕业了仍然是一个法盲。

相对于上个世纪的大学生，现在的大学生很幸运，可以通过高校设置的思想政治课中的《思想道德修养与法律基础》课进行法律扫盲。但是，某些同学，由于主客观原因，在极短暂的时间内无法弄清楚法律的基本精神和基本法律制度的重要内容，没能扫盲。对公民的权利和义务了解颇少，以至于一旦发生法律事件，就不知所措。不仅对于自己的维权束手无策，而且有可能由于不懂法律而以身试法、身陷法网。

4. 整合法律素质的途径与方法

（1）途径

上法律课。从现实情况来看，大学新生一般都没有接受过系统的法律学习。大学一年级开设的《思想道德修养与法律基础》课的法律部分，实际上是对大学生进行法律扫盲，学好《思想道德修养与法律基础》课是大学生提高法律素质的最基本一步。

关注社会司法热点问题。大学生应关注社会热点的法律问题，结合自己身边的法律事件，尝试去分析、推理、判断，提高法律素质。

（2）方法

学习训练。大学生还应从课外广泛涉猎，补充吸收。上图书馆、看电视、上网，广泛关注社会现实问题特别是一些法律事件，都能够帮助大学生增强法律素养。在学习的同时，一方面学会维护自己的权利，同时敦促自己履行自己的义务。

社会实践。学会正确运用法律手段分析、解决问题，处理各项事务，正是现代公民应具备的一种本领、一种能力、一种素质，当然也是提高大学生法律素质所追求的最终目标。

道德与法律，常常相提并论。它们同时出现在大学生的《思想道德修养与法律基础》课中。因为道德与法律同时作为维持社会秩序的两种基本手段，社会需要它们，人们自我的完善也需要它们。道德和法律，哪一个更重要？虽然是先有道德，后有法律，常常也有人说，道德是法律的先导，法律是道德的底线。作为维护社会秩序的两种基本手段，它们相辅相成，缺一不可。一个靠自律，一个靠他律。听起来好像一个硬一个软，但实际上两个没有孰强孰弱，而是同等重要、互为补充。作为大学生，进一步提高自己的道德素质固然重要，法律的扫盲绝对不可缺少。所以，国家给大学生开设的思想政治课中就有道德和法律的内容。其中法律的内容是从基本程度对大学生要求的。无论是道德还是法律，大学生学习时都要两条腿走路：既要有知，也要能行。既要对本民族的道德观念和现行约定俗成的道德规则有一个充分的理解和掌握，也要对本国的法律意识和基本制度有一个认真的体会和学习。只有这样，大学生才能加强自身规则意识，成为一个维护社会合理秩序的“良民”与先锋，也成为一个内心自我完善的有修养之士。

思想政治简称“思政”，有“大思政”和“小思政”之分。“大思政”指的是整个德育，包括思想意识、道德行为、政治态度、法纪素养等符合时代特征的基本教育，是政治观、人生观、价值观、道德观的综合体现。“小思政”则只指思想和政治，思想政治素质是一个人的思想观念、思想方法、政治态度、政治观点和政治理论等方面的基本品质总称，主要包括思想素质和政治素质两个方面，思想素质由思想认识、思想情感与思想方法三因素组成，而政治素质则由政治信念、政治观点、政治立场等要素组成。

思想素质、政治素质、道德素质和法律素质相互渗透、相互制约，具有内在的统一性，常常被统称为“德育素质”或“思想政治素质”，在传统所谓“五育”中居于首位。当今大学生正处于世界观、人生观和价值观形成和发展的重要时期，虽然其思想、政治、道德、法律素质都有一定的发展，但总的来说，社会生活经验还不够丰富，思想还不够成熟，可塑性比较强。因此，要求大学生不断地思考自我和社会，学习政治理论和知识，用科学的理论指导自己的实践，做到理论与实际相结合，走与实践相结合、与工农相结合的道路，努力去改造自己的主观世界，提高自身的认识和鉴别能力，培养良好道德，增强法制意识，从而提高思想政治道德法律方面的综合修养。

第五节 专业与职业素质

高等教育与基础教育的根本区别是高等教育分专业教育，专业与学科相联系，而学科是根据科学分工划分的。专业与课程直接挂钩，各高校在不同院系设置不同专业，不同专业的学生的课程体系是不一样的。公共课、基础课与专业课是高校课程体系的三大门类。大学生的素质培养绝对离不开专业素质的培养。高校培养大学生专业素质的直接目的是为将来的职业服务。而职业在一个人尤其是现代人的人生中发挥着至关重大的作用，它不仅是一个人赖以谋生的主要手段，更是一个人自我实现的最有效途径。职业素质的培养从大学阶段就开始了，特别是在就业活动中，直接与专业发生联系。大学生的专业素质好坏直接影响到就业，而就业是职业的一部分，所以，从专业素质到职业素质的整合对大学生显得十分重要。

一、专业素质

高等教育是建立在专业教育基础上的，专业教育立足于完善大学生的专业知识结构、培养大学生的专业能力和提高大学生的专业素质。专业教育是高等教育区别于基础教育的根本特征所在。因此，大学生的专业素质就是人们常说的大学生在大学期间培养的“一技之长”，是大学生在原有知识结构、能力结构和素质结构的基础上，通过接受系统的专业知识教育与专业技能训练，所形成的能够适应从事相关专业技术工作需要的相对稳定的基本品质结构与质量水平，是大学生素质的主体内容。

1. 专业素质的内涵与意义

（1）内涵

专业，是高等院校根据科学分工划分的若干学科门类。我国高等院校的专业设置始于上世纪50年代，当时全国高等学校本科共设有专业200多种。现行“普通高等学校本科目录”的学科门类为11个（哲学、经济学、法学、教育学、文学、历史学、理学、工学、农学、医学、管理学），学科门类下设二级类学科71个，专业249种。

大学生专业素质就是大学生在原有知识结构、能力结构和素质结构的基础上，通过接受系统的专业知识教育与专业技能训练，所形成的能够适应从事相关专业技术工作需要的相对稳定的基本品质结构与质量水平。①

（2）意义

中国古代就讲究“术业有专攻”，专业素质在人才素质中处于主体地位，当代社会科技和生产的发展，形成了众多的学科和专业，在社会大系统的结构中产生了众多的行业、职业和岗位。人们要在各自的岗位

---

① 徐涌金：《大学生素质教育教程》，中国标准出版社2008年版，第242页。

上完成任务和职责，就要了解和掌握本专业所需要的基础知识、专业知识，培养从事专业工作所需要的各种能力，构建合理的知识、能力结构，这是形成较高的专业素质所必需的知识、能力基础，并在此基础上，形成优良的专业素质。

专业素质是大学生素质结构中的主体素质元素。扎实的专业素质是大学生立足社会，进而开拓创新、成才立业、为国效力、为民造福的根本保证。大学生专业素质的高低直接影响其就业竞争力和职业素质。掌握专业知识，培养专业能力，最终拓展专业素质，是当代大学生的基本任务。大学生在大学阶段如果抛开专业于不顾，无论其他素质培养得有多么高超，充其量只是在高中阶段又复读了几年，不会成为一个合格的大学生。

2. 整合专业素质的目标与内容

（1）目标

整合专业素质的目标很专一，就是通常人们所说的获取“一技之长”。这“一技”并非简单地指技术或技能，而是指将来在社会上能够安身立命、成就事业的专门素养。

（2）内容

专业意识。社会需要的人才是以专业来划分的，专业素质首先是对专业的认识和对自己专业的定位，大学生必须根据自己的兴趣、特长、性格和社会的需要来选择专业，一旦选择了专业就要坚持深入发展并且树立对专业的敬业精神，时刻把专业放在心上。

专业知识。专业知识主要来源于对专业课程的学习。大学生无论学习何种专业，都必须重视四种课程：基础知识课程（基础社会科学知识和基础自然科学知识）、基础技术课程、学科专业课程、专业实训课。

专业能力。专业能力则需要从专业技能训练中获取，基础技术课程、学科专业课程、专业实训课是获取专业技能的主要途径。比如说大学生学的是中文秘书专业，那么应用文写作能力一定要过硬；大学生学的是财务管理专业，会计技能一定要过关；大学生学的是汽车维修专业，驾驶技术不能不懂。

3. 大学生专业素质的问题与原因

（1）问题

不爱。有些大学生虽名义上学了一个专业，但自始至终没喜欢过。

不懂。对专业完全没概念，不知道是什么、为什么、有什么、怎么办。

不能。知道一点，但要用上没把握。

（2）原因

欠缺系统专业知识。不了解专业课程体系，没掌握核心知识。大学毕业时，感觉不到自己的特长。哪方面都差不多，而且平庸，不能说拥有一技之长。

缺乏技能训练。不能将书本知识很好地与实践相结合，高分低能现象多，动手能力差。徒有一个专业却不能好好地上岗。

4. 整合专业素质的途径与方法

（1）途径

课内学习。首先必须重视课内学习，了解专业基本理论与知识。

课外阅读。除了上课学习，还须花费一定时间去围绕专业广泛阅读。

社会考察。除了校内学习，还要去校外考察，寻找专业与职业的连结点，更好地学习和训练。

（2）方法

了解专业划分及自己的选择。专业是高等院校、中专或技校在教育培训活动中结合社会需要而设置的学科门类，以教育教学过程中课程体系的不同来区别。要从整体上来了解不同专业的共同点与不同点，特别是要了解所学课程和训练内容与自己选择目的之间的关系。更要了解自己个人的兴趣、性格、能力的真实情况与所选专业之间的适应关系，争取所选专业能够可持续发展。

专业选择没有永远的热门与冷门，选择要根据自己的个性与社会的需要，眼光要长远。在大学期间选择双学位要谨慎，不是专业越多越好。上大学时专业的选择往往有些茫然，之后如果觉得所选专业不是自己最适合的，可以选择第二学位做弥补。

搞好专业学习。这是大学生在整合专业素质方面最核心的工作。首先是理清主要途径：一是课程学习，要弄清整体课程体系；二是课外吸收，把握好专业方面，围绕专业广泛阅读和训练，兼收并蓄；三是社会实践，到社会上去参观、访问、实习体验。同时是清楚目标内容：一是获取专业知识，学习专业课不能只靠死记硬背，要不断激活、整理、概括、运用已有知识并将它们扩展加深。不仅从课堂教科书（教材）与老师、同学那里学习，也尽可能多地利用图书馆、网络搜索引擎、报纸杂志图书、广播电视电影等多种渠道多种方式学习。二是训练专业技能，一定要重视实际技能训练，比如说是汽车专业的，学修车，或者汽车评估；学的是财务，考取会计证；学的是外语，能熟练地与外国人沟通。这些技能，一般人不经过专门训练不会。专业技能往往与社会上的职业技能相对接，与职业直接挂钩。所以大学生在学好专业刻苦训练的同时，还可以通过社会上的资格证考试来强化自己。

重视专业与职业衔接。不要到了就业的时候才去检验自己的专业与职业是否对口，甚至在选择专业时就应预先了解自己所学专业与职业的关系，在大学时期，更应该一边学习一边思考所学内容对职业的实用性，有针对性地学习和训练。到了就业前夕，更应该确认具体的行业与岗位，有目的地去求职。万一在就业过程中一时不能选择最适合即对口的岗位，也能随机应变，予以转换和适应。

二、职业素质

职业就是人们通俗所指的工作。在一个人的一生中，大部分时间都是在工作，工作是一个人谋生的基本手段，是一个人的主要生存方式，也是一个人自我实现的必要途径。空有才华而不懂得在社会上表现的人生是可悲的，因为那将失去很多人生的机会和尝试与体验的快乐。大学生之所以上大学，其中很大一部分目的是为了将来能够更好地工作，进而拥有更好的人生。在大学阶段，大学生尚未进入职业生涯，但是人生的职业生涯规划已经开始，更为重要的是，职业的必经之途——就业（择业、创业）将会从这里开始。所以，大学生职业素质（就业素质）的整合是必不可少的一件事情。

1. 职业素质的内涵与意义

（1）内涵

职业，是指一个人参与社会分工，用专业的知识和技能创造物质或精神财富，获取合理报酬，丰富社会物质或精神生活的一项稳定的工作。职业是对劳动的分类，是社会分工的产物，西方商品经济发达的社会，通常指具有一定专长的社会性工作。分类的方式很多，也没有定式，通常以所从事的产业或行业为主，并结合工作特点混合使用。

职业素质是人们从事相应工作所具备的条件，是劳动者对社会职业了解与适应能力的一种综合体现，其主要表现在职业兴趣、职业能力、职业个性及职业情况等方面。影响和制约职业素质的因素很多，主要包括：受教育程度、实践经验、社会环境、社会经历以及自身的一些基本情况（如身体状况等）。职业素质是专业素质的延伸。

（2）意义

职业是目的也是手段，职业是个人获得经济收入来源、维持家庭生活的手段，是促进个性发展的手段，是个人参与社会、奉献社会从而获得社会性的途径，是个人完善自我的平台。一般说来，劳动者能否顺利就业并取得成就，在很大程度上取决于其本人的职业素质，职业素质越高的人，获得成功的机会就越多。职业素质是人才选用的第一标准，职业素质是职场致胜、事业成功的第一法宝。

2. 整合职业素质的目标与内容

（1）目标

就业观、择业观与创业观。在校期间，应不断思考自己的就业、择业和创业观，完善先就业再择业和创业的意识。

职业道德。在道德素质整合时重视职业道德的整合。

学业准备。不断完善自己学业，为职业做准备。

（2）内容

职业意识。职业意识首先包括了职业认识，人们对自身现状的认识以及自己对职业的期望。然后，包括了职业情感，职业情感是指个体对自己所选择的职业是否能够满足自己自身社会性需要而产生的内心体验。它建立在广泛的社会情感、劳动情感以及自尊感、价值感的基础之上，包括职业认同感、职业荣誉感和职业敬业感。最后是职业选择，遵从自己的个性，结合社会的需要，选择自己喜欢又适应社会的职业。大学生职业意识最主要是职业规划意识。

职业能力。职业能力即职业技能，包括一般能力、专业能力和综合能力。一般能力主要是指一般的学习能力、文字和语言运用能力、数学运用能力、空间判断能力、形体知觉能力、颜色分辨能力、手的灵巧度、手眼协调能力等。此外，任何职业岗位的工作都需要与人打交道，因此，人际交往能力、团队协作能力、对环境的适应能力，以及遇到挫折时良好的心理承受能力都是大学生在职业活动中不可缺少的能力。专业能力主要是指从事某一职业的专业能力。在求职过程中，招聘方最关注的就是求职者是否具备胜任岗位工作的专业能力。综合能力主要包括四个方面：①跨职业的专业能力：一是运用数学和测量方法的能力；二是计算机应用能力；三是运用外语解决技术问题和进行交流的能力。②方法能力：一是信息收集和筛选能力；二是掌握制定工作计划、独立决策和实施的能力；三是具备准确的自我评价能力和接受他人评价的承受力，并能够从成败经历中有效地吸取经验教训。③社会能力：社会能力主要是指一个人的团队协作能力、人际交往和善于沟通的能力。在工作中能够协同他人共同完成工作，对他人公正宽容，具有准确裁定事物的判断力和自律能力等，这是岗位胜任和在工作中开拓进取的重要条件。

职业道德。职业道德指的是在职业活动中所遵守的行为规范的总和，今天我国职业道德的具体内容是爱岗敬业、诚实守信、办事公道、服务群众、奉献社会。随着中国经济体制改革的深入、法制的不断健全完善，人的社会责任心和诚信将越来越被重视，假冒伪劣将越来越无藏身之地，一个人的职业道德会越来越受到全社会的尊重和赞赏，爱岗敬业、工作负责、注重细节的职业人格会得到全社会的肯定和推崇。

3. 大学生职业素质的问题与原因

（1）问题

不适应。有些大学生毕业后找到了工作但长时间不适应。

找不到工作。有的大学生长时间找不到工作。

（2）原因

观念。一方面是就业形势严峻，矛盾尖锐，另一方面是大学生的就业心理与观念不适应形势需要，因此找不到工作。另外还有因为工作的待遇与期待相差太远而离职。

能力。因为在校期间缺乏训练，造成就业困难，或者是已经就业，不能及时上岗，及时上岗不能上手，因为不适应而马上失业。

4. 整合职业素质的途径与方法

（1）途径

学习。首先完善学业，学好专业，健全综合素质。

实习。利用寒暑假和专门实习时间细心体会。

求职。写好简历，学习面试技巧。

（2）方法

职业生涯规划。职业规划可能一直伴随着职业生涯，大学一年级起就开始职业规划的写作，到以后各个年级不断添砖加瓦，最后在就业前充分完善，以后还可以不断调整。大学期间所作的职业规划最有意义，是基础性的工作。

学习训练。多阅读，获取职业知识、职业技能与职业道德知识，报考职业资格证。

勤工俭学及社会实践（兼职、实习）。到学校图书馆勤工俭学，到校园商业街的餐馆打工，到校外企业联系实习。

就业准备。利用一切途径（学校、亲朋推荐、互联网、报刊信息、招聘会等）寻求就业，学习就业的简历制作、协议签订、面试技巧、笔试技巧，接受职业指导和进行职业素质测试。目前，许多就业服务机构，如：市、区县职业介绍服务中心、街道社会保障事务所等，都开设了“职业指导”服务项目，可以到那里接受有关这方面的指导。部分职业介绍服务机构开设了“职业素质测试”服务，求职者可在那里获得相关服务。也可以进行自测。劳动者可以通过填答“职业素质”自测问卷的方式，判断了解自己的职业素质状况。

对于大学生来说，首先是专业素质的整合，然后是职业素质的整合，最后是从专业素质到职业素质的转化。专业素质不仅包括专业知识，更包括专业技能，专业技能与职业技能的培养互为表里，相辅相成。职业素质的提高离不开职业道德，虽然大学期间不在职场环境，但是职业道德的培养应包括在整体道德教育中。

第六节　审美与创新素质

一个人固然身心健康，知识与技能丰富，修养良好，但是如果不懂得审美创新，就很可能不能享受人生的乐趣，不具备人格魅力，缺少生命的润色与动力。大学生认识美、爱好美和创造美的素质的培养以及创新意识、创新思维与创新能力等创新素质的培养，在整体素质中也不能缺失。否则大学生的素质将失去风采与活力。

一、审美素质

美育在“五育”中早已有之，但翻阅十来本谈论素质教育的书居然只字未提。美育是培养学生认识美、爱好美、欣赏美和创造美的能力的教育，也称审美教育或美感教育。美育要通过各种艺术以及自然界和社会生活中美好的事物来进行（通过艺术进行的美育就是艺术教育）。在人的全面发展教育中，美育占有重要地位。美育包括艺术美、自然美、社会美、科学美。美育的历史同体育一样久远，我国的教育方针中提到“德智体美劳”全面发展的“五育”也包括着“美育”，但是现在很多人在谈论素质时却忽略了它。基础教育都坚持五育并举，高等教育不可不管不顾，大学生在整合素质时更不能忽略它。

1. 审美素质的内涵与意义

（1）内涵

所谓审美，就是人们欣赏、领会客观世界的美。“审美”是一个带有实践性质的动词，而“美”，则是一个静态的名词。“美”就是好，味、色、声、态、才德、品质、事物与人等一切的好，美是事物促进和谐发展的客观属性与功能激发出来的主观感受，是这种客观实际与主观感受的具体统一。从哲学的角度来看，审美是一种主观的活动，其范围极其广泛，包括建筑、音乐、舞蹈、绘画、饮食、服饰、装饰、陶艺，等等。

人对于美的主观感受、体验与精神愉悦叫做美感。审美教育、美感教育又叫美育，即关于欣赏美与创造美的教育。美育早在古代即已受到重视，美育这一概念的提出，始于德国席勒的《美育书简》，而美育性质的揭示与美育地位的正确阐明，则在马克思主义诞生以后。在我国社会主义教育制度中，美育与德育、智育、体育相互联系，相互渗透，又有独特的内容、方法和效能。人们通过美育而获得的审美意识、审美知识、审美能力，就是审美素质。

（2）意义

审美是人们追求“真善美”中“美”的一环，人生中缺少了美，显得不够完整，生活中失去了美，也就失去了意蕴。人的审美追求，在于提高人的精神境界、促进与实现人的发展，在于促进和谐发展、创建和谐世界，在于使这世界因为有我而变得更加美好。这是和谐审美观的基本观点。

整合审美素质，就是对自己进行美育。美育是教育事业的一个有机组成部分，是美学的目的之一。艺术有着特殊的审美感染力量，是推行美育的重要途径。美育对于改造人性、改造社会、造就全面发展的人才、建设社会主义精神文明具有特殊的意义。

2. 整合审美素质的目标与内容

（1）目标

知道爱美。俗话说“爱美之心，人皆有之”。但有些人却羞于追求甚至没有追求。

懂得欣赏美。懂得一些基本的美学规律和知识，是欣赏美的条件。

能够创造美。在力所能及的范围内尽可能创造美。

（2）内容

审美意识。审美意识即“美感”。美感是在审美实践中产生与发展的感觉、知觉、表象、联想、想像、情感、思维、意志等心理因素，是创造美的心理基础。俗话说，“爱美之心人皆有之”，只是程度不同而已。审美存在于大学生生活的各个角落。走在路上，街边的风景需要人们去审美；坐在餐馆，各式菜肴需要人们去审美……当然这些都是浅层次上的审美现象，大学生需要审美，研究审美，更应从高层次上进行探讨，即着重审人性之美。大学生不断追问自己的心灵，不断提高自己的审美观念、审美情趣和高尚的审美理想。

审美知识。审美知识主要包括美学理论中关于美、美感、审美、美育以及艺术概念的知识，关于美学的历史、美学的基本问题的知识，关于人类审美现象、审美活动、审美形态与审美经验以及艺术审美的知识，关于审美教育的知识，等等。各门具体艺术都有自己的具体审美知识，比如，音乐艺术的节奏与旋律的知识，绘画艺术的色彩与图案的知识，等等。

审美能力。审美能力是人们认识美、评价美的能力。包括审美感受力、判断力、想象力、创造力等。在人们学习、训练和实践经验、思维能力、艺术素养的基础上形成与发展，是以主观爱好的形式体现出来的对客体美的认识、评价和再创造，是感性与理性、认识与创造的统一。主要在艺术欣赏与创造中形成并获得发展，因此有时也称“艺术鉴赏力”。它既具有鲜明的个性特征，又具有社会性、时代性、民族性。审美鉴赏力的提高，有助于以美的规律和美的理想去改变世界，发展文明的、健康的、科学的生活方式。

3. 大学生审美素质的问题与原因

（1）问题

不讲究，缺乏审美意识。有些大学生穿衣打扮毫不讲究，居室环境不懂布置，没有品位，比如：穿衣上穿格子下穿花，颜色花里胡哨或灰不溜秋；宿舍床铺杂乱无章，毫无和谐可言。缺少文艺细胞，对文学艺术毫无兴趣，也不懂得欣赏，既听不懂音乐也看不懂绘画更不去欣赏舞蹈。有些大学生这也不会，那也不能，与人相处，沉默寡言，薄情寡趣，常常使人扫兴。缺乏审美情趣，也就缺少人格魅力。

审美知识缺乏，能力有限。有些则成为没趣的人，一味哀叹自己没有条件去享受生活，却不懂得去欣赏自然和社会环境中本来就有的美好事物；清风明月不用一钱买却不受用，身边美景随时随地可能会有却熟视无睹。先天遗传有之，后天的教育和环境的影响有之。

（2）**原因**

天生悟性不强，感受力不强。一些艺术天才就天生有艺术细胞，反之，缺乏审美素质的人缺少艺术细胞。

见识少。甚至从小到大，从父母家人和老师那边没机会受到美的熏陶。

看书学习少，训练也少。缺少审美知识与能力。

4. 整合审美素质的途径与方法

（1）**途径**

欣赏美。美的存在形态是多样的：自然美、社会美、艺术美、科学美，人们生活的世界是一个美丽的世界，就看大家是否懂得欣赏。法国雕塑家罗丹有一句名言："生活中并不缺少美，而是缺少发现美的眼睛。"自然界是美丽的，山川大地，风光无限，大学生在旅游中就可以尽情感受。社会也是美丽的，人情美，文化美，人美，大学生可以利用周末和寒暑假参与社会实践，从中体会。艺术更是一种专业性的美，无数前人的艺术作品，音乐美术舞蹈等等，值得人们去好好品味。

创造美。不论专业的美的创造，即使在日程生活中，大学生就可以参与美的创造，引领年轻人时尚。比如，穿着打扮，日常生活装点，在各种活动中表现自我，秀出自己的风采。大学生作秀现象虽然有的太过虚浮，但是一般的都是正常的表现，彬彬有礼，落落大方地展示自己的仪表、个性与才华，是一种创造美的表现。

（2）方法

主动学习。到图书馆阅读美学理论和艺术作品。

多多体验。去音乐厅听音乐，去展览馆看美展，去电影院看电影，等等，这些活动都能增加审美修养。

多训练。自己也亲自参加才艺表演，促进审美素质。

二、创新素质

创新教育是素质教育的一个重要组成部分。传统教育以培养学生的认知能力和知识积累为目标，而创新教育是以强化学生的创新观念，训练学生的创新思维，提高学生的创新能力为目标。创新素质代表了人才的高度，是素质教育的提升。大学生在自我整合素质时，要不断渗透创新意识，培养创新思维和创新能力。

1. 创新素质的内涵与意义

（1）内涵

创新，顾名思义，创造新的事物，是人类对于发现的再创造。创新是以新思维、新发明和新描述为特征的一种概念化过程，也是在原有资源的基础上，通过资源的再配置、改进、整合，进而提高现有价值的一种手段。从哲学上说是人的实践行为。说创新，大致有两种意味。一种意味是创造了新的东西，这和创造实际是同一个意思。另一种意味是本来存在一个事物，将它更新或者造出一个新事物来代替它。在这种意味下，创新中包含了创造。但创造不可能凭空而起，新的创造一般是建立在原有的事物或其转化的基础上，包含了对原有事物的创新，因而创造中又包含了创新。

创新素质是个体在创新方面通过先天遗传禀赋与后天环境影响、教育作用、创新实践与学习内化的结合而形成的相对稳定的基本品质结构与质量水平。

（2）意义

创新遍布人类活动的方方面面，如观念、知识、技术的创新，政治、经济、商业、艺术的创新，工作、生活、学习、娱乐、通讯等领域的创新，而不仅仅是技术领域的事情，尽管技术创新对人类的生产生活有决定性意义。创新是一个民族进步的灵魂，是一个国家兴旺发达的不竭动力，决定着一个国家和民族的综合实力和竞争力。近代以来人类文明进步所取得的丰硕成果，主要得益于科学发现、技术创新和工程技术的不断进步，得益于科学技术应用于生产实践中形成的先进生产力，得益于近代启蒙运动所带来的人们思想观念的巨大解放。可以这样说，人类社会从低级到高级、从简单到复杂、从原始到现代的进化历程，就是一个不断创新的过程。不同民族发展的速度有快有慢，发展的阶段有先有后，发展的水平有高有低，究其原因，民族创新能力的大小是一个主要因素。

创新素质对于一个人来说也十分重要，是个体在生活实践中不断挑战自我、超越自我的素质。

2. 整合创新素质的目标与内容

（1）目标

创新意识。创新意识包括创新认知、创新情感体验、创新行为倾向，表现为善于发现问题、求新求变、积极探索的心理趋向。创造意识要在竞争中培养，要敢于标新立异：第一要有创新精神，第二要有敏锐的发现问题的能力，第三要有敢于提出问题的勇气。

创新思维。除了常规的逻辑思维，还有发散思维、形象思维、联想思维、直觉思维、求异思维、立体思维和逆向思维等多种思维方式。

创新能力。掌握创新的原理、技巧、方法，具备良好的创新技能，包括深刻的认知力、敏锐的观察力、丰富的想象力、独特的思维力、集中的注意力、高效的记忆力、独创的实践力等。

（2）内容

思想、理论创新。大学生的主要任务是学习，在学习中可对某些学科的思想、理论进行质疑，促进其完善深入，也是创新。

方法创新。在学习和实践活动中，可探索更加有效的新策略与方法。

3. 大学生创新素质的问题与原因

（1）问题

学习照本宣科，死记硬背。当代应试教育的弊端，中国传统的教育方式中的某些条条框框，有时束缚了学生的想象力和创造力。

做事循规蹈矩，不善想像，因循守旧，不思改革。过分崇拜权威，依赖前人与权威，不敢也不愿质疑；社会评价与激励机制单一；缺乏对创新的经济支撑，等等。

（2）原因

教育理念。长期以来，我国教育不够重视创新，倾向于寻找标准答案的思维。

教学安排。学校教育中也几乎没有给学生进行创造性活动的教学时间。

教育评价。家庭、学校与社会都没设立创新方面的评价机制。

4. 整合创新素质的途径与方法

（1）途径

科学研究与实验。主动就一些主题进行研究和实验，试着探索出规律和方法。

发明创造。在生活中发现需求，去进行一些发明创造，获取创造经验。

（2）方法

好奇。好奇是创新的动力。善于观察，见微知著，是产生创新思维的重要前提。牛顿对一个苹果的跌落地上好奇，发现了万有引力定律；瓦特对烧水壶上的水蒸汽好奇，发明了蒸汽机。爱因斯坦说，提出一个问题往往比解决一个问题更重要，好奇心就是提出问题的前提。好奇心实际上就是人们希望自己了解更多事物的不满足心理，也就是求知欲。保持一颗总是好奇、总想求知的心，就保有了培养创新素质的动力。

兴趣。我国伟大的教育家孔子说："知之者不如好之者，好之者不如乐之者。"可见他特别强调兴趣的重要作用。黑格尔说过："要是没有热情，世界上任何伟大事业都不会成功。"所有个人行为的动力，都要通过他的头脑，转变为他的愿望，才能使之付诸行动。兴趣是最好的老师，兴趣是感情的体现，是学生学习的内在因素，事实上，只有感兴趣才能自觉地、主动地、竭尽全力去观察它、思考它、探究它，才能最大限度地发挥学生的主观能动性，容易在学习中产生新的联想，或进行知识的移植，作出新的比较，综合出新的成果。

想像。想像是创新的翅膀，这是因为创新活动是从现实中尚未存在的事物进行想像开始的。爱因斯坦想像人追上光速时的情景而创造狭义相对论，又在想像人在自由下落的情景中创立广义相对论。他对想象力是推崇备至的："想象力比知识更重要，因为知识是有限的，而想象力概括着世界上的一切，推动着进步，并且是知识的源泉。严格地说，想象力是科学的实在因素。"哲学家康德说得更加明确："想象力作为一种创造性的认识能力，是一种强大的创造力量，它从实际自然所提供的材料中，创造出第二自然。"要善于大胆设想：第一要敢想，第二要会想。敢于想像，敢于异想天开，善于想像，发散思维，打破常规，跳出旧框。

质疑。我国古代教育家早就提出“前辈谓学贵为疑，小疑则小进，大疑则大进”，“学从疑生，疑解则学成”。书本上的内容，是专家学者写的，课堂上的知识是老师教的，专家学者和老师，一般情况下固然比学生先进，但也可能会犯错，大学生不能不假思索地一律照单全收，要结合自己的实际，用自己的头脑思维检验一番，通过选择判断之后再内化为自己的东西。这其中就有一个本能的质疑、创新的过程。

探索。学习可以通过预习完成对新知的自学和探求，以便上课时进入一种全新的精神状态，利用一切机会大胆发言，大胆“插嘴”，从而获得课堂学习高效率。一个学生仅仅记住了各种概念、定理与公式，而不能把学到的知识用于发现新问题和解决实际问题；只学习老师讲的知识，只记忆书本上的知识，都是远远不够的，应在课堂上学到的知识的基础上，勇于探索，善于创新。

审美素质与创造素质，本来没有直接联系，这里将它们归为一个大类，是因为它们有着这样一种共同的特质：所有一切人的素质都是可以拿来审美的，也都是可以用来创新的。

大学生素质的整合，好比一座大厦的建造，既需要地基，又需要钢筋、砖瓦、水泥（黏合剂）等材料，也需要建筑师的建筑技术以及设计，尤其需要工人们的劳动协作，还要有相关部门的规划、政策许可及资金保障；也好比一艘航船的航行，既要有优质结实的船身（或许还有美丽的装饰），也要有准确无误的航向，还要有船长和水手的通力合作，保证有充足的动力，才能在大海上直挂云帆，乘风破浪，抵达理想的彼岸。

案例一　青春，在数学王国飞扬

日前，中国科学院李邦河等3名院士分别向教育部写信推荐，请予破格录取中南大学大四学生刘嘉忆为研究生，并建议教育部有关部门立即采取特殊措施，加强对其学术方面的培养。

一个名不见经传的莘莘学子为何能够引起科技界前辈如此关注？这缘于近年刘嘉忆通过潜心研究成功攻克了一个多年未解的国际数学难题。

国际逻辑学知名专家、芝加哥大学数学系教授邓尼斯·汉斯杰弗德写信称："我是过去众多研究该问题而无果者之一，看到这一问题的最终解决感到非常高兴。""请接受我对你令人赞叹的惊奇的成果的祝贺！"

大三学生攻克国际数学难题

数理逻辑是研究推理的数学分支。它使用数学的方法，即一套符号体系来研究推理前提和结论之间的形式关系，故也称符号逻辑。在计算机科学和人们的生活中，数理逻辑发挥着重要的理论指导作用。

2010 年 8 月，酷爱数理逻辑的刘嘉忆在自学反推数学的时候，第一次接触到这个问题，并在阅读大量文献时发现，海内外不少学者都在进行反推数学中的拉姆齐二染色定理的证明论强度的研究。这是由英国数理逻辑学家西塔潘于上个世纪 90 年代提出的一个猜想，10 多年来许多著名研究者一直努力都没有解决。

同年 10 月的一天，刘嘉忆突然想到利用之前用到的一个方法稍作修改便可以证明这一结论，连夜将这一证明写出来，投给了数理逻辑国际权威杂志《符号逻辑杂志》。

《符号逻辑杂志》的主编、逻辑学专家、芝加哥大学数学系邓尼斯·汉斯杰弗德看到论文后给他写信："我是过去众多研究该问题而无果者之一，看到这一问题的最终解决感到非常高兴，特别如你给出的如此漂亮的证明，请接受我对你令人赞叹的惊奇的成果的祝贺！"同时，邓尼斯·汉斯杰弗德教授高兴地将刘嘉忆的研究介绍给了其他几位同仁和专家，他们一起审读、反复商讨。

论文审稿人、芝加哥大学博士达米尔·扎法洛夫也认为：“这是一个重要的结果，过去20多年许多著名科研工作者在这方面进行努力。该问题的研究促进了反推数学和计算性理论方面的研究。”

9月16日，美国芝加哥大学数理逻辑学术会议上，云集了来自欧美的许多数理逻辑专家、学者。大会邀请了12位专家、学者作学术报告，刘嘉忆作为亚洲高校唯一一位代表在会上作了40分钟报告。他在数理逻辑方面的研究成果，让与会专家、学者对这位来自中国的“80后”投上赞许的目光。

机会只留给有准备的人

单薄的身子，略显苍白的脸上架着一副近视眼镜，说话间不时而至的羞涩表情，这是记者8日在中南大学校园见到刘嘉忆时的第一印象。

祖籍大连的刘嘉忆，父亲在当地一家国有企业后勤部门工作，母亲在一家企业任工程师。他告诉记者，父母并没有给予他数学方面的遗传基因和教育，自己上小学时也没有对数学表现出特别的爱好。

“如果要说我与同龄人有什么不同之处的话，那就是我对数学的特别关注。”刘嘉忆说，“上初中时，一些同学还在为数学教科书上的习题抓耳挠腮时，我就开始自学数论了。”

数论就是指研究整数性质的一门理论。刘嘉忆说，当时，对其他同学来说，看初等数论中的整除理论、同余理论、连分数理论像是在看“天书”，而他却学得津津有味。

2008年，刘嘉忆以优异的成绩考上中南大学数学科学与计算技术学院。按说，有了扎实的数学基础，刘嘉忆应该在同学面前崭露头角，但每次数学考试，他的成绩并不拔尖。

对此，刘嘉忆解释说："这只怪我马虎惯了。考试过程中，我的演算过程太乱、解答不太标准，都影响加分。"而他的同学则认为，刘嘉忆当时在数学领域涉猎范围十分广泛，不太在意学校的每次考试，不愿在同学面前显山露水。

刘嘉忆的同学高涛说，在课堂上，他并没有表现得与众不同，但每到课余时间，他就会去图书馆，一回来，准会带上一大堆全英文数学书籍，常常捧着看到深夜。同学问他题目，发现他的思路与他人不一样，还会用更简单的方法来计算或解释。"我们当时都知道他对数学钻得很深，也知道他肯定会有所收获。"高涛说。

大二时，刘嘉忆开始学习数理逻辑。数理逻辑是数学基础的一个不可缺少的组成部分。相对其他数学课程，他对此表现出特别的偏爱。他的任课老师也看出了他的不一般，给予他许多指导和鼓励。何伟教授在组合学课程中提及拉姆齐二染色定理这正是刘嘉忆几个月来冥想苦思的问题。从此，他更坚定了攻克这个难题的信心。

"其实，我在思考这个命题时好像灵光一现，论证倒没有花费太多的时间。"刘嘉忆说，"如果一定要总结点什么，可能与我平时的积累有关吧。"

"40岁以前要攻数学"

刘嘉忆的成功无疑给中南大学师生以莫大鼓舞。数学科学与计算技术学院院长刘再明告诉记者，为了让刘嘉忆尽快进入该领域的学习和研究工作，学校决定让他提前大学毕业，并立即录取为硕、博连读的研究生或直接攻读博士学位。

今年7月，著名数学家、中南大学博士生导师侯振挺教授了解刘嘉忆的情况后，千方百计为他创造条件，鼓励他参加有代表性的学术会议，并收他为徒，共同探讨学术问题。

中国科学院院士李邦河、丁夏畦、林群得知刘嘉忆的成就后，分别向教育部有关部门负责同志写信推荐。在信中他们说，刘嘉忆同学在大三的时候就已经独立解决了重要的数学难题，可见他是难得一见的杰出数学人才。

刘嘉忆向记者坦言，除了数学，他还喜欢物理，但他权衡了一下，物理需要做大量的试验，需要成本，对一个学生来说还没那么多资金。他还喜欢心理学，他曾设计了一组关于认知的心理实验，然而他更热衷于数理逻辑。他说这些等到他40岁以后再来做，40岁以前要攻数学。

刘嘉忆告诉记者，前不久他投给《美国数学会汇刊》的论文获得威士康星大学、伯克利大学等几位教授很高的评价，有望公开发表。

目前，刘嘉忆正准备学习模型论。“这是数理逻辑的主要分支之一，研究形式语言与其模型之间的关系，将来研究要再上台阶，必须具备扎实的基础知识。”他说。

（文章来源：2011年10月9日新华网，作者：黄兴华）

案例二　流血的爱恋

黑龙江男子李春晓怀疑刚上大一的女友小丹（化名）移情别恋，竟飞赴海口在大学校园将其连捅13刀致死。面对独生女儿的突然离去，小丹的双亲在处理完女儿的后事之后，在公诉机关向李春晓提起刑事诉讼的同时，提起了附带民事诉讼，要求李春晓与小丹就读的海口某学院共同赔偿各项损失208681元等。

检察机关指控，2006年12月11日15时许，时年24岁的被告人李春晓怀疑其女友小丹有新的男朋友，便携带一把水果刀来到海口某学院寻找小丹。在该学院一栋宿舍门前，李发现小丹和同学一起走出门口时，便将小丹拉住，要求与其单独谈话，遭到小丹的拒绝，李遂掏出水果刀朝小丹的胸部等部位猛捅，造成小丹大出血死亡。

李春晓在法庭上回答公诉人及辩护律师的提问时，说，他与小丹认识的时候，小丹还在上高中，而他已经结婚了。与小丹恋爱后，他在 2006 年 4 月离婚了，那会离小丹来海南上大学还有 4 个月。当他的辩护律师向他提问“你离婚时有没有孩子？孩子多大？”时，李春晓泣不成声：“有。孩子那会一岁半。”

李春晓说，他离婚后，就把自己原先在黑龙江省海伦市的住房卖了，用卖房子的钱与小丹旅游了两次：“一次在老家，一次在她上学后”，此外，他来海南后，他还用这笔钱购买了与小丹同居的生活用品。在一起生活了几个月后，两人的感情出现了裂痕。2006 年 10 月份的一天，两人在白龙南路因琐事发生争执，就厮打起来，被 110 带回派出所处理。后派出所将此案移交给小丹的学校处理。小丹的父母赶来海口，与李春晓交涉后，李与小丹的母亲达成了口头协议，小丹的母亲向他保证小丹在上大学期间不再交别的男朋友，让李春晓返回黑龙江老家。李同意并于 11 月份回到了黑龙江老家。但是 12 月，李春晓就听说小丹有了新的男友，便于 12 月 9 日乘飞机来到海口，“本想和她好好谈谈，但是我却亲眼看到她在和别人交往”。李春晓当天翻后墙进入小丹的学校后，晚上借住在该校一位老乡的宿舍内，第二天由该老乡帮其在学校招待所里开了一间房，第三天，便发生了血案。

在回忆杀死小丹的那一瞬间时，李春晓说：“我当时脑子一片空白，麻木了，什么也没有想，就记得自己第一刀刺在她的胳膊上，后来又捅了三四刀，她就倒在地上了。当时，我感觉我的手指也被割破了，就把掉在地上的那块包刀的蓝毛巾捡起来把伤口包住了。”之后，李春晓在对别人说“帮我把她送到医院”后投案自首，而小丹被同学送到附近的医院经抢救无效死亡。而法医鉴定结果为：小丹被连捅 13 刀后大出血死亡。

小丹的双亲在诉状中称，小丹与学校的教学合同、住宿合同已成立；学校在预见有可能发生危险的情况下却没有采取相应的防范措施，接待留宿了李春晓；学校没有尽到对小丹教育、保护的责任而致使小丹在校园内被刺身亡，应该对小丹的死亡承担相应的责任。学院的代理律师在法庭上辩护称，在2006年10月李春晓与小丹发生矛盾并引发暴力事件之后，经110移送，校方通知了小丹的父母来琼处理。当时，校方提出了两个解决方案，一个是让小丹休学，将个人问题解决好之后再回来上学，另一个是让小丹的母亲留在海南陪读。但是，小丹的母亲在陪读了一段时间后，却称事情已经处理好，返回黑龙江不再陪读。"小丹是成年人，完全有能力对自己的安全等问题负责。其作为一名普通学生，学校没有理由对其提供特殊的保护措施。小丹父母在此事上，也应该负有监护不力的责任。学校在处理小丹后事方面，已经做得非常到位，不应该再为之承担其他责任。"

2007年7月25日下午，海口市中级人民法院一审以故意杀人罪判处凶手死刑，缓期两年执行。凶手虽然绳之以法，但生命永逝，亲人悲伤，社会惋惜。这畸形、流血的爱恋，给人留下一片感叹。

（来源：根据2007年7月海口晚报网新闻整理）

第四章 大学生素质自我整合循序渐进

大学生素质自我整合是一个循序渐进的过程，必须分阶段有步骤进行。尽管整个大学时期是一个连续的、动态的过程，而且每个学年（学期）的任务都在心理、学习、生活和人际关系等方面展开，都是分开学、上课、课外、复习考试和放假这些步骤（一年级和四年级有所扩展），但在大学的不同时期，大学生的主观心理与客观状态是不一样的，因而不同阶段的主要目标任务、问题矛盾各不相同，而且不同学生存在个体差异。按照基本特征、目标与任务、步骤与措施及主要问题与注意事项等纬度，我们将整个大学时期分为四个阶段：一年级学生纯朴但较为幼稚，同学们面对的是一个全新的环境和自我，最主要的任务是适应与调整，规划未来等成为重点事务；二年级学生已经平静下来，进入成长与积累的最好时期，广泛学习、深入拓展对同学们而言显得非常重要；三年级学生已经相当成熟，这个时期避免疲惫、继续向前扩展与提升很重要；大学四年级则是非常忙碌的时期，不要慌张，镇定下来，边冲刺边准备，承上启下、有条不紊地完成学业与职业交接。

第一节　一年级——适应与调整阶段

大学一年级，是一个不断调整、最终完全适应的阶段，也是一个充满了探索、通过规划最终找到自己正确定位的阶段，充满着新鲜与怀旧、自豪与自卑、依赖与自立、理想与现实等矛盾。一年级的学生，虽然稚气未脱，多少带着几分懵懂，但是充满亢奋，活力四射，跃跃欲试，斗志昂扬。一年级新生应该充分了解自己本阶段的特点，确立人生新的阶段性目标与策略，加强独立生活能力培养，转换学习方式，认识自己和他人，养成积极乐观的性格、雷厉风行的作风，注意防范消极沉沦现象出现，尽快从矛盾中走出来。针对容易出现的问题，有重点地整合自己素质的各方面，为大学四年打下坚实的基础。

一、基本特征

大学一年级就像人生的童年一样自由自在，高考前的奋战经历才远去不久，就迎来了如此悠闲自在的大学生活：不用在书堆如山的课桌前大搞题海战术，不用深夜在宿舍挑灯夜战，不用为节省时间放弃几乎所有玩乐，不用被警告斥责不能早恋。可以穿自己喜欢的衣服参加喜欢的活动，看自己喜欢的书籍和电影，可以随意地与人交谈、结交喜欢的朋友，可以自己独立地安排时间、计划未来……一年级新生，虽然免不了有些稚嫩肤浅，个别有些失意迷茫，总体上来说是洋溢着青春活力，充满好奇与新鲜，满怀希望，跃跃欲试。

1. 主观心理

（1）新鲜好奇，跃跃欲试

在这个阶段，同学们对一切都感到新鲜和好奇，有着强烈的求知欲望。同学们会主动熟悉同班同学，寻找高年级的老乡了解有关大学学习和生活的情况，讨教成功适应大学生活的经验，积极参加学校里的各种社团和联谊会，通过各种途径尽快熟悉环境。

未入大学前，高中生的目标是考上一个理想的大学，现在这个目标基本实现，尽管之前对自己的未来有一定的想法，现在仍然对大学生活充满了理想的描绘。一年级大学生们急于找到自己的位置，对自己有很高的期望，一些学生很快找到了自己的兴趣所在，有了新的人生目标，跃跃欲试。

（2）**紧张，应试教育观念重**

少数学生由于一时没有适应环境，心理会有些紧张和焦虑，渴望得到老师的指点和关心。一年级新生常常处于各种矛盾之中：既希望自己独立，又有依赖他人的惯性，没有完全摆脱学习和生活上的依赖习惯；既对自己所做的事感到不满，又害怕承担责任，难以从过去父母和教师为自己做主的状态中转变过来；希望得到他人理解，又不愿意接受他人的关心，死要面子活受罪。很多学生因此而变得内向、情绪不稳定，有些甚至沉湎于对过去的回忆而不能自拔。

由于我国中学长期以来形成的应试教育模式，一些大学生在进校之初，缺乏对新环境中独立生活的思想准备和自理能力，上课时更是有一些同学表现出来浓厚的应试倾向，不能主动、积极、独立地思考问题。

2. 客观状态

（1）**总体积极向上**

新生的青春活力是遮挡不了的，一年级学生注定就是校园里最亮丽的风景，大学四年，没有哪一年能比得上一年级的激情活力。刚走过没有硝烟的高考战场，激昂斗志未曾远去，初来乍到新鲜的大学环境，亢奋的状态难以言表。大学一年级的生活充满新奇，高中的三点一线变成了大学的丰富多彩，尽管刚来的新生都需要一段时间来适应，但积极向上的心情跃然脸上。

对于一年级的新生来说，主要面临对新环境及学习方法的适应。作为高考的胜利者，同学们刚入校时内心里都充满着骄傲和自豪，大部分自我感觉良好，心理问题相对较少，总的心理特点是积极向上的。

（2）**部分迷茫失落**

新的人生目标究竟是什么，部分同学还没有清晰的概念，一时又不能确定自己是谁，也一时难以确定自己的价值和自己生活的方向。有相当部分的学生由于一时找不到自己的位置而茫然不知所措。

在新的集体里，大家都属于同一层次，谁也不比谁强多少，很快就发现自己原有的优势不复存在。大多数学生在新的压力和动力下，思想情感单纯，学习积极性受到刺激，发奋图强，但也有一些学生产生失落感、孤独感；还会有部分学生在自豪感和优越感受到挫折之时，产生消极情绪，转而自卑和焦虑。

二、目标与任务

一年级是大学生素质整合的开始阶段。这个时期的主要目标是适应调整与转换定位，为此，大学生首先要学会自立，然后要开始正视学业，正确对待基础课与公共课，还要学会与人相处，还得注意一开始就养成各种好的习惯。虽然总括起来，学生生活无非就是身心健康、学习、人际交往等方面内容，但来到大学这样一个新起点，首先要给自己找好总体目标，每一个方面都要细致思考和计划，最重要的是，学业规划与职业规划现在就一定要开始了。

1. 适应转换，调整就位

（1）**心理**

对于刚进入大学的学生而言，角色的转换及其适应无疑是一个富有转折意义的课题。如果无法尽快转换好角色并适应新的角色，那么很有可能会阻碍生活、学习、工作的发展，影响到自身成长。最直接的表现有心理的烦躁、焦虑和情绪的不稳定，使人产生抑郁消沉等不畅快感。进入大学，大都离家、离开父母，所以生活中面临的绝大多数抉择都得自己来决定。在这个意义上说，每位新生都是未来道路的开拓者。要开拓自己的生活圈、学习圈、工作圈，要接触老师、同学和其他人，处理好他们之间的关系，使之转变成自身可控的资源。

有相当一部分大学生刚入校的一段时间甚至是很长时间都会有由于理想与现实的差距而引起的落差感。这种差距最主要的是来自于对现状的不满，觉得自己应该属于更高级的“世界”，委身于此完全是被逼无奈。要么是发挥失常，要么是投档失误，总之就是未能如愿，并因此生出许多的抱怨。如对学校的硬件设施、师资力量、地理环境、人文素质等产生不满和贬损的心理。另外一种情况，虽然并没有因对学校的选择而不满，但却对现实学校的情况与自己理想中的情况相差太大而耿耿于怀，因此产生了一种失落感和沮丧感，严重者会长期处于意志消沉、丧失信心的困境中，极大地阻碍了适应和发展。对此，有关的建议是：首先，说服自己努力去适应环境。面对已成定局，人所能做的是努力去遵循它的框架，更好地去适应和改善，否则怨天尤人、一味抵触只能使结果变得更糟。当然了，要解决心理落差，只靠被动的适应是不够的，还要积极去改变。心理落差通常是和挫败感联系在一起的，所以在新环境中努力探索、积极实践，将有助于产生成就感、培养自信心，也有助于个体从自己限定的失败阴影中走出来，达到相对的平衡。

在情感问题上大学新生同样面临着许多困惑。首先是在新环境中找寻安全感，而且最初表现为结交许多同性朋友，但渐渐地开始趋向于寻找异性的朋友。在寻找安全感上，女生较为明显，也由此而出现一些“闪电战”式的恋情。但是，在大一时期就确定男女朋友关系的却并非都是为了寻找安全感，还受到中学时代的影响。有不少学生反映，在中学时老师为了让学生安心读书不谈恋爱，就用“中学不谈专心学习，到了大学想怎么谈就怎么谈”这样的话来“激励”学生。于是，压抑已久的中学生在顺利进入大学后，相当一部分接受了这样的暗示，开始行动起来。另外一个因素是自然生理需要的驱使。进入大学，绝大多数学生都已成年，生理发展接近成熟，再加上较少的约束，此时异性间相互吸引是正常的。在此，值得注意的是，提醒那些恋爱的同学，一定要注意在公共场合的道德规范，注意树立责任和保持健康，处理好恋爱与学习、工作的关系。

（2）生活

对于刚进入大学的新生而言，在初期的主要目标是生活的适应。生活适应包括对新环境的适应、生活方式的适应等。可以说地理环境的适应是新生最先遇到的课题，比如那些从北方到南方高校就读的学生，首先就需要适应南方湿润、多雨、炎热的气候，否则将会在生活中遇到不小的麻烦。刚进大学后一个月，许多同学会发现生活方式和从前相比发生了很大变化。仅以时间为例，日常的时间安排、分配就和以往有很多差异，典型的就是个人的作息时间。由于相对比较自由，所以大多数学生的休息时间被主动地压缩了，晚上 12 点就寝是正常和普遍的。当空余时间增多之后，大部分学生选择了休闲、社交甚至工作。这些都是生活方式改变的表现。此时，不断提升自我管理的能力、选择合理满足需要的方式是重要的。应杜绝不健康的生活方式，关爱自己。在大学，有许多的文艺晚会、舞会和各种各样的社团活动，学会在众多活动中根据个人喜好作出选择，以充实和发展自己也是适应的重要环节。

由于这一代的大学生多数属于独生子女，从小在家就受到父母家人的足够关注、重视与呵护，有的受尽宠爱甚至溺爱，在上大学之前有些过的是“饭来张口，衣来伸手”的生活，生活自理能力较差。因此，在进大学之后，首先要学的是如何独立生活和自己做主，包括如何合理使用生活费，如何合理安排学习、生活和休息时间，在碰到问题时如何自己拿主意，如何对自己的所作所为负责任。一部分学生尤其在生活方面养成了习惯被人安排和照顾的心理，除了学习其他事情都懒得管，也不懂得去做。一旦进入大学，在感觉自由之后突然陷入了失落与无措，可能会出现不少生活问题，比如：懒散、不会整理、不规律作息和饮食、脏衣物不会洗或懒得洗、丢三落四、借钱度日。有人想请保姆这件事不是开玩笑，有的学生不能独立生活甚至严重到只能休学了事。合理安排时间、处理琐碎事务如洗衣、整理、经济花销的计划安排，这些都是大学生需要具备的独立生活能力。

（3）学习

爱因斯坦曾经说过：教育是我们在学校里所学到的东西遗忘以后，自己身上所保留的东西。可见，在大学的学习最重要的不是知识本身，而是学会如何去学习，从而完善和提升自己。转换应试教育观念，培养主动积极、独立思考的习惯，被动学习向主动学习转换。就角色的角度而言，在学习上学生是主动争取而非被动地接受，通俗地说就是已经由守方转变成攻方。节奏、方式、调度资源都大多掌握在个人手中。

大学的学习与中学时大相径庭，学生由他律转为自律，很少再有老师、家长的直接督促；大多时候老师只扮演指导者而非管理者、训导者的角色。于是，有不少学生在面对突如其来的空闲、缺少监督的情况时，显得不知所措，甚至有的就像脱缰野马般一味放纵以求欢快。过于拘束和过于放荡的学习态度都是不好的，要适应大学的学习，关键之处在于理清“要我学”和“我要学”的关系，从被动转向主动。学会选择，如选择学习的时间、方式、内容；学会主动协调，不要随意迟到、早退、旷课；学会主动分析、处理学习与生活、学习与工作的关系。

虽然是刚入学，但是大学生要记住自己是来上学的，所以学习一开始就要被当做主业加以足够的重视。当然，大学一年级的学习主要是公共课、基础课和获得综合素质。别以为公共课、基础课就不重要，它们不仅作为全面提升自己的基础和动力，而且一旦挂科，整个大学阶段的学习都会受到严重影响。

（4）人际关系

大家能够从五湖四海走到一起不容易，这是一种缘分。因此，大学生要学会以友好的心态面对周边的人事，友善地对待同学、老师，根据自己和他人的不同特点，包容别人的缺点，善于看到别人的优点并主动关心他人；要学会与别人和平共处，要积极地与同学、老师打成一片。现代社会是一个多元的、开放的社会，大学生要学会在交流中进步，打造团队精神。集体生活是大学生生活的主旋律，宿舍、班级、社团等都是集体生活的表现。在集体生活中能够思想互帮、学习互补、信息共享、生活互助。经验表明有什么样的集体氛围和作风，往往就会有什么样的同学，可见集体对于大学生的重要性。有的同学认为集体生活抹杀了个人的生活空间、集体意识淹没了个性等，其实不然，二者的矛盾并不是不可解决的，关键是怎么处理。大学生要想成才，还脱离不了集体的作用，比如规划自己的学习、交流、身体锻炼等，如果没有集体的氛围，单靠一个人往往不能完成，即使开始顺利，能否长久、坚持到底是有疑问的。轻视集体的作用或者把集体的作用看待偏颇了，是许多大学生容易犯的毛病，最终导致集体作用的庸俗化。大学生要积极主动参与集体生活，校正自己的目标和集体的关系，处理好人际关系，唯有此才可能有所作为。同学们要在营造良好的宿舍作风上下功夫，在塑造良好的班风上做文章。积极主动才能有所作为。

在人际关系的适应上，由于个体性格差异、以往经验及不同的家庭教养方式等因素，而存在较大的差别。对于个性较内向、很少离家且常受家人宠爱的学生而言，人际关系的适应是一个不小的课题，严重者会感到孤独、郁闷、烦躁甚至恐惧。此种情况的改善，应从学会如何在缺乏长辈的直接管理和保护的情况下进行自我管理和自我经营着手。扩大自身的交际面，多参加集体活动，主动敞开心扉，以诚待人，这些都将大大利于人际适应。必要时可以寻找学校有关部门的帮助，如心理健康辅导等。其实，适应情况的好坏取决于适应能力，但适应能力的高低并非判断个体心理状态是否正常的条件，它只决定了个体在新的环境中过得快乐与否。所以，必要时寻找心理辅导是善待自己的表现。

2. 探索目标，初步规划

（1）准确定向

部分同学最初进入大学的“悬空目标”或者目标消失，在这个时候需要重新梳理和确立，总结过去，认识新的自我，由此才能找到新的人生发展方向。谈方向其实就是谈理想。可能是因为传统教育的关系，中学生只注重眼前的高考，对于理想一般很少谈，觉得是很远、缥缈的东西，其实不然，理想是非常重要的，它关系到一个人有没有目标的问题。在得意的时候，理想是促进器；在沮丧的时候，理想是指路的明灯。来到大学，大家突然对未来充满了憧憬与想像，借此机会，大学生可以好好地展望一下自己的未来。确立自己的理想就等于确立自己的人生，大学生们决不可等闲视之。

经过严峻的高考检验，大学生已经重新确定了一个起跑线。这个时候，一年级新生应该重点考虑自己应该成为一个什么样的人这个问题了。而此时对自己及其处境也有了较为清晰的认识，因而也有能力确定做人的方向。对于一年级新生来说，搞清楚自己到底要成为一个什么样的人，应该具备哪些素质是非常重要的。

一年级时，大学生应该学着整理一下自己的世界观、人生观和价值观了。经过了基础教育阶段的生活体验，大学生在自主观察、了解和思考的基础上，形成了一定的看待过去、现在和未来的有关自己和社会的价值观、人生观和世界观。这个时期也是大学生人生观、世界观形成的重要时期，随着理性思维能力的提高，大学生已经能够较为客观地分析问题，因而具备了确定正确的世界观、人生观和价值观的条件。在解决了如何做人、做个什么样的人之后，一年级新生还要解决另一个重要问题，那就是确立什么样的价值观、人生观及世界观。

（2）合理规划

大学伊始，大学生们就要开始大学阶段规划，最好在军训期间抽空就制作出一个书面的大学四年规划，并予以保存。整个大学期间的规划要有目标、步骤、策略或措施，规划的主要内容应该学业为主，全面发展，其中身体与心理、思想与道德、专业与职业等各项素质整合都要关注到。比如身体锻炼，寻找并确定一项适合自己的锻炼方式并且长期坚持下去；比如准备考研，准备考专业技能的证书，准备考公务员。尽早给自己定个明确的发展方向。毕业后到底是直接工作，还是考研深造，也是一个很现实的问题，不得不提早做打算。

接下来到一定时间，大约在上学期结束时的寒假最好，可以结合自己的体验开始制作未来职业规划并予以保存。“职业规划从大一做起”是很有必要的。就业指导专家指出，职业生涯规划是一门实用但不能一蹴而就的学问，需要与大学生活学习同步进行，从跨入校门的那一刻开始，就要准备为将来就业做好铺垫。作为大一的学生，对职业生涯规划这个词语还是比较陌生，因为在我国中小学生的职业教育基本还是空白状态，对不同职业、自己的兴趣等认知非常有限。不过，进入大学后，这种状况应作很大改观。不仅从大一做起而且每到大学一个新阶段，大学生都要及时为这份职业规划加以润色，添砖加瓦，到毕业时彻底完成。

规划写作应注意以下事项：①抓住重点。主要目标以及围绕实现它们的必备的要求和措施，如：一个好的专业素质、一个好的人际交流素质、一个好的劳技素质等。可以使优秀的方面更加突出。②突出难点。人的素质是一个整体概念，包括多个方面如身体心理素质、生活劳技素质、科学文化素质、思想道德素质、审美创新素质、人际交流素质等，在基础教育阶段基本没有给自己一个挖掘潜能的机会，那么现在就是大学生全面估量自己的时候了。看似的难点实际可能是以后的“增长点”，甚至是以后的主攻方向。所以要大胆地尝试，不断地总结，以求全面发展。③切合实际。大学生在规划的时候应注意根据自身实际情况，有的放矢，持之以恒，务求实效。可以把目标分为长期、中期、短期，大到未来，小至生活、学习中的细节均需要规划，并需要每天、每段时间检查，确保规划的可操作性，并在这个过程中修改和完善。规划切忌盲目、大而空，避免随意性。规划内容要实际可行，不可流于形式，夸大其词。④注意体式。规划的文章是典型的应用文，不要发感慨，写成随笔或日记一样的东西。

三、步骤与措施

要完成相关任务，达成一定目标，是需要有具体的步骤和措施的。尽管大学每个学期的生活内容和步骤基本都差不多：从开学到放假，中间是课内课外学习活动，少不了复习考试等步骤，但是一年级是入学伊始，多了入学教育特别是军训这一特殊程序（包括军训在内的“入学教育”可能令大学生终身难忘），其他每个步骤的具体措施也与其他学年有些不一样。每一步的素质整合都需要采取相应的措施，值得特别关注。

1. 入学

（1）做好准备

入学准备，从接到录取通知书就开始了。真正的忙碌，则是从进校开始的。初来乍到，可能连方向都弄不清楚，报到注册，幸而有学长的带领指引，才匆忙安顿下来。很多大学生，入学时都有很多来不及仔细体会的感受。不如在离开家的时候起，就注意观察思考，并记下心得体会。

（2）了解学校

了解大学的功能、建制、制度；了解学校的状况与历史、规矩与方圆，从网上的“学院简介”到入学后的“入学教育”，从学哥学姐及辅导员等的介绍到自己的亲自观察和感受；了解学校所在的城市，甚至城市的经济政治文化指标；了解教职员工以及人们尤其是校友、同学，人们的态度、风尚、说话与外表。

2. 军训

（1）意义

军训是新学期的第一课。军训一方面是大学生对国家应该履行的兵役义务（是中央军委和国家教委对大学生的要求），另一方面对于大学生也是一次提升，不仅大大有益于大学生的身体和心理，也能增加相关知识，锻炼相关能力，还提供大学生相互认识、展示的机会，有利于大学生素质的整合。

首先，大学生可以借助军训端正身体姿态、训练形体、检验体质、锻炼体能；其次，大学生可以借助军训很快从高考后松懈的气氛中走出来，进入新的大学生活状态；大学生也可以借助军训锻炼自己的信心、耐心、恒心，磨练自己的意志，增强自身的抗挫折能力。

（2）要求

必须把握国家国防建设指导方针，结合大学生特点，提高军事知识，开阔大学生视野。大学生军训必须把握一定的环节，提前做好组织准备工作，实施过程中做好管理工作。大学生军训必须做好安全工作。

军训，能够增强大学生的国防意识与集体主义观念，培养团结互助的作风，增强集体凝聚力与战斗力，教会大学生怎样吃苦耐劳，怎样迎接挑战，怎样把握自由与纪律的尺度。军训，也是大学生增长才干的机遇，大学生在军训中首先认识了自己的同学，在了解别人时认识到新的自我并且介绍、展示着自我。军训，还能提高生活自理能力，培养思想上的自立和独立，还能帮助养成严格自律的良好习惯。这要求大学生用心融入其中去学习、去煅炼、去磨砺，发扬“流血流汗不流泪，掉皮掉肉不掉队”的精神，在彻底完成军训使命的同时努力提升自身素质。

（3）**内容**

由国家教育部总参谋部总政治部联合下发的《普通高等学校军事课教学大纲》，对大学生军训内容提出了明确的要求。内容分为军事理论和军事技能训练两方面。学习军人的一般常识、军事应用技术常识和军事科学常识，进行内务、队列、站军姿、拉歌、紧急集合、阅兵等训练。《大纲》规定，军事技能训练时间为2—3周，实际训练时间不得少于14天，在组织军事技能训练时，要以中国人民解放军的条令条例为依据，严格训练，严格要求，培养学生良好的军事素质。

3. 上课

（1）**态度**

对个别大学生来说，大学真的是太自由了，想上课就去，不想上就不去。时间一长，才发现问题来了，貌似简单的课程却不能及格。原来上大学完全靠自己的毅力来支持自己，才能不至于玩物丧志。而且上课也不是那么轻松，时刻要主动独立思考才不至于转移注意力而听不明白。

（2）**内容**

很多大学，大学一年级一般只开设公共课和专业基础课。一些大学生就不能理解并且颇有微词，说自己的生活只是到了“高四”。有的干脆就不予理会，只管玩自己的或者多多睡觉。殊不知这样一来失去了提升整合自己综合素质的大好机会。公共课无非是一些思想政治、计算机、英语类的课程，专业基础课就根据各自不同的专业设置安排了。专业基础课还有些新鲜，思想政治和英语类的就感觉有些缺乏新意，也许有些课程还跟中学内容有重复，大学生就提不起兴趣，关上了主动性的大门。但换一个角度去思考一下，换一种方式从更加深广的角度去理解一次，或许也是会有新的发现和收获的。再说，万一挂科，那就产生了实际上的负面效果。

（3）方法

大学的课堂，既要重视思考，同时也要重视表达，通过表达促进思考。思考有诸多的方法，其中关于思考对象的本质特点、目的和内容、途径的四步人们经常用到，这里不妨称做“思维四点论”。第一步是了解对象的本质和特点的一方面，叫做“是什么”；第二步是了解对象的目的或者意义的方面，叫做“为什么”；第三步是了解对象的内容或者内涵的方面，叫做“有什么”；第四步是了解对象的解决方法或者途径的方面，叫做“怎么样”。每思考一个问题，做到这四步，可以说思考得比较全面完整了。至于表达，也必须遵循一定的规律。其中五个方面必须注意训练：一是心理，二是态势，三是语言，四是思想内容，五是条理、逻辑。每一堂课，都必须通过注意倾听教师的讲解，伴随学生的思考和一定的表达来促成综合的效果。

4. 课外活动

（1）好的班风将使大学生受益匪浅

课外活动是培养大学生素质的有效途径。无论是在校内还是在校外，大学生都要努力抓住课外活动这个途径好好整合自己的素质。特别是在校内的各项活动，在自由随意、方便快捷中就能参与，有些比如教室、宿舍和图书馆以及校园的自习，是课内学习的直接延续和有力补充，有些则是以班级管理和社团活动的形式出现，丰富了大学生的生活，锻炼了自己的能力，提高了自己的素质。

建立一个健康向上的班集体，大学一年级是关键。班级是大学生大学期间的家。它来得偶然，但之后它是什么样的却有必然。班级的气氛怎么样，首先要看有什么样的班干部。军训前，辅导员很可能就随意地给班级指定了一两个负责的临时班干部。在军训结束后有一个工作常常要做，就是让大家来选班干部。班干部的产生有几种方式，可能是辅导员指定，也可能由大家推选，还可以自荐或者竞选。在这种时候，大学生自己就千万别弃权。一要自己主动争取机会，二要认真选举自己认为真正合适的人员。给自己机会、对自己负责。因为班干部尤其是班长的好坏对班集体风气实在是太重要了，很多的例子表明，班长如果不守纪律，整个班级就是潜移默化散漫起来；反之，班长带头，班集体就是井然有序。很多的情形是班长既不能带头树立好的习惯也不能搞好学习甚至也不管事。这样的班长，每个大学生班级成员一定要求辅导员及时换人。班干部的选举对于大学生素质的整合作用是两方面：一方面是如何运用自己的民主权利，另一方面是如何利用做班干部来训练自己的组织管理素质。不仅是班干部，学生会干部亦然。

（2）社团组织活动

大学的社团组织很多，新学年，每个大学生社团都会进行纳新，会进行大量的宣传和自我展示，吸引新生加入。军训一结束甚至还在军训期间，他们就开始招兵买马了。很多同学来到大学之前对此就有一番展望，相见之下，有的就对某些社团怦然心动、一见钟情；有的见谁都觉得兴味盎然，欲舍不能；有的只对某一家情有独钟。究竟如何选择并使其为自己素质的提高服务呢？可以选择多种做短期体验，从中发现自己的兴趣、锻炼自己的综合能力。到学年末最多留下两三种。

5. 复习考试

（1）大学了，复习还有必要吗？

复习是根据“考试”或“考查”将要覆盖的范围，对已学过知识或技能进行针对性较强的再学习，使学生巩固和熟练掌握基本和重点知识与技能。复习时，同样要把重点放在代表性、典型性、普遍性的内容上。一般来说，学生们为了通过“考试”或“考查”和考取高分数，在“考试”或“考查”之前会花费比平时更多的精力巩固所学知识和技能，此时应引导学生对常用的基本知识或技能进行重点复习，从而使同学们对这些知识或技能加深记忆、深刻理解和牢固掌握，为今后在学校的进一步学习和在工作岗位上的实际应用奠定良好的基础。此外，针对“考查”所进行的复习，还应规定若干可选择的专题，列出有关的参考书籍，并重点介绍进行专题分析和研究的方法与技巧。

（2）**素质教育也要“应试”**

学界关于素质教育与应试教育的争论很是激烈，有人认为两者是完全对立的，有人认为是对立统一的。不管谁对谁错，素质教育实施过程中总会有应试现象。应试现象与素质教育并不矛盾，而是我们人为地把它们对立起来了。如果我们把它们有机地结合起来，将是对学校工作的一大促进。应试现象是我们现行教育体制下的一个短期的特殊教育行为，对人的素质的培养影响微不足道，因为我们教育的大方向并不是应试教育。①

大学生要整合自己的素质，常常也需要正确对待“应试”。要善于通过考试巩固所学，提升自身的素质。

6. 放假

（1）**寒假**

期末考试之后，一个学期悄无声息地结束了，寒假来临。学校有关部门会提前通知大家车船票的购买办法，有些是有学生优惠的，不要错过。这时候也可以充分利用学校所在地的土特产给父母家人带去一份惊喜。第一次出门独立生活，虽然用的是父母的钱，但能够省出一些并花费心思给他们带回礼物，父母家人一定十分高兴和欣慰。

大学生涯的第一个假期——寒假，大学生要高度重视，主要用于与高中同学和家人的交流。这些交流又可以让自己总结大学伊始的生

---

① 马慈民：《冷静思考素质教育中的应试现象》，载《教育艺术》2007 年 8 月。

活，作为下学期的参考。第一个假期过去，开始了一年级的下学期，这个时候大学生就可以针对性地进行自我素质整合，以完成一个循环。总结上学期，计划下学期，在本学期做得更好。上学期以适应为主，下学期就是以调整为主。上下学期都分别有适应和调整。

（2）暑假

一个学年结束后的暑假更是可以做一番总结。准备考研的同学应该开始思考和筹备了。这时候无论考研与否，都不用太紧张，可以让自己冷静下来，过一个属于自己的自由假期。

四、主要问题与注意事项

大学一年级的时候，大学生最容易出现的问题是不适应。有的反应很厉害，只能选择退学或转校，或者是换班级和专业。有的暂时在环境中存留，但是状态不佳，要不消沉失落，要不就糊涂度日。生活是自己的，要好好把握。

1. 不能适应

（1）转学转专业

换学校不是那么容易的，不到万不得已都不要去做。至于换专业或者换班，可以考虑但也要慎重。新生热衷于职业咨询，六成学生想另选专业。大学生要理性看待转专业问题。学校开放转专业的口子是希望给有专业特长的学生进一步学习和发挥所长的机会。大部分学生应该以踏踏实实、按部就班的心态学好本专业内容，不要盲目去转专业。

（2）休学退学

不能适应的情况除了要求转换专业或班级，更加严重的是因为同学关系出现问题等原因而产生心理障碍，进而退学与休学。

2. 状态不好

（1）糊涂

不知道要干啥，没事就知道睡觉。上课什么也不带，节假日也不知道到哪里去干什么，陷入迷茫。大一新生要通过融入校园文化氛围，增强人文精神从而增强自己的综合素质；吸收广泛及时的信息，了解外界和未来社会的需要，对自己未来的道路有更清晰的认识。

（2）消沉

少部分大学新生可能因为失落而丧失机会。可能是不能忘记过去，特别是那些过去有过某些辉煌而现在又不能适应的学生，总是沉浸在过去里伤逝，美好的现在就又成为了将来没有辉煌的过去；因为不能适应现在，对学校不满或对自己不满，感觉自卑，时间很容易在懵懵懂懂中过去。大学，也许成为了这些学生的一个转折点。对于一年级的大学生来说，应尽快从过去的荣耀与失落里走出来。进入大学，就是一个新的开始，新的环境，新的人，新的自己。所有未来对现在来说就是一张白纸，这是一年级新生最好的重新塑造自己的时候，应该改掉以前的缺点，以全新的形象出现。

一年级大学生，应该重新审视自己和周围的环境，探索各种途径找到自我定位作出合理规划，根据现实情况确立自己的目标，尽快改变理想化的思维范式，学会面对现实。并随即行动起来，脚踏实地地开始自己新的生活。多参与学校组织的各种活动，多涉猎各个领域，多听一些讲座，重在体验各种未知的事物，以便抓住自己的兴趣所在予以目标定位，顺利完成从中学到大学的过渡。

第二节　二年级——成长与积累阶段

大学二年级是大学生成长积累期。与大一相比，此时的大学生已趋于成熟、稳重，更加自立，更加冷静。大多数学生在这个阶段都能积极主动学习，追求全面发展，精神文化生活也较为丰富。如：他们大量地阅读课内外书籍，想要在这些书籍中丰富自己的知识；努力培养对所学专业的兴趣，甚至选修第二专业；积极关注社会问题，乐于参与学校开展的各项社会实践活动，从中结识更多的同伴，扩展自己的人际关系，同时提高实践能力，最终提高全面素质。大学为二年级的学生开设了专业课，教师特别是辅导员对他们更加信任和放心，给予他们更多的自由以及各种锻炼的机会。大学生对大学也逐步形成了一个相对完整的印象，他们已不再是懵懂、羞涩的探路者，而是对于多数大学生来说大学生活已经成竹在胸。大学二年级也是低年级向高年级过渡的一个转折期，他们面临的挫折和困难不断增加。此时专业知识刚刚接触，没有形成扎实的知识结构及个性化的能力优势，也可能使他们对于未来缺乏信心，感到迷茫。二年级要做的事很多，因为如果发现前面没做好，现在调整还来得及。

一、基本特征

1. 主观心理

（1）独立意识明显增强

这个阶段，学生的独立意识明显增强，理性思维能力得到提高。他们喜欢讨论，希望用自己的认识去思考和分析问题。但是，他们对社会的理解是初步的理性思考，在诸多社会问题和现象面前，常常失之于主观和片面，容易走极端，容易出现跟着热点跑的从众心理和行为。独立意识的增强不仅表现在适应环境、独立生活以及谋求自身的发展方面，也体现在他们的人际交往方面。他们从最初的一视同仁变为有选择性地交往，形成较为稳定的人际关系。但是，也有些学生因为偏执和不宽容，不能很好地处理与同学之间的关系，出现人际关系紧张的状况。

（2）容易陷入麻木

经历了一个学年的适应，大部分同学已经感觉熟悉了大学生活，开始准备下一步的探索。但部分学生开始变得圆滑，有的甚至油滑起来，满不在乎，停留在已有的状态下裹足不前。他们觉得大学原来不过如此，混一混就行。有的抱着60分万岁的心理，得过且过地继续着大学生活，时间很快就过去了，不知不觉中就陷入了麻木状态，就像在温水中的青蛙，浑然不觉，待到一定程度就要被煮熟，即使有感觉也无力自拔了。

2. 客观状态

（1）多数蒸蒸日上

大部分二年级大学生正式开始了卓有成效的成长，进入最佳状态，表现沉稳起来，胸有成竹，只待实施。大多数学生在这个阶段对自己的未来发展已有所构思和规划，许多学生通过学习逐步提高了思想境界，把个人的愿望升华为崇高的社会理想，把自己的命运同社会需要结合起来，明白自己想要什么，也知道自己应该怎么去做。在适应了大学少监督多自立的学习方式之后，同学们开始掌握了适合自己的学习方式，开始充分考虑个性化的时间安排。所以学习上的适应问题较少出现了，学习趋于稳定。有人说，今天的选择将决定明天的境况，这话说得很对，就大二的同学而言，其实选择并不是什么新鲜的话题，而且很多工作在大一就已经选择过了。在大家看来，评价大学生能力的高低也不限于学习成绩了，所以同学们的选择也更趋于个性化。有人追求学业的成绩，有人追求组织能力的提高，有人乐于社会实践。

承接了大一的选择，不少参加社团工作、班级管理等的同学，将在工作能力、组织管理能力和口头表达能力等方面得到长足发展。即使是工作中遇到挫折、失败，也不影响个人的收获。因为不论何种经历都应是属于个人的一种财富。于是在工作、生活中，这些同学渐渐得到成长。同样源于选择，有相当一部分大学生大一阶段就已经做了初步的生涯规划，这时正朝自己的规划和理想迈进。根据当初的规划，计划考研的开始积极准备；计划毕业后工作的，专心于专业发展，积极进入角色。比如，有些旅游专业的学生，努力学习导游知识，争当未来的名导。有些工商管理专业的同学，积极参加社会实践，为圆自己的老板梦而奋斗。总之，选择的个性化决定了生活本身的丰富多彩。

（2）部分停滞不前

部分学生在这个阶段发展不理想，有的学生仍然生活在对大学的错误理解之中，整天游手好闲，不求上进，学习课程经常补考也不反省自己的行为，缺乏追求，这些人可能会荒废学业且不思进取，生活如同游戏，经常挥霍时光，反而以各种娱乐、消遣、游戏作为正事、要事；还有一些学生由于家庭经济条件较差，学习受到一定影响，有的甚至因为经济压力过大出现退学现象；少量学生由于培养不起对所学专业的兴趣提出退学要求。

作出这样选择的原因有很多，其中有相当部分是因为家境优越，不必担心生活、就业，于是缺少危机感；另外有些则是经不起大千世界的各种诱惑，加之没有目标，缺少动力；其中也不乏自暴自弃者。但不管是哪种原因，这些人都有些共同特征，比如，喜欢追求刺激、喜欢赶时髦、喜欢无拘无束、喜欢放纵、喜欢娱乐消遣。虽然人的选择无所谓绝对的好与坏，但是胸无大志、好逸恶劳、贪图享乐等这些无益于个人和社会发展的个性品质都并不值得推崇。

二、目标与任务

二年级是大学生素质整合的发力阶段，也是大学生活和学习相对平稳的一个时期，较少低年级的茫然和不知所措，也基本没有高年级即将步入社会的担忧，此时正可以心无旁骛地从各方面努力奋发。和一年级不同的是，本阶段目标任务不是呈直线型进行的，可以交叉展开。这个阶段是大学生增长知识、提高能力的重要时期。大学生要尽量利用这段暂时还不存在多少就业压力、也较少其他外来干扰的相对平静的时期，去发现学习各种广泛的知识并努力发展自己的各种潜能，使自己成为知识渊博并具备多种能力的人。如何立足专业、广泛积累，如何深入实践、体会成长，是这一阶段大学生素质自我整合的关键目标。

1. 立足专业，广泛积累

(1) 了解和认识专业课

专业性是大学教育的一个重要特征。一个大学生进校以后就决定了在校的学习乃至以后的职业生涯基本都是依托其专业进行的，因此对于自己所学专业的认同、接受和喜爱是至关重要的。二年级大学生经过学习和了解，要培养对于自己专业的趋同感，对自己专业的发展现状、前景，专业对人才培养的要求以及社会对专业人才素质的要求等方面都要有一定的认识和了解。当然，不同的同学对此表现是不同的，有的同学一边学习一边徘徊在专业的路口，在喜欢与否之间犹豫，这是极其不利的事情。二年级一定要学会喜欢自己的专业。

二年级大学生在初步接触专业课时务必要树立两种观念：第一，大文科、大理科的观念。随着现代学科的划分日益细致，向高、精、深发展，全科教育日益成为大学生成才的基础教育，即使是专业性较强的专业也不例外。大学生一定要视野开阔，目光长远。第二，专业为本的观念。专业为本和大文科、大理科是相得益彰的，没有根本的矛盾。专业是点，大学生要掌握精深的专业知识，提高专业素养，不仅仅是知道多少专业术语或现成的知识，而是通过对专业的钻研锻炼学习的意志，把握学习的有效方法，架构有效的知识网络，健全知识结构，这样由点及面，走上职业岗位后适应性更强，才能作出更大发挥。

（2）广泛学习，兼收并蓄

通过一年级的学习特别是期末考试，大学生们已经摸到了课程学习的一些脉络，现在他们更多知道抓住老师教学中的重点和难点，和老师的配合更加协调。随着思维训练的加深，思考问题轻车熟路，回答问题时遣词造句能力大大加强。课堂学习中，大学生围绕专业课，搭建知识框架，纳入深广知识，充实自己的知识体系。认真听课，潜心作业，做至少一次社会实践活动，写市场调查报告。原来考虑考研的，就要了解相关学校专业以及考试科目并且大致确定下来，至少开始英语与政治的复习了。一旦认定就不要犹豫不决，全心准备，会成功的。

这个时候自学能力显著提高，会更加主动自觉地上图书馆，一般是自己计划，有时根据教师开具的书目（有的大学生还有所拓展），踏踏实实地阅读，各方面知识飞速增长。

2. 深入实践，体会成长

（1）社团活动

二年级开始，很多大学生都参加了不同形式的实践活动，首先是陆续加入学校的各种社团。大学社团是大学生在自愿基础上自由结成、按照章程自主开展活动的学生群众组织。这些社团可以打破年级、系科以及学校的界限，团结兴趣爱好相近的同学，发挥他们在某方面的特长，开展有益于学生身心健康的活动。大学生社团形式多种多样，如学术问题、社会问题的讨论研究会，文学艺术（音体美）等方面的活动小组，如文艺社、棋艺社、摄影社、美工社、歌咏队、话剧团、篮球队、足球队等等。学生社团的活动以保证完成学生的学习任务和不影响学校正常教学秩序为前提，以有益于学生的健康成长和有利于学校各项工作的进行为原则。学生社团组织和活动的目的是活跃学校的学习气氛，提高学生自己管理自己的能力，丰富学生的课余生活。学生社团可以根据学校的不同情况，利用学生的课余时间开展各种形式的活动，以交流思想，切磋技艺，互相启迪，增进友谊。

（2）兼职打工

利用周末或寒暑假在社会上兼职打工是不少二年级大学生的选择。因为这样可以暂时解决经济的短缺，而且可以直接接触社会。所以，这是一种具有一定风险、灵活性低、劳动强度较大、与现实社会更近距离接触的实践方式，有利于学生的社会化和适应社会。大学生打工兼职的选择多种多样，有简单的促销宣传、旅游接待服务，也有建立在自己学习能力基础上的家教，甚至在某些地方，大学生“假期保姆”成了香饽饽。

出于锻炼、挣钱等多方面因素的考虑，少部分大学生也开始了校内勤工助学，以校园为单位，以老师同学为服务对象，以课外为工作时间。这样在锻炼之余，既可获得少许生活补助，又可以增强和老师同学的关系。这是较为安全、稳定和轻松的实践方式。

至于还有一种，也是风险最大的一种实践，那就是学生自主创业。当然，创业的规模有大有小，形式也不拘一格，不一定只有开公司才是创业。至于能力极强且有机遇的同学，他们可以创办公司，参与经营管理或者利用知识、特长参与生产等。由此可见，创业是一种最具有挑战性、最具风险也是最需要胆识和能力的实践活动。

在大学生打工兼职过程中，必须提醒大学生注意的是，要注意维权。

不管是哪种实践，都将面临着工作与学习的冲突，所以如何处理好这一矛盾是影响大学生顺利成长成才的重要部分。一般认为，大学生应充分考虑学习的重要性。因为学习不仅与毕业和学位挂钩，更重要的是，学习与成长成才相联系。因为任何一种实践，若想长久发展，仅仅靠当前的知识、能力是远远不够的。选择忽视或放弃学业，无异于杀鸡取卵，都是目光短浅的表现。也许有些人会说，那像比尔·盖茨这样的人呢？他们不照样是没毕业就获得了成功吗？殊不知，像比尔·盖茨一样的例子，在生活中出现的概率是极低的，他们的成功更多的是个人能力和时代机遇相结合的结果。所以很多人不赞成大学生过早地参与兼职工作。

3. 人际关系更加广泛深入

（1）一般人际交往

人际关系的好坏会直接影响到大学生的生活和学习，良好的人际关系会使得他们心情愉悦，学习的效率也会提高，而不好的人际关系会使得他们心情压抑，丧失学习的积极性，甚至会产生消极的情绪，做出极端的事情。二年级时，大学生一般都有意无意地思考过人际关系问题了。这时候他们的人际关系更加主动和广泛深入。不仅满足于认识自己班上的同学，在和同专业同学一起学习的时候也不忘尽量记住他们的名字，而在同一学校中，那些优秀突出或者与自己有共同志趣的人，他们都可能有意识地去结识一下。另外还有些人，专门利用和寻找一些机会去结交外校甚至社会上的朋友，以便增加自己的人脉。

也许，认知障碍、情感障碍、交往能力缺失以及性别、气质、相貌、兴趣等问题会影响大学生的人际关系，但大学生在人际交往中只要把握成功的交往原则、掌握交往的技巧、全面提升个人的综合素质，就会在人际关系发展中一往无前。

（2）性心理和恋爱

由于大学生生理发育的成熟，性心理也在发生微妙变化，在性意识、情感、兴趣和性别化的程度上都有表现。一年级的兴奋点太多，一时还难以专门针对这个方面，到了二年级，其他方面的新鲜感逐渐下降，对异性和自我性心理变化的新鲜感却可能在继续加强。在这段时期，大学生应该对自己做一番性教育，冷静客观地对待自身的变化。

爱情是文学的永恒主题，也是大学时代的重要话题。关于爱情还有“必修课”与“选修课”的争论。认为是“必修课”的说大学谈恋爱，可以让大学生体验到如何去与异性相处，而且是亲密相处，这对未来结婚后的生活适应大有益处。所以，这种相处的技能应该学习并掌握，否则到了社会想要学习就很难了。因为，大学里提供了丰富的条件和一定的规章制度。而认为是“选修课”的认为，大学的恋爱靠缘分，缘分到了挡也挡不住，碰到合适的对象就可以去争取。毕竟大学是一个比较“单纯”的世界，这里也许有淡淡的铜臭味，很少人会真正在乎对方有没有房子、车子、票子。大家在一起的时候也没有太大的经济负担和利益追求。但是，假如条件不成熟，当然就没必要刻意恋爱。否则，就失去原本的快乐。

高校对大学生的恋爱不提倡也不反对，不管是必修还是选修，事实证明到了大二已经有部分同学坠入爱河。经过了一年的相处，同学们的交际圈不断扩大，与异性接触的机会也越来越多。于是双方相互吸引，并最终走到一起，这是相当正常的事情。当然也不能排除有受风气影响和受利益诱惑的可能性。所以，此时的大学生应该树立正确的恋爱观，正确处理好因恋爱带来的矛盾冲突和关系变化，以理性的态度来指导自身的行为。更应该时刻把责任和恋爱联系起来，不轻易做出不轨的行为，以免日后追悔莫及。如果在这个问题上存在比较大的困扰，应当解放思想，主动向有关部门寻求必要的帮助。

三、步骤与措施

二年级大学生都成了所谓老生，上学的过程似乎变得平淡无奇。还是报到、上课、课外、复习考试和放假这些步骤，但这并不意味着可以循规蹈矩、麻木不仁。二年级某种意义上又是一个全新的开始，其中的每一步，都是于无声处显精神，处理不好就输在了不知不觉中。

1. 开学

（1）迎新主力

二年级一开学，去年的大学新生就摇身一变而成了所谓“老生”了。在学校迎新的日子里，二年级学生应发扬迎新的传统，成为迎新主力，把优良传统一代一代传下去。去年学哥学姐是如何对待他们的，他们今年就如何对待学弟学妹。热情、主动、无私，再一次感受新生的活力。

（2）从头再来

一切似乎都熟悉起来，报到的程序自不待言，找辅导员签到、缴费、领教材及学习资料、查看上课日期，新的一学期就又开始了。很简单，完全没有了去年的那种紧张、兴奋和忙碌。但心理上应该把二年级当做一次新的开始，好好思考接下来的学习生活，为下一步做一个学期或学年计划。

2. 上课

（1）了解专业课，向深广拓展

拿到课表的时候，发现课程的类型与一年级不大一样了，更多的是专业课内容。少数公共课也是理论性更强了。这时候，对专业要开始做一番新的全面的了解，结合专业课上的知识，配合课外学习，搭建专业知识框架。结合课外实践活动，培养专业兴趣和技能。进一步强化专业适应对策，摸索更好的专业学习方法，提升自己的专业素质。在课堂上，还要有意识地对自己进行创新教育，创造性地听课与读书，创造性地解答问题与做作业，创造性地做实验。

所有的课程，都应注重学习的深度和广度，注重知识、技能和素质的结合。加强上课的主动性。

(2) **避免逃课**

大学生逃课是高校较常见的现象，秦秀清等指出：逃课在各年级中的情况一般是不同的，大二学生逃课率最高。主观原因是：第一，学生自己未合理安排好作息时间。31%的学生认为逃课的主要原因是未休息好或身体不适，且多数学生认为这是最主要的原因。进入大学后，学生的生活、学习等各方面相对比较独立，他们缺乏自控力，常因看书、聊天、玩游戏或上网等耽误了休息时间，导致上课睡觉或无精打采，有的干脆就回宿舍睡觉而不上课。第二，对课程不感兴趣。部分学生不喜欢某些课程，认为学这些课对将来工作用途不大，甚至毫无兴趣，因缺乏学习动力而逃课。第三，前景暗淡或满足于学习成绩60分。某些学生对所学专业前景不看好。社会上的下岗、失业现象使大学生感到就业困难，认为学习好也不一定能找到工作，因而产生悲观情绪，不想认真学习；另有少数学生因上大学只是服从父母的心愿，满足于学习成绩60分。①

3. 课外

(1) **图书馆**

课外开始广泛撒网，获取尽可能全面的信息，扩充自己的视野与知识面，多多地集中精力于图书馆，广泛涉猎，什么新鲜的都大胆尝试了解一下，经常上网，除了了解新闻时事，也要了解新知识，什么不懂就想方设法搞懂，现在互联网如此发达，搜索引擎用起来非常方便。拓展自己的技能，只要能够学到的技艺，都尽可能想像自己学习的可能性，比如男孩子喜欢的街舞，女孩子喜爱的瑜伽。至于专业方面需要的技能，这个时候要做计划培养，比如学财务专业的一定要考取会计证，

① 秦秀清、钟义红：《关于大学生"逃课现象"的分析与思考》，载《南方冶金学院学报》2003年11月。

学习语言的要考取普通话等级证。这时候也需要展开尽可能广泛的人际交流，同时对自己的人格做一番整理与评价。

（2）社团活动

一年级尚不熟悉环境，四年级已经忙得不可开交，三年级要不就是社团的老道者做了领导否则就离开了，多数情况下二年级的学生成为了社团的主力军。

4. 复习与考试

（1）考试舞弊是一种不健康行为

个别同学认为都二年级了，做事可以随意一些了，何必那么紧张复习，考试时找同学帮帮忙吧，但是学校考试的纪律一如既往，仍然不能舞弊，不要因为自己一时的冲动而毁了自己大学时期的声誉。

考试是一种测量的手段，是对学生学习情况的正式评定。在大学的教学中，经常采用的是阶段考试和期末考试。考试前的复习，老师一般会安排一次串讲课，其他的都靠自己了。大学课程考核有考试和考查两种形式，考查课一般会先结束。万不能抱着侥幸心理舞弊，否则，不仅因为不守诚信而良心不安，而且很可能整个大学阶段都因此受损。

大学生舞弊，首先是心理问题（懈怠、厌学、功利、不平衡、江湖义气、侥幸），然后是道德问题。总之是一种不健康的表现。

（2）大学生涉及的考试有哪些？

考试作为考查学生知识或技能的一种方法，其方式多种多样，有口试、笔试、现场作业、论文等等。目前，许多大学包括夜大、社大等，根据是否按百分制评分把教学课程分为“考试”课（按百分制评分）和“考查”课（按及格与不及格评分）两大类，且普遍设立大量“考试”课，忽略“考查”课。根据教委的有关精神，各大学每学期为学生设置的“考试”课不应超过5门。但由于学生普遍重视“考试”课，所以，很多教师愿意承担此类课程的教学任务，而不愿承担“考查”课的教学任务，似乎不“考试”不足以证明该课之重要。其结果是，“考试”课过多，“考查”课太少，有些年级的课程甚至全是“考试”课，而无一门“考查”课，从而使学生面对众多的“考试”，有的多达十几门“考试”，望洋兴叹，疲于应付。

其实“考试”和“考查”并无好坏或轻重之分，它们都是考查学生知识或技能的科学方法，只是形式不同而已，并不能决定课程的重要与否。对于某些侧重于准确记忆和反复练习的课程或多数基础课，如英语精读、语法和饭店管理等，为了强化和加深学生对所学知识的记忆，“考试”较为适宜；而对于英语泛读、写作、英国文学和旅游交通等侧重于分析理解和专业技巧的课程或多数专业课，为了鼓励学生灵活运用所学技能，深入探讨某些专题和进行创造性研究，“考查”可能更好些。①

5. 放假

（1）**寒假**

二年级其实不妨过一个安静的寒假。因为一年级的寒假可能都花费在与高中同学的联络交流当中，而三年级的寒假也基本在社会实践中了，四年级的就不要提了，不是实习就是考研冲击了，让大学生把二年级的寒假留给自己。他们可以就在家里或者学校安静地度日，享受阅读或者悠闲生活，或者为家人做一些事情，享受亲情。他们也可以发展一两种爱好，有时候做些无用的事更可以明心见性。

（2）**暑假**

二年级暑假，可以考虑一下社会实践。二年级学期中不主张出去兼职，为时过早。但是假期特别是时间比较充裕的暑假，可以去社会上跑一跑，从现在起锻炼自己。参加学校组织的“大学生三下乡活动”也

① 杜学：《谈谈大学考试》，载《北京第二外国语学院学报》1996 年第 3 期。

好，自己去搞搞社会调查也好，不过，那种在天桥上给人发传单的事就别做了，那既不合法，还污染环境，除了遭人白眼，不能给自己带来什么学习成长的机会。

四、主要问题与注意事项

二年级的大学生普遍适应了大学生活，部分变得自由散漫起来。出现了逃课现象，从前的激情不再，或者因为上个学年的干部竞选，奖学金、助学金的评定等而出现失落，甚至丧失上进心，得过且过。本应该大展宏图，但是有人蹉跎岁月，变成了油条、玩世不恭、世故，还没真正开始就泄气了。因此有人说这是“二年级现象”。

1. 自由散漫

（1）开始逃课挂科厌学

二年级因为大学生都比较熟悉环境了，辅导员与任课老师在某些事情上交代就不那么详细和强调了，以至于一部分大学生就失去了警惕性和自觉性，变得无所谓起来。开始逃课，或者迟到早退，课外更是悠哉游哉地过日子，厌倦了学习。一旦遭遇考试，临时抱佛脚也来不急，只能挂科。一旦挂科，自信心受到打击，很容易造成各方面的恶性循环。

（2）没有组织纪律性

随心所欲，为所欲为，成了某些大学二年级同学的生活方式。一不小心，落了一个处分才幡然醒悟，已经为时过晚。

2. 玩世不恭

（1）蹉跎

少数大学生在二年级时仍然没找到人生的目标，仍然在迷茫，个人的优势还没有确立，所以总是觉得很迷茫，于是稀里糊涂地混日子，偶尔还问自己：这就是大学吗？这就是我的大学吗？

也有部分大学生在二年级的时候，感觉又进入了和一年级迥然不同的境地，觉着大学生活和自己想像的大不一样，觉得理想总是遭遇现实的打击，新鲜劲儿过去了，激情澎湃过去了，认为大学也就那么回事，随便就过去了，于是乎自己当起了混混。这个时期由于新的人生坐标的确立，大二阶段部分学生会产生较大的失落感、挫折感，存在较多的困惑，产生一定的心理问题。

（2）**世故**

一般来说，经过一年的大学生活，随着环境的熟悉，多数人已经渐渐地适应了大学特有的学习、生活方式。少数人却停留在这种适应上面，有了自满情绪，逐渐变得世故。

经过大学一年级的迷茫和彷徨，对于大学和大学生活、学习等方面均有了一个比较深的感性认识和体验。一年级的新鲜和激情过去，这时候应该将心态放平，学会甘于平淡，加强修养，磨练自我。常言说：平平淡淡才是真，那么他们有多少人学会接受平淡了？又有多少人学会了恰当的沉默和能够忍受寂寞了？平淡是一种生活态度，是一种心态，是一种境界。平淡不等于平庸，很多人也明白这点，但是如何达到这点就是仁者见仁、智者见智的问题了。

第三节　三年级——扩展与提升阶段

进入大三以后，大学生开始深入进行人生思考，反思自己的人生道路，调整并专注于自己的目标，专业课的学习也进入深化阶段。这就使大学三年级学生之间的差异逐渐拉大，会普遍出现班级凝聚力趋于松散的现象。大学三年级，是收获的季节，更是补缺补差的最佳时机。经历了两年的沉淀和努力，大学生们该小有收获了，在学业上、在性格上、在思维上都获得了巨大的提升，但是三年级学生并不满足，而是变得更理性、会思考了。大一的时候，大学生可能认为自己是优秀或者最优秀的，大三的时候，有些同学变得很优秀，但是眼睛却盯着那些更棒的同学，找寻自己的差距。三年级学生更加关注社会对人才需求的变化，需要哪些具体的技能、看重哪些方面的素质，然后开始有针对性地学习和提高。

一、基本特征

大学三年级的学生是一个特殊的群体，他们的思想相对成熟、独立，大多数学生都有了各自稳定的社交圈。刚上大学的那种新鲜感早已淡忘，就业压力、考研选择、择业方向等诸多现实问题充满了学生的脑海，使他们经常感到困惑、迷茫。大学是亚社会，所以，当上了高年级后，大学生一般都想要让自己有大人的形象，让低年级学弟学妹感觉自己很成熟，是他们的学长。三年级大学生大多数都有这样的心理，但具体表现却是有的世故圆滑，有的成熟稳重，在素质上也是优者更优、劣者更劣，开始出现了两极分化。

1. 主观心理

（1）比较成熟

随着大学生对自己的重新定位、对专业的进一步认识及稳定的人际关系，到大三时心理问题又逐渐减少。大部分同学对自己都有了一定的认识，无论评价如何，都基本能够心安理得地对待，大部分都变得沉稳和成熟起来。

（2）油滑或世故

对于本科阶段，此时亦是指大三，若是大专阶段则是指大二下学期。此时，“老油条”的思想已经深入人心，以至“老啦”之类的话常不绝于耳。为什么会这样呢？我想这些其实是对将来步入社会的焦虑的表现。因为即将处理几大重要的转变。一是即将面临经济自立。二是即将承担独立的成人责任，如积累积蓄、养家糊口等。三是个人的能力要接受社会和生活的考验。所以，在这个阶段要处理的冲突即对未来前景的焦虑和个人当前阶段能力的提高。

2. 客观状态

由于个人投入的时间、精力上的差异，和从前的选择的不同，这个阶段的同学在学习、工作的收获上出现较大的差别，甚至是出现了层次分化——充实的愈加充实，无聊的愈加无聊。优者更优、劣者更颓。

（1）**优者更优**

对于那些一开始就选择了积极尝试、积极进取的同学来说，这个阶段很可能正是大丰收的时候。比如追求学术的同学，由于前期的主动，得到了老师的细心指导，不少同学还有作品发表，收获不少奖项；而早期投身于社团工作的，将登上较理想的职位，工作上春风得意；那些乐于社会实践的，通过不懈的打拼，也积累了不少阅历和资本。通过比较，不难看出积极主动是比较理想的生活态度。

（2）**劣者更颓**

那些在前阶段一直没有涉足实践、没有试图去努力的，将在学习和工作上收获甚微，碌碌无为。其中的一些人开始感到莫名的失落，开始反思进入大学的目的和结果。但是也有不少仍不思进取，毫无危机感，自得其乐。从一般规律来看，一个人一生中能够真正用于工作的时间通常为20—50岁，而且这30年里又主要靠个人打拼。所以，大学阶段是养精蓄锐的时机，假如不好好利用，无疑将很大程度上影响到未来的生活质量。毕竟，人是不可能永远有固定的依靠的，除了依靠自己。俗话说，亡羊补牢，为时未晚。所以，建议这些同学尽快从梦中惊醒，投入到现实生活中接受必要的磨砺。切莫以投机之心、取巧之道对待自己的学业。

二、目标与任务

三年级是大学生素质整合的攻坚阶段。大学三年级的学生，由于心理相对成熟，比较容易有集中的目标。对环境熟悉了，对学业也了解了，一般都知道自己接下来应该做什么。学习的重要性已经毋庸置疑并且获得了一定的成绩，各种技能或才艺的训练也取得了一定的成果。这时候应该继续努力，好上加好，让学业得到巩固加强，使自己作为人才的个性更加突出，利用已有优势，形成自己独特的风格。

1. 拓展加深，巩固提高

（1）广征博览，寻求重点

三年级是读书的最佳时节，心智成熟，思考能力提高，足可以博览群书并且深入专业知识重点。如果前两年的学习成绩都不错，现在的任务就是继续拓展加深，特别是围绕着自己的专业以及职业规划，将那些常识与基本规程巩固。如果前面哪些方面不够理想，这时候就查漏补缺、将功补过。在这些基本工作完成后，就可以寻求自己的学习重点，予以拔尖。拔尖的方式可以通过某一门课的课内学习成绩表现，也可以通过增加选修课深入，还可以通过博览群书来扩展，课堂、宿舍、图书馆都可以用来读书。学校、市级、省级图书馆以及新华书店和小书屋等都是大学生读书的场地。读书应该贯穿于大学生活的始终，尤其二三年级的时候。大学时代，至少读一百本各种领域的书籍，向着五百本或者更多进军。另外，大学生还可以通过撰写发表科研论文来展现自己在某一专长方面的观点或成果，或参与某个方面的活动来展示自己的才艺、风采或成果，扩大自己的影响。

（2）实践

大学三年级的社会实践、课外才艺或技能训练有了新的特点，三年级大学生应该成为社团主力，有目的地深入某一种活动，这时自己一定要做出点深度，不能维持在浅尝辄止的水平了。校外兼职，也不能停留在体验阶段，而是应该有目的地寻找适合自己将来职业的岗位。

就业最佳准备期就是大三下学期，关于就业的技巧、心态调整等一系列知识此时学习最合适。大三下学期时不再适合参与过多的社团活动。

到了大学中后期，参加勤工助学的同学有机会尝试新的岗位，在适当贴补生活之余，积累了丰富的工作经验，尤其是行政工作。其中有不少甚至可以为争取留校做准备。而利用假期打工的，也尽可能多地尝试新的工作，为不久后的角色转变打下坚实的基础。至于创业的同学，有部分可收获不少物质财富。能协调好矛盾冲突的，还显示出了抢眼的能力和美好前景。当然也不排除有受挫的可能，表现为经济上的损失和学业上的紧张。中后期的实践有一个明显特点，就是更多同学的实践对象向本专业的范围靠近。这样既可以把理论与实践相结合，又可以为不久后的实习做准备。对于那些对本专业特别爱好的同学，在实践时将格外卖力，工作也比较顺心，毕竟正在做的是自己想做的。假如对专业不是特别的感兴趣，那也可以在工作中找到感觉，加深对专业的理解，并为将来的选择打下基础。

2. 突出优势，形成特色

（1）扬长拔尖

这个阶段，大学生应该尽可能地挖掘自己素质中的积极因素，并不断地给它们注入新的能量，从而使它们发扬光大。与此同时，也要努力地抑制自己素质中的消极因素，克服自己身上的弱点。这就要求大学三年级的同学面对现实，客观分析，全面盘点自己一年来的大学生涯，认清自我、找出特色，包括在专业领域以及学院、系、班级甚至宿舍的定位。这个定位，不求在很短时间内就十分清晰，但至少是比较明确的或者有较为清晰的轮廓，以便在实际的规划中具备可操作性。同学们要围绕自己的专业具体分析、剖析自己，这将是自己未来职业生涯的重要步骤，即接受和喜欢自己的专业。尽量把自身的特长引向专业发展的道路。

（2）形成自己的风格

与同系同学、同班级同学相比自己有哪些优势和特长，这些优势和特长有没有充分的发挥；有哪些不足和劣势，自己以前对这些是如何认识的，以后该如何看待，如何在一些方面努力克服。面对自己的不足是否心态平和、面对现实、有所作为应是衡量一个三年级大学生是否基本成熟的主要标志。

寻找就业方向。进一步结合自己的兴趣、性格特点，围绕专业积累，找出比较适合自己的职业方向，在这方面突出自己的特色。比如，自己性格外向开朗，一直喜好交际，有强健的体魄，喜欢户外，学的又是旅游专业，就不妨将自己就业的方向定位为一名导游，由此进入旅游行业。甚至还可以将一门外语的口语练得滚瓜烂熟，以此作为应聘就业的杀手锏。或者某个大学生，学的是工程造价，性格细致稳重，一直默默无闻地学习，似乎也并不参加太多的社团活动，但是，两年大学学下来，不仅会计证到手，并且不断利用周末或者寒暑假跑工地，和工人师傅交朋友，把某工程的建筑材料等造价做了一番明确的调查，写出了翔实的调研报告，并且还发现了重大问题。加上在工程企业担任兼职会计，和其他只是一门心思待在校园里不加思索和行动的大学生相比，这个学生在毕业时肯定更有出路。

三、步骤与措施

三年级从步骤上讲，显得更加循规蹈矩了。报到、上课、课外、复习考试，大家都再熟悉不过了。但是此中有深意，一定要辨别清楚。每一步与上个年级比，具体要做的都很不一样了。特别是在放假之前或者放假时期，同学们感觉特别不一样的是要走出去实习了。在这之前只是作为一种课外活动或者假期实践来安排的工作，现在已经被要求当做任务来完成。

1. 开学

（1）防止冷漠、玩世不恭与过度依赖

开学伊始，三年级大学生面临的心理压力比二年级大起来，主要是学习压力、经济压力、就业压力和人生目标不明晰等。由于心理压力不断增加，在大学三年级部分学生中出现了两种心理极端。一种是冷漠、玩世不恭，所谓“水泼不进”，谁的话也不听。无组织纪律性，有的甚至到了自动弃学的地步。另外一种则是对班主任或辅导员的依赖性大幅提高。大学三年级的学生十分关注就业，而且要确定自己的择业方向，并为之准备相应的技能，但是又不知道从何下手，因为学校的一些就业重点工作是针对毕业生。因此，其心理压力甚至重于毕业生的，渴望班主任能够给予更多的指导和帮助，这是正常的，但有些却是凡事动辄请问班主任或辅导员。

三年级就开始“看破红尘”、玩世不恭者，应该给自己“打打鸡血”，振作振作。而那些过度依赖老师的，则要平心静气地自我思考一番，真正先从心理上独立起来。

（2）对自我特色作一番检视

三年级开学之初，还有一大工作要做。那就是对自己做一番检视，看自己特色何在。现在很多大学生到毕业时也不知道自己到底适合做什么工作，不知道自己喜欢什么样的生活。这也是一个很严重的人生问题，人家都不知道怎么帮助他（她）。上了两年大学了，该好好了解一下自己了，特别是自己的特色在哪里，该如何发扬光大。

2. 上课

（1）把课业与资格证考试、自学考试等结合起来

近年来，普通高校自学考试第二学历教育迎合了社会以及自学考试发展的需要，可谓成绩斐然，但令人欣喜的同时又让人担忧，比如学生流失、错误的助考倾向等问题突出，其发展进入一个“高原期”，步履维艰。[①] 这首先还是大学生到底应该如何对待自己的课业的问题。专业的选择在一年级就必须稳定下来，对于三年级同学而言，可以围绕着自己的专业选择一些职业资格证考试，或者顺便参加一些相关专业的第二学位考试。做这两类工作的目的都应该定位于自己的专业与职业倾向，没必要一心多用，否则浪费时间又让自己就业时难以判断选择。有关人士也提议，普通高校自学考试第二学历教育的发展要审慎。

在全社会职业化水平不断提高的今天，“持证上岗”似乎正在成为全社会的共识，职业资格证培训市场也日渐红火。早在 2004 年，职业资格证考试行业利润就已突破千亿。然而，在职业资格证考试市场火爆的背后，存在着不少亟待解决的问题。

大学生应该首先把专业学好学精，然后顺带增加几个“证”，将来向社会证明自己的素质，也巩固加强素质。

（2）不妨总结学习方法与规律

学习固然需要勤奋，也是十分需要方法的。大学时期亦然。大学生的主要任务是学习，这种学习与中学阶段的学习相比，具有支配权在学生手里和自学时间多的特点，所以学生的学习方法很重要，可以说大学生的学习方法在很多程度上决定他们的学习效果，影响他们的学习成绩。三年级到了攻坚时刻，应好好总结一下学习方法。

学习方法分为常规性学习方法（课前预习、课堂笔记、课后复习）、

---

① 张子凤：《浅论普通高校自学考试第二学历教育的发展》，载《高等教育研究》2010 年第 3 期。

强化性学习方法（集中注意策略、深度加工策略、增进理解策略）、开放性学习方法（课外学习、知识运用、科研）、自控性学习方法（学习进度、学习方法）等。

学习方法本身作为一种知识，是可以教会的。它可以包括科学地用脑、合理地安排时间、会利用图书资料和检索科技文献等内容。①

3. 课外

（1）**图书馆博览群书**

大学生的自学主要依靠图书馆，大学生要有“图书馆意识”，尤其在大三阶段。根据心理学有关意识的定义，图书馆意识可以被理解为人们通过自己的心理活动过程，对图书馆的一种自觉的感知和认识，也就是当读者有了文献信息需求时，能够有意识地想到图书馆，对图书馆作出自觉反应，能够意识到图书馆可以满足他们的信息需求，从而积极主动地利用图书馆。图书馆意识的强弱，直接影响着读者对图书馆的合理利用程度。很难想像，一个图书馆意识很弱的人能很好地利用图书馆。随着知识经济的兴起，图书馆成为采集、整理、制作、存贮、传播和提供知识信息的主要场所，在知识经济时代将发挥出前所未有的中心作用，成为知识创新体系中不可缺少的环节。大三学生去图书馆主要不是为了在此完成作业，而更多地是去博览全书，并往往有自己的阅读计划和书目。

（2）**严防“网瘾”**

大学生既是最早最快接受网络的群体之一，也是受网络影响最强、最普遍的群体之一。大学生网瘾具有严重的危害性，直接影响学生个人的成长，进而影响整个家庭和社会和谐。沉湎网络使得学生日常生活规

---

① 王卫红、杨渝川：《大学生学习方法的特点及教育对策研究》，载《西南师范大学学报》1997 年第 4 期。

律被打破，生物钟紊乱，身体虚弱，性格变得孤僻，容易产生悲观沮丧等心理障碍，甚至导致思维混乱、非正常死亡。网瘾大学生普遍成绩下降、学业荒废。调查结果表明，网瘾大学生的主要网络行为是网络游戏。第一阶段特点是“好奇与放松”，一般发生在一年级的第二学期前后；第二阶段特点是“网络成瘾”，一般发生在二至三年级；第三阶段特点是“欲罢无路”，一般发生在三年级第二学期；第四阶段特点是“自我麻醉”，一般发生在四年级。① 大学三年级时，大学生应好好检查一下自己是否有沉溺于网络的问题，有则改之，无则加勉。

4. 复习考试

（1）“挂科”

“挂科”就是考试不及格，大学生挂科现象在各大高校已经相当普遍，甚至部分大学生因为挂科被劝退学或强制退学，部分大学生毕业拿不到毕业证或学位证，这已经成为影响大学形象和教学质量提高的严重问题，值得研究和探讨。挂科的原因，有学生本人的，也有社会和学校方面的，学生思想放松、目标不明确、学习方法和技巧匮乏是内在原因，社会物质享受、精神娱乐方面的诱惑，网络诱惑、恋爱诱惑，学校课程设置的不合理甚至教师精力转移、考试公平公正打折扣等，也是导致大学生考试挂科的隐性原因。

（2）补考

补考是为因故未参加考试或考试不及格的学生另行安排的考试，它对于不同类型的补考生，具有不同的意义。对于因故未参加考试的，补考成绩按正式考试成绩对待；对于考试不及格的，应注明“补考”字样。对于在正式考试时作弊的学生，不准正常补考，这既是对作弊行为

① 陈明、刘博联、陈杰浩：《大学生网瘾的调查与教育探索》，载《学校党建与思想教育》2010 年第 7 期。

的惩罚，也是对学生进行道德教育的方法。补考的时间安排对于补考的效果影响很大，一般来讲应该安排在新一学期之初，并给补考学生留出一周的复习时间。补考的试题，应与正式试题的难易程度一致，从而保证考试结果的公正平等。

补考与重修或重考不一样。

5. 放假

（1）寒假

三年级之中的寒假，考研外的大部分大学生会用来做社会实践，无论是勤工俭学还是做社会调查之类，都是为了检验自己所学并感受社会，为下一步实习做准备。

（2）暑假

考研的同学到了复习的冲刺阶段，感觉一个暑假根本都不够用，不用费心想着什么其他安排，但是寻找实习单位的事还是要放在心上，最好能拜托家人、同学、老师等多多代劳。其他同学如果可能的话，三年级暑假最好考虑找份兼职，为实习做准备。当然，打工中要学会为自己维权，避免假招工骗局，也要避免误中传销圈套，现在有传销团伙专门拉拢想打工的大学生，甚至有用爱国主义、西部开发的幌子来搞传销活动的。

四、主要问题与注意事项

大学三年级属于整个大学阶段的瓶颈期、高原期，这个时期的大学生容易出现虚荣、自卑、嫉妒、懒惰等不良的心理症状，即使不一定导致心理疾病，但严重的情况也可能影响大学关键时期的成长成才。这时候大学生似乎已经有些疲倦了，稍不留神容易陷入无所事事、得过且过的状态而不能自拔。这时候需要耐力、意志力，也需要重振雄风、再接再厉。尤其是在中间的情绪低谷期，大学生要提醒自己战胜无聊，抢抓大好时机，百尺竿头，更进一步。

1. 厌倦与浮躁

（1）自满或腻烦

由于在学校待得比较久了，有些同学认为该学的也学得差不多了，再继续下去也没有更多的长进，有了自满的心理，开始对学校生活腻烦起来。甚至有的读不下去了，出现又一轮退学高峰。

（2）紧张或担忧

有些学生则紧张地皱着眉头开始担忧未来，慌里慌张地想立刻冲进社会，焦躁不安仿佛一刻也不能等待。但是又必须等待，因为毕竟这时候拿不到毕业证，何况，社会对大学生寄予了很高的希望，大学生还需要一两年的时间来磨砺和充实自己。

学习上出现一种奇特现象，就是有不少同学将精力集中于考取各种各样的证书。其中关系最为密切的就是英语和计算机的等级证。与大一大二相比，考级压力是和毕业时间成反比的。所以，对于那些尚未取得必要资格、等级证书的同学而言，考级是影响心理的重要因素。特别是当前许多高校仍以英语 CET4 和计算机二级为学位标准，因此考级不可回避。搜索、学习、掌握正确有效的学习方法、专业知识将更有助于这些同学顺利度过这个忙碌的时期。此外，良好的人际关系、适当的休闲娱乐、充足的体育锻炼也是顺利度过的重要保障。

中后期的大学生的情感现象是多样的。首先，相当一部分恋人的情感发展进入一个平稳时期。特别是有共同志向的情侣尤为如此。双方可达到相互促进，相互提高。其中以考研为目标的情侣就是一例。其次，情侣数量有增无减，不断有新的恋人“诞生”。当然也有一部分原先的情侣会尝试分手的伤痛，分手的原因很多，其中不乏兴趣不合者。也就是将有一部分人尝到了失恋的滋味。此时，处理好失恋的痛苦，在失恋中长大是问题的关键。同样的，必要时可以到相关的部门咨询，尽早从失恋的沼泽中走出来。再次，出现了“夕阳恋”的苗头和“速配”的现象。在此，“夕阳恋”的提法有些夸张，但却反映了“老少”配即高、低年级情侣搭配的现象。虽然理论上自由恋爱是主导，但这些情侣不得不考虑一些现实问题，比如处理“一方提前离校后怎么办”的问题。至于“速配”是指，同样有恋爱需要的双方，在初步相识后闪电般地成为情侣。在此不排除有不良动机的可能，比如纯粹赶时髦，或抱着玩一玩的态度，或只是想打发寂寞等等。这些情况是值得注意的，因为这样的恋爱容易发生越轨的行为，也容易给情侣们带来伤害。所以，修正动机、端正态度是重要的。当然，学会更好地保护自己就更重要。生活中，还有一部分单身，甚至是单身贵族。这些人中又有很多会因为情感缺失而感到危机和沮丧。也就是说，情感方面的需要会暂时处于领导地位，成为影响个体情绪的重要原因。虽然恋爱并非生活中的必要环节，但却是年轻人世界中的重要部分。“哪个少男不多情，哪个少女不怀春”正是此现象的真实写照。前面曾经提到促使大学生恋爱的原因，所以如何处理好这方面的冲突是至关重要的。而转移注意力，更好地提升自己也不失为一良策，比如体育锻炼、文娱活动、学术研究、实践提高等。这样既可以缓解心理压抑，又可以为恋爱创造机会。

2. 继续庸碌，无所事事

仍然有一部分学生，继续庸碌，无所事事。他们一贯对事情浅尝辄止，以悠闲为大学生活的最大追求。

有人说，三年级是大学生活的一道坎。我们中国人老有这么一个感觉，中秋一过，一年很快结束了，新的一年眨眼间就到了。三年级好比大学生的中秋节，因此是一道要认真对待的坎。这时候有的大学生可能萌生出一种巨大的恐慌——岁月蹉跎的恐慌，大把的计划还没有来得及实施，而大学生活已经过去了一半。找出一年级时立下的规划，逐一地核对，完成一条打一个叉，大学过去了一半儿，而规划可能只完成一小部分，这时候会毫不犹豫地开始再一轮的努力了。为了能接触更多的老师，增长更多的见识，除了必修课，大学生还可以选修各种校内外课程。

大学三年级，除了让自己繁忙起来，切实地在做事情，大学生还需要一个导师，因为到了人生作出选择的时候。下一步怎么走？为什么要考研究生？是为了提升自己还是躲避就业的压力？为什么要退出社团？是激情消失殆尽还是别有新的目标和理想？为什么要谈恋爱？是遇见了心仪的人还是因为别人都这样？一切的一切都仿佛需要你做决断，而你已来不及困惑。去找一个你信赖的老师，找一个有经验的学长，找一个你尊敬的长辈，告诉他自己的困惑，听听他的分析，借鉴他当年的经历。也许自己的困惑经过他的分析很容易就烟消云散了，何况至少，在他的诉说里大学生会知道，前辈们经历过同样的烦恼，自己不是孤独的一个人。

第四节　四年级——冲刺与准备阶段

大学四年级是一个承上启下的时期，是大学阶段的冲刺结束和走向社会前的准备起跑阶段。这一阶段显得十分重要，也令人感觉十分紧迫。就好比一个人在自己的人生跑道，等待获得接力棒继续向前起跑。此时，尽管读书应该已经成为一种习惯，思考成为大学生具备的一项能力了，但是多数同学不能再静下心来读书，也不能停下脚步来认真思考了。大部分学生免不了常常出现急躁担忧情绪，过去的大学生活似乎不够理想，未来又充满迷茫，弄不好还可能发展成心理障碍。这个时期最需要冷静，就好像一个工作单位在年终时，既要回顾过去总结经验与教训，又要展望未来做好计划和部署。

一、基本特征

四年级的大学生即将毕业，处于走向社会的准备阶段。经过几年的学习，同学们基本上掌握了教学大纲所要求的各种知识内容；人生观、世界观已基本形成；有一定的分析和解决问题的能力；人格的很多因素已基本定型。等到大学毕业的时候，从内心的坚强到外表的历练，大部分学生已全副武装，准备迎接社会的挑选和考验。不管是否愿意，时间的车轮已经碾到毕业的门口，一转眼就要面对离别。所有的毕业生都将各奔东西，各谋高就。对于不留校工作或考研的同学，都将离开熟悉的老师、同学，离开自己的母校到大千世界去闯荡。于是，这最后一年也成了最忙碌的一年，因为不得不面临学习、工作、情感等等问题。

1. 主观心理

（1）紧迫感

由于面临毕业，四年级学生在精神上再次处于紧张状态。大学生活一晃而过，四年级学生感觉有好多东西还没有学到，好多事情没做完，时间不够用，有强烈的紧迫感，不再像其他年级的学生那样活跃且兴趣广泛了。

（2）忧虑感

由于社会的就业形势不尽人意，大学生不再是“皇帝的女儿不愁嫁”，对自己毕业后的就业充满了忧虑；考研升学的努力也不知结果如何，心理压力较大。此外，对于走出大学后的新生活，四年级学生一方面充满了渴望和期待，另一方面却又有很多的担心。

2. 客观状态

（1）分化

这个阶段的学生行为出现了分化，准备考研的学生仍然一如既往地刻苦攻读；大多数的学生则积极收集就业信心和拓展社会关系，四处奔波寻找就业的机会；就业单位有着落的学生开始放松对学习的要求，希望能够早一点毕业，并把大学最后的时光用在交朋结友的聚会上。

（2）“毕业综合症”

对大学生来讲，这一时期是各种客观矛盾和主观矛盾交织在一起的困难时期，也是对每个人所形成思想认识的考验。由于其愿望、思想和价值观，往往会产生理想与现实的各种矛盾冲突，有些学生产生所谓的“毕业综合症”，出现严重焦虑、抑郁等心理障碍，个别的甚至出现行为变态。

二、目标与任务

四年级是大学生素质整合的最后阶段。如同大学生活就要结束一样，大学生素质发展的一个重要阶段也即将告一段落。虽然到了最后的时刻，但是大四上学期仍不要慌张，首先要做好查漏补缺，完成学业，倘若是早已决定考研，那么考研的复习也到了冲刺阶段。然后，要继续关注联系实习与就业单位。接着，在之间的寒假以及大四下学期则要在前面的基础上进一步争取落实就业单位。最后，应彻底完善职业规划。

1. 查漏补遗，完善整合

（1）彻底完成学业及未了心愿

四年级时要检查自己的知识框架是否已经搭建完善，专业知识是否足够丰富，自己的专业技能是否已经掌握一定程度，出去后能否够用，对专业的认识是否通透。如果回答是否，看看有哪些主要漏洞，那么就要花费一些心思，寻求了解与把握。比如，继续上图书馆，借阅一些专业指导书籍，带着问题精读一番，做一些笔记。

想想对于自己来说，有些事情最好在大学时期就学会做的，大学生一定要充分利用条件体会一把。这当然不是说谈恋爱，而有其他很多，比如英语考级，比如学习唱歌、跳舞或者练习瑜伽。

（2）**整合人格与人际资源**

越是紧张，越要注意沉着。在大学毕业的关口，大学生有必要结合整理自己的情绪，整合一下自己的人格。这里所说的“人格”，是心理学意义上的，一个人区别于他人的整体心理特征，包括价值观、气质、性格、能力四个方面。四年大学下来，个人修养得如何了，与别人相比有着怎样的内在不同，可以从人格方面找到具体体现。首先，大学生的兴趣、爱好、理想、信念、价值观等发生了如何的改变，达到了何种程度，自己在心底都要有一番思考和总结；然后，就自己的气质类型进行进一步的确认；再次，对自己的性格进行一番分析概括；最后还要对自身的能力做一番鉴别。特别是在大学最后时刻，需做好以下工作：

第一，完善自我意识，尤其是协调好自我关系，使自己有一个既符合自己的个性特点，又能体现个人的抱负，还能为社会所接受的理想化的自我，较好地解决自我与社会需求、理想与现实的矛盾。第二，很好地把自己的命运同社会的需要有机结合。如何使自己的理想、价值观与社会的需要完美结合，避免形成自我与社会需求的矛盾，是这个时期的大学生要面对和解决的一个重要问题。虽然现在社会讲求个性的张扬，但社会的每个成员还是应该正视社会的需要，只有自己的理想、价值观与社会的需要达成一致，个人的前途才会光明。第三，塑造优良的性格，主要是有意识地进行自信心、宽容心、同情心、乐群性、有恒性、稳定性、敢为性的训练，使自己成为一个能够融入社会并为社会所认同的人。第四，加强能力的整合。这个阶段，大学生还应该根据自己和社会的需要，对自己的能力进行提升和整合，有针对性地培养未来自己所从事职业和应付社会所必备的综合能力，使自己成为一个能够有所作为并在社会上游刃有余的人。第五，分析总结自己的人格类型。心理学的研究表明，人格与工作绩效有直接关系，具备某些人格特征的人在某些工作上表现更出色。因此，这个阶段大学生要对自己的人格进行分析总结，并结合自己的气质类型和能力选择最适合自己的职业，为自己今后的职业生涯做好准备。经过前两个阶段的修炼，大学生多数的人格因素基本定型，这个时候大学生能做的就是根据个人今后的发展和社会的要求，尽可能地弥补自己所缺少和不足的而个人今后的发展和社会又特别需要的那些人格特质。

大学生马上就要以自己独立的身份走向社会，做一个完全的社会人了，那么自己的人际关系是一个什么样子，也是一定要整理和完善的。作为社会人，大学生从近到远有与同事、领导、朋友、熟人、陌生人等各种关系要处理，现在不妨先整理一些已有的人际资源。现在的人际关系的重点是与老师同学的关系，需要乘机加深了解沟通留下印象，有些也许一辈子都不会见面，再不建立联系就失去了机会。再不可能有比大学时期更长时间的简单相处了，这时候建立的友谊是弥足珍贵的的，可能一辈子就继续下去。亲戚也试着以自己独立的身份开始联络，不能继续让父母来代表自己。朋友更是应该加深了解，加深感情，留下以后联络的方式。

2. 规划准备，承上启下

（1）就业准备

总结实习。不同学校实习期与时间段都不一样，一般是一个月到半年左右。毕业生实习过程中或归来后要及时予以总结。主要是总结实习过程中的经验和教训，以备下一步的就业。实习总结一定要结合用人单位对自己的评价，他们的建议或意见是宝贵的财富。如果受到了批评，也不要讳疾忌医。在实习过程中自己的思想表现、工作中运用专业知识与技能的程度、与用人单位同事的相处情况是总结的重点。

联系就业单位。联系单位的工作或许早就开始了，但是在四年级时变得火烧眉毛，一定要签字盖章、最后落实了。这时候大学生要有一个整体的求职计划，精心准备好求职简历，充分利用学校就业指导中心、互联网、新闻媒体、招聘会、关系网等条件，掌握面试技巧，不断与用人单位接洽，指导落实就业去向。这其中简历的制作与面试的技巧比较重要。常见的个人简历格式有两种：表格式和文字式，主要内容应包括：个人基本资料、主要经历与教育背景（专业课程、社会实践、获证获奖情况）、个人性格等特点、求职意向与主观愿望等四个方面。个人简历篇幅不宜过长，一般不超过两页，内容简明扼要。特殊情况下也可准备详细简历。面试有初试和复试，有一对一的单独谈话，也有多对一或小组讨论式活动。面试中，招聘方通常会采用不同方式进行提问，提问的方式有交谈式、引导式、情景式、压力式、综合式。毕业生面对面试要充满自信、以诚相待、思路明确、反应敏捷、应对自然。

个人简历范例：

个人简历（右上角贴照片）

×××，女，1994 年 1 月出生，海南省海口市人，2014 年 6 月大学毕业，中共党员，身体健康良好。

本人 2000 年 6 月在海口市入学学习，于 2010 年考入 ×× 大学中文系，大学四年间，本人主修了中文类课程如古代汉语、现代汉语、文学概论、古代文学、现当代文学、外国文学等专业课程，还自学了心理学、教育学，通过了大学英语四级考试与计算机等级考试，考取了普通话一级证书。本人积极参加学校社团活动，如文学社、舞蹈队，还投身学校组织的暑期社会实践，写出了《关于单亲家庭孩子家庭教育的调查报告》，假期还曾为小学生辅导功课。本人在校四年多次获得优秀党员、三好学生等奖励，多次在校报发表文章。

本人性格开朗，喜欢孩子，爱好交际，有较强的沟通能力；文字功底深厚，爱好文学，有较强的写作能力；热爱运动，喜欢跳舞，身体健康，精力充沛。

本人有意从事教育或文化事业，在中小学校或者文化机构从事管理或教学或文字工作，发挥自己的特长。

联系地址：××××××××××××××

联系电话：××××××××××××

(2) 完善规划

职业生涯规划是指在对一个人职业生涯的主客观条件进行测定、分析、总结的基础上，对自己的兴趣、爱好、能力、特点等进行综合分析与权衡，结合时代特点，根据自己的职业倾向，确定最佳的职业奋斗目标，并为实现这一目标作出行之有效的安排。四年级后期，不论是选择工作还是已经考研，都应该结合专业学习与实习中的设想和现实的看法，将大学一年级就开始的职业规划进行最后的完善修订，给自己做一个完整的生涯规划。生涯规划的重要性体现在它所具有的目标导向作用，可以引导大学生集中精力向着目标迈进。这样可以省去多余的摸索时间，也为生活注入新的活力。而且，此时切记不应妄自菲薄和不可夜郎自大，应该参考多方面的意见给自己做个较准确的定位。

三、步骤与措施

在大学生从开学到放假等求学步骤中，四年级显得与之前更不一样了，其中与就业有关的实习、求职等工作是任务的重点，“毕业准备”工作很让大学生费心，每一步必须采取有效措施，有条不紊地做好。

1. 实习与求职

(1) 实习

多数情况下，四年级开学之初，大学生就开始实习或者已经在实习过程中了。实习是毕业前的必经之路，只是不同学校、不同专业的时间安排不同而已。实习是一个直接应用专业知识的过程，所以专业素质将对工作的顺利与否起到关键影响。同时人际交往素质也是一个重要的方面，如果人际关系处理不好也会对实习的效果产生很大的影响。而且，对于那些直接与人打交道的工作，更是起到决定性的影响。必须面对的人际关系有与上级的关系、与同事的关系、与工作对象的关系和与身边共同生活的人的关系。在实习过程中除了专业上得到实践外，还为大学生带来了很多生活经验，让其开阔眼界并增加其直接生活体验。除此之外，实习还可以让大学生看到自己素质的不足，有助于日后尽力去弥补和完善。其实，实习也是一个让毕业生体验角色的过程。让大学生知道未来我的工作是怎么样的，大学生又是怎样工作的。在这一时期，毕业生应该注意的是学习应变能力和利用资源、协调生活的能力。

实习结束，学校要求交上实习报告。千万不能只满足于签字盖章，要认真体会实习，予以详细反思和总结，并力求用人单位的具体意见与建议。这些表面上是为了应付学校，实际上对自己将来的就业有实质性的指导和帮助。

在实习这件事情上，大学生应该意识到，社会、企业、学校的作用都只是外因，真正能使大学生实现目标的还是大学生自己。作为大学生，在实习过程中应做到以下几点：①切勿眼高手低，正确定位，珍惜身边的机会。在寻找实习岗位时要早做准备，要有大致的方向和目标，积极收集相关的信息，利用身边可以利用的人际关系以寻求适合自己的实习机会。②在平时的学习中，除了注重理论知识的学习外，要多注重实践，培养一些技能，比如人际交往能力、表达沟通能力、实际动手能力等，为工作和实习打下良好的基础。③要树立良好的心态，对于实习要有正确的期望，始终抱着学习的态度，在实习中积极主动地工作，多问、多思、多学，在条件允许的情况下自己为自己创造锻炼的机会从而检验所学。不仅如此，在实习过程中应不断地自我反省和自我总结，通过实习报告或实习日记的形式，将每天的得失记录下来。①

（2）求职

学校就业指导中心一般会联系一些用人单位来学校设点招聘，这时候对于大学生是一个很好的机会，毕竟在自己的校园里，大学生会感觉更加自然自信，而且无需那么慌张。这时要带好有关证件、证书、成绩单和学校的推荐信等，衣着要整洁大方，谈吐清楚、简明扼要，不要瞻前顾后，应尽可能把握就业机会。

校外应聘有政府部门组织的各级人才市场交流会，有直接去用人单位应聘，或者通过其他方式与用人单位见面，方式多种多样，要求大学生要有主动性。校外的应聘活动一般学校就业指导中心和有关老师不是一一予以引导。在校外应聘，如果涉及缴费等，要注意识别招聘者真假，以免上当受骗。

可以利用如下常见的招聘网站：中国高校毕业生就业服务信息网、全国学校毕业生就业网站、北京高校毕业生就业指导中心、上海市高校毕业生就业指导中心、广州市高校毕业生就业信息网、内蒙古高校毕业生就业信息网、哈尔滨市高校毕业生就业信息网、安徽省高校毕业生指导中心、广西壮族自治区高等学校毕业生就业指导中心等。

2. 毕业考试（补考）及考研

（1）毕业考试

实习归来后注意力就应再次转向学业，完成课业，整合知识结构，完成最后的学习任务。三件事情让大学生变得异常紧张：一是考研，要在最后几个月做最后的冲刺；二是距离毕业学位仍有一段学分距离或者尚有补考任务和那些尚未取得必要资格等级证的同学，在这个阶段就不得不花费大量的精力去争取，去弥补；三是毕业考试，虽然大部分人

① 潘喆：《大学生实习问题与对策研究》，载《职业教育》2010第6期。

只要自然而然地复习就能对付，但是毕竟是离开学校一段时间，心中没有多大把握。所有这些与考试有关的任务到来，使毕业生一下子又变得忙碌起来，基本舍弃了社团活动，学业上的压力成了首要的压力。路是自己选的也是自己走的，此时怨天尤人是没有任何作用的。只有面对现实，脚踏实地地学。也不能自暴自弃，这样做对事态发展有百害而无一利。大学的学习有一定规律，所以不妨向有经验的老师、同学请教，或者适当地请他们帮忙，争取完成学业取得学位。要坚信，有一丝希望就不能放弃。

（2）考研

近几年，随着社会对高学历人才需求的增加，高层次人才越来越受到用人单位的重视，大学生"考研热"也在逐步升温。"考研热"的升温，的确让人欢喜，让人感动，但是大学生也不能不看到由此而产生的负面效应——与素质教育的原则背道而驰。考研者作为大学生中的一个特殊群体，从大学一年级就开始酝酿，二年级开始升温，三年级达到火热，四年级最后冲刺。为了考研，他们便唯研究生之书方读，唯研究生之课才上。许多学生对于与考研不相关或关系不密切的专业课或公共课根本不学，逃课、缺课现象严重，从而使得自己的知识面过于狭窄，专业基础薄弱，能力得不到提高。为了考研，他们便非研究生之事不做，坚持"两耳不闻窗外事，一心只读考研书"。社会活动不参加，政治学习不热心，值日生不做，宿舍、个人卫生不讲究，对同学之间的关系漠不关心。对于能够考取者来说，还可以通过研究生阶段的学习弥补自己的不足。但能够考取者毕竟还是少数，对于大部分未考取者来说，他们在就业及工作后竞争力不强，适应社会的能力减弱。很多学校往往把考研率作为衡量一个系（院）教学质量的标准，片面追求考研率，考研率有时也作为班主任和学生工作业绩大小的体现。对于管理者来说，学生考研目标明确，空闲时间少，不容易出乱子，好管理，但这也在很大程上助长了学生不良的学习风气，不利于大学生全面素质的培养，背离了大学生的培养目标。[①]

对于四年级大学生来说，议论考研的意义也许没有了意义。但是对于刚进校门的新生来说，一定要好好思考一番。考虑成熟之后，在不忘素质教育目标的同时，考试的准备工作从此就应该开始了。搜集目标学校、目标专业的各种信息，导师的资料和考试科目的资料等，做得越早越好，以便给自己留下调整余地。考试科目分为三门：外语、政治和专业，复习一般都是从外语开始，然后一定阶段复习政治，主攻目标是专业。除了自己计划好时间，还要找好参考资料。当然，少不了要好好利用图书馆和网络。

四年级的时候，对于准备考研的同学，则自然而然把全副精力集中于考试的冲刺中了，这个时候他们的状态与那些不考研的同学比一眼就可以看出来。寒假过后，下个学期就抱着就业和上学两种准备静静等候消息。

3. 完成毕业论文

（1）写作

毕业论文是大学学习的一次检验，是个人专业素质的体现，所以不可掉以轻心。于是，确定论文题目、寻找导师、搜集和处理资料并最终完成论文，这些都是必不可少的工作，马虎不得。选题要尽可能小些，以免泛泛而论，不得要领。而且，那些毕业论文中需要进行实地数据搜集的同学，还要亲自动手完成这工作量不小的任务。

毕业论文范例：

大学生人格教育调查分析

（署名）×××

---

① 王希莲：《大学生“考研热”探析》，载《江西社会科学》2001年第6期。

摘要：(内容略，300字左右)

关键词：大学生　人格教育　调查分析

一、大学生人格教育的现状（略）

二、大学生人格教育的主要问题（略）

三、大学生人格教育问题的原因分析（略）

四、大学生人格教育的策略方法（略）

参考文献：(略)

（2）答辩

一般会有一个答辩委员会组织并主持答辩，针对大学生的论文提问，大学生概括性地予以回答。大学生要给自己的论文做一个内容提要，将主要论点总结出来。大学本科生因为只是学士学位的论文，答辩要求不会很高，要求学生了解研究的基本思路，老师主要关注的是论文的主要观点。只要大学生的论文是自己精心准备的，大部分都能够通过。

4. 自我鉴定总结与完善职业规划

（1）自我鉴定

毕业前夕，学校要安排毕业生做评议，写自我鉴定，总结各自的大学生活。自我鉴定是大学生对自己在大学期间德智体美劳全面的总结，是走向社会前一次绝佳的自我认识和评价的机会。大学生回顾和总结大学四年的学习生活和工作等方面，客观地分析自己的成绩和不足，这是一件很有意义的事情。

（2）完善职业规划

大学阶段要结束了，即使学校不做要求，大学生也应该对自己做一个全面的总结。再说大学生的档案中还需要这个内容。自我鉴定是写给自己、学校和用人单位三方看的，一定要客观。多提优点固然需要，缺点也不能只字不提。内容上要有思想、学习与生活各方面的成绩表现，形式上要概括精炼。如果选择工作的，那么还可以结合实习的经验做一个短期角色定位，并且依此定位去准备相关的工作，包括态度上的转变、能力上的锻炼、知识结构上的调整，甚至是面试技巧的学习等。

在进行自我鉴定的时候，顺势也总结过去、展望未来，最终完成职业规划。

5. 毕业离校

（1）毕业典礼、晚会与聚餐

一般学校都会给毕业的大学生一个毕业典礼，典礼一般会在白天进行。会有领导、老师和学生代表的发言。充满激励的言辞，使部分毕业生激情澎湃，产生不舍的情谊，原来母校是这么美好。也许是中午也许是傍晚，学校会准备一次聚餐，毕业生可以尽情地吃喝一顿，不过不要喝得太多了，可能会控制不住情绪。到了晚上，还有一台文艺晚会，最后好好一睹大学生的青春风采，在其乐融融的氛围中酝酿与母校依依惜别之情。

（2）办理手续、离开

学校在某个专门地方摆了一大排的手续办理柜台，通知毕业生在一定时间内按照指定地点去排队办理手续。这种离校手续不比入学手续简单，有时有十几个章要盖，同学们要有耐心。首先自己好好检查一下：图书馆的书还完了没有？应缴的学费等费用交齐没有？先后是否有什么顺序才更有效率？可以请教已经办理过的同学，再行灵活调整。

离开学校，要注意交通安全。最好与有关同学老师当面或者打个电话再做一个简短告别。当然，没必要哭哭啼啼，尤其是女生。最好让同学、老师永远记住自己的欢颜。

四、主要问题与注意事项

四年级最容易出现的问题就是浮躁慌张，甚至出现心理障碍，突出表现在就业准备与感情处理上。大学生需要尽早有思想准备，在四年级伊始就要对自己的心理层面做一番梳理，稳定自己的情绪，平心静气，重点针对就业和个人感情方面可能出现的情况，运用合适的方法与技巧，妥善处理。

1. 就业问题

四年级即使第一学期没有出去实习而是安排上课，部分同学也是坐不住的，不能好好完成最后的功课，只想早早跑出去实习；如果已经在外面实习了，这个时候又想着学校还有重要事情特别是毕业考试甚至补考等还没有完成，又没心思复习准备，心里也是七上八下。其实，毕业以后都是工作时间，但上大学的时间却是所剩无几，不可逆转，哪怕是在校园里转转的感觉，毕业之后都完全不一样了。有些功课必须静下心来认真完成，实习后的各项工作还得有条不紊地进行，心情也需要好好整理。

一些同学在毕业前夕经过了不少努力始终找不到单位，因而产生焦虑。这其中原因也是多种多样：有的的确是自己比较被动，没有努力去找；有的则是机会不巧，阴差阳错与用人单位擦肩而过；或者是由于自己有些特殊情况，失去了稍纵即逝的机会；还有些是由于自己观念的误区和能力的不足等。其实这都没必要特别着急，毕业后还是有时间和机会的。其实在学校阶段找不到工作的大有人在，真正很快找到如意的工作的只是一小部分幸运儿，大部分是勉强签下一份就业协议或者干脆就没能联系好单位，等着毕业后再说。关键在于冷静地分析原因，决定下一步策略。特别值得提醒的是，如果是自己的就业观念不对，或者对形势没有客观的把握，或者是自己的求知技巧和相关能力有问题，那就行动起来，先从这些问题入手加以改善。总之只是着急无济于事，要知道，有时候欲速则不达，越着急状态越是不佳，反而影响了眼前的工作。也不必盲目与他人攀比，每个人有自己不为外人所知的情况，一段时间找不到工作干脆就冷静一段时间，调整好了再开始。一切目的的最起码基础是身心健康。

2. 情感问题

毕业生的心理压力有很大一部分源于情感问题，严重者也会发生心理上的偏差和不适应。情感问题除了两性的关系问题外，还有必须面对的师生关系、同学关系、朋友关系等。即将离开一起奋斗多年的朋友，确实是一件令人伤感的事情。首先，最难办的当属情侣，而且首当其冲的问题是聚散的抉择，到底是保持原有关系还是干脆各奔东西呢？而且毕业生情侣中又是多种多样的：有本校同级的，有本校异级的，有异校同级的，还有异校异级的，甚至还有校外的。对于这些同学而言又要面对这样的问题：首先是是否继续在一起工作或上学，如果在，那又在哪一方的哪一地呢？又是否进一步要结婚、为将来打算呢？这除了双方的协调，还得考虑双方家长的意见。然后，如果决定不在一起，面临着放弃，又该怎样抉择，如何承受这种有时是一方提出的分手打击呢？当然，如果是双双能够同进退就好办，但如此理想的结局太少。其中有一种结果较简单，即维持原有关系，但不在一起工作、学习，这样一来还不至于面对太多冲突。另外一种似乎是最简单的结果就是分手，这样就一了百了、没有牵挂但又谈何容易。由于以上的种种复杂原因，毕业生因为情感问题受到困扰的不在少数，其中又以女生居多。这与女生自身的许多特点有关，比如女生把感情看得更重、对目标专一、感情细腻等等。所以，建议这些存在困扰并影响到自己工作学习的毕业生一定要主动寻找社会支持，当然另一较有效的方法就是寻找心理咨询中心的帮助。此外，选择适合个人的合理的宣泄方式也是一个很好的办法，尽早疏散消极情绪。

天下无不散的宴席，同窗几年的同学，由于毕业的缘故也要各奔东西、自谋生路。而且与从前中小学同学间的毕业分别不同，此次一别所面临的是生活的艰辛，是激烈的竞争，是未知的前途。每个毕业生都知道，等待自己的将不再平静，不再单纯，想到这当然没几个人不伤感。还有共同学习了几年的老师，他们是同学们的领路人，同学们成长的见证者。每当离别之际到来，虽然依依不舍但却不可回避，所以毕业生们应顺其自然，洒脱对待。

到了承上启下的时候，过去、未来涌向脑海，总结、计划在这里交集，学业、爱情、自我、人际关系需要思考，许多的琐事需要一件件完成。大学生们还是不要慌慌张张，该做的事情必须有条不紊地进行，给现在画上一个完美的句点，给未来打下一个漂亮的伏笔。

大学生的素质整合，虽然主要依靠自己的主观能动性，但每一时期都必须与学校教育密切结合起来，与之融会贯通、相辅相成，比如低年级的整合吸收新生入学教育内容，高年级的整合接受毕业教育影响。不能也没必要把自我教育与学校教育割裂开来，因为它们本来就是一个整体。大学的课程教育有一个由基础到高深的过程，其他方面对不同年级学生也有不同要求，大学生的素质自我整合也要循着这个过程有条不紊地展开，循序渐进。

案例一　北大毕业生卖猪肉开连锁店成千万富翁

数年前，北大毕业生陆步轩当屠夫的新闻曾一度传遍大江南北，并引发了人们关于此行为是否浪费人才的大讨论。数年之后，另一位北大才子陈生也悄悄进入养猪行业，并在不到两年的时间在广州开设了近100家猪肉连锁店，营业额达到2个亿，被人称为广州“猪肉大王”。

这回人们的关注点不再是北大生该不该卖猪，而是探究陈生在卖猪肉行业掀起的这场“变法革命”。

陈生毕业于北京大学，十多年前放弃了自己在政府中让人羡慕的公务员职务毅然下海，倒腾过白酒和房地产，打造了“天地壹号”苹果醋，如今卖猪肉卖成了千万富翁。

猪肉也可以定制？这个说法，也许乍听起来觉得陌生，甚至不以为然。然而，陈生推出的绿色环保猪肉“壹号土猪”正是采取的这一战略。专家还为此冠以一个更专业的词汇：精细化营销。

不过在陈生自己眼里，这只是自己又一次采用了“歪门邪道”的办法而已。

读北大学会“歪门邪道”

如果你问陈生认为自己为什么能成功，他一定会告诉你自己只不过是比别人做事的方式更灵活。“别学我，我那些都是歪门邪道。”他笑着说。而这一切，正是他的母校——北京大学为他带来的最大财富。

“北京大学是个很有意思的地方。”陈生如是评价自己的母校，“还记得厉以宁在成名之前，曾经在北大当了十来年的经济系图书管理员。当时，所有经济专业的都在学马克思、列宁的那一套苏联的经济理论，没有人讲西方经济学。他自己钻研了很久的西方经济学。结果改革开放来了，人们需要学习西方经济学了，可是连本翻译的教材都几乎找不到，这时候厉以宁站出来，编著了《西方经济学》，并且以讲座的形式在北大开始讲授。反而在正式的课程表上却没有这门课。就是这样，厉以宁成了如今的大牌。”

陈生觉得，正是那些正式课表上没有的讲座，带给了他许多启发，影响很大。此后他曾经再次回到母校进修，讲授的老师和学术界的主流看法分歧很大，有的同学对此提出异议，陈生很直接地质问那些同学：

“你来北大难道就是想学教材上的东西吗？那你随便找个地方就行，不要来北大。这里最好的东西，就是那些和教材不一样的东西。”

对此，陈生笑谈：“其实老师也是没办法，北大特自由，学生可以不上课，老师怕没人来，被逼着讲些歪门邪道的东西。”

下海因为穷疯了

陈生毕业后，被分配到一个地方政府的秘书科当公务员。照道理，能够担任公职应该是很多人羡慕的事情，然而陈生却毅然决然地放弃了这份令人羡慕的工作，下海了。

“怎么说呢，和我的性格有关吧，我思维比较活跃，常做不合常理的事情，这在党政机关有点不合时宜。”多年后谈到这件事，陈生最先给出的是这样一个简单的理由。

可是再聊了一会，陈生终于爆出真正的原因：“关键还是穷啊，那时候我们几个朋友都是从名校毕业的，可是在机关里的收入非常低。我们家睡觉都从来不关门，为啥？就是因为没有任何值得别人惦记的东西，没有任何值钱的东西可拿。穷得没有办法了，只好下海去拼。”

陈生作出了在当时看来有点离经叛道的决定，但是却没有受到来自家庭的阻力。倒不是说家里人就完全没有意见，而是对于陈生来说，自己下决心去做的事情，不会被外界的因素干扰而改变，这也是他所谓的霸道。可以说，他决定下海的时候脑子里就不再考虑成败、得失或者旁人的看法了，他认为在一件事开始时不能想太多，因为考虑太多，到最后的结果很可能是做不了。

时至今日，公务员的待遇已经提高，成为了社会上很受追捧的一种职业，那么在现在这种情况下，陈生还会不会作出同样的选择呢？记者提出了心中的疑问。陈生很快地回答：“肯定不会。”然后自己也被这个答案逗笑了。

永远快人一步

陈生卖过菜，卖过白酒，卖过房子，卖过饮料。走到今天，他已经成为拥有数千名员工的集团的董事长。在商海浮浮沉沉这些年，最后能够成功存活，陈生靠的是永远领先别人的想法。

他认为，很多事情不是具备条件、做好了调查才去做就能做好，而是在条件不充分的时候就要开始做，这样才能抓住机会。至于条件的不足，可以用种种办法调动一切资源来解决。正如他卖白酒的时候，开始根本没有能力投资数千万设立厂房，可是他直接从农户那里收购散装米酒，不需要在固定设施上投入一分钱便可以通过广大的农民帮他生产，产能居然能达到投资5000万的工厂的数倍。之后，他积累起一定资金再开始从买成品酒转变成来料加工，这才开始租用厂房和设施，再之后才有自己的厂房，打造自己的品牌。迅速地进入和占领市场，让他在白酒市场上打了个漂亮仗。

而陈生最著名的产品"天地壹号"苹果醋，其诞生说起来十分简单。当时有一位著名国家领导人到南方视察，在途中该领导人用陈醋兑雪碧当饮料。当时人人都跟风照此喝，陈生没有和大家一起尝味到，他直接想到了如何将这种饮料生产出来。经过多次尝试，"天地壹号"苹果醋就此诞生。

卖猪肉也能卖出花样

现在，陈生进入了养殖业，卖起了猪肉。而这一次，他依靠的武器是分众销售，又称"精细化营销"。

2006年，陈生在湛江和广西交接处附近打造他的土猪养殖厂，2007年开始在广州开猪肉档卖猪肉。在短短两年时间里，发展成为广州乃至广东最大的猪肉连锁店"壹号土猪"。

国际著名直销传播专家薄朗思认为，精细化营销就是恰当地、贴切地对你的市场进行细分。

陈生认为，除了确保质量上乘、采用低价策略外，在经济增长放缓的今天，无数企业为了能更好地撬动市场，都在抓破脑袋思考各种各样的办法，一些企业正是成功运用精细化营销，取得了不错的成绩。比如国内家电零售企业巨头国美就一直站在消费者的角度上去考虑，采取“定制”的方法来满足不同顾客的不同需求。

陈生卖猪肉，用的也是这样的战略。他告诉记者，在中国，猪肉行业是一个传统行业，市场空间大，中国每年的猪肉消费约500亿公斤，按每公斤20元算，年销售额上万亿。但与其他行业相比，猪肉这个行业一直没有得到很好的整合，基本上没有形成像样的产业化，竞争不强，档次不高，机会很多。在这样的背景下，他们率先推出绿色环保猪肉“壹号土猪”，开始经营自己的品牌猪肉。他把猪肉消费群继续细分。虽然走的还是“公司＋农户合作”的路子，但针对学生、部队等不同人群，可以选择不同的农户，提出不同的饲养要求，为部队定制的猪可肥一点，学生吃的可瘦一点，为精英人士定制的肉猪，据传每天吃中草药甚至冬虫夏草，使公司的生猪产品质量与普通猪肉“和而不同”。

陈生认为，即使是卖猪肉，也要卖得和别人不一样，将“歪门邪道”进行到底。

管理观：我算是个独裁者

“我是一个霸道的人，基本上可以算是独裁者，凡事我做了决定，很少会更改，所以我下面的人可能也经常很为难。（笑）其实，经营一个企业是很困难的，没有人敢说自己的企业一定能存活百年，这不像教科书上的理论知识，企业的生存是个系统工程，包括了执行、管理、战略、文化等等，甚至有时候只是运气就能决定一个企业的生死。而我的做法，是各司其职。现在我只管管大方向、发展战略的问题，其他具体的事务一概交给别人，比如怎么花钱，那都不是我的事情了，所以我还蛮清闲的，都是别人在忙。"

财富观：一千万是合适的数字

"一个人要多少钱比较合适？这问题很难回答。在没钱的时候你会拼命地去想，而这也是我当年下海的原因。但是当钱达到一定程度之后，就会开始虚化。像我现在，每天基本花不掉钱，身上的衣服也是几十块一件的，太多的钱就变成数字游戏，缺乏实际意义了。如果一定要给出一个具体限额的话，我想一千万的数字比较合适。达到这个程度，就可以保证自己身边的人衣食无忧，过上比较上层的生活。"

事业观：让跟自己的弟兄过好点

"现在钱可以说是挣得差不多了，但是我不干事业太无聊，没事做，而且我也不会做别的。只好继续这么做下去，也让这些跟着自己的弟兄过得好一点。下一步要做的事情是将手头的事情整合，而不是进军新行业。人一辈子能做好有限的几件事情就已经足够了。"

陈生其人：广东天地食品集团总裁、董事长，北京大学经济学学士，清华大学EMBA，曾任职于广州市委办公厅和湛江市经委，先后创办湛江市新光辉房地产开发有限公司、广东龙虎豹酒业有限公司、广东天地壹号饮料有限公司、茅台镇老伙记酒业有限公司、广东天地食品有限公司，资产和年销售额数亿元。

（来源：《新快报》，记者：陈昊旻）

案例二　女大学生不堪就业压力自杀，留下10万字日记

2月23日，天空中飘起雨雪。

威县固献乡刘河北寨村的刘尚云家，凌乱而冷清。全家每个人的脸上都布满愁容，而刘尚云的爱人因为哀伤过度已病倒在床上，不时发出撕心裂肺的呻吟。

原本这是个幸福的家庭，悲剧来自不久前女儿刘伟的自杀。在石家庄学院上大三的女儿刘伟今年即将面临毕业，这个春节她都没顾上回家和家人团聚，一直在为就业而四处奔波和焦虑着……而家人再次见到她时竟然已是“阴阳两隔”了。

女儿走得太匆忙，甚至没有和家人打声招呼就绝然地走了。是什么让她如此厌倦这个世界？一本密密匝匝近10万字的日记，是刘伟留给世人唯一能搜寻答案的遗物，字里行间记录着一个当代大学生走上不归路的心路历程。

临终前的心灵挣扎

“感觉好累，好累……每天都感觉不到生活的美好，看不到未来和希望……总是没有信心，没有目标，过一天算一天，不知道前方的路如何，就这样消极地度日……再这样下去，不知道将是什么样的恶果。”这是刘伟生前最后一篇日记中记录的心灵感受。

“要毕业了，我却不知道如何主宰自己的人生，自己成不了自己的主人，而是奴隶，只在压力中度过，能不痛苦么？”

刘伟在日记中反复倾诉着自己的烦恼，“每天都在做一些心不甘情不愿而又不得不做的事，总想着逃避，却又不敢逃避，硬着头皮去做，

总是很痛苦，无助，都大三了，眼看就步入社会却变成了这样，实在是可悲啊！花着钱浪费着青春……可悲啊！”

在这同一篇日记里，刘伟反复好几遍用到“可悲”和“无助”。

“一个人没有自己的生活目标，而老是看着周围人的生活方式，是何等的痛苦和无奈……上课注意力不集中，整个人变得神情恍惚，有时真想离开这个世界，因为它不再让我眷恋，可是，唯有含辛茹苦的父母让我放心不下，我不能对不起他们，自己再痛苦也要撑着，虽然很累，很累……”

这是2008年10月9日的日记，刘伟第一次恍惚地提到“轻生”的矛盾念头。

“心总是静不下来，想学却力不从心，大三了，按理说马上要走上工作岗位了，应当尽快从学校向社会转变，或者备战接本考试……结果呢？却是如此地无奈、痛苦……每天压抑着自己，想要出去疯，出去喊，可又不知道该向哪，如果再这样下去，整个人非得崩溃不可，真的撑不下去了，我必须改变，否则，只能自己毁了自己，没有人这么傻，自己折磨自己，何苦呢？”

“逃避现实，是最无奈、最懦弱、最愚蠢的表现，而现在的我却一味地逃避。想着辍学，可又一想，亲人、邻里会怎么看，堂堂正正一个大学生竟然连个工作都找不到，面子又往哪放……总想找个地缝钻进去不出来了，总想一直睡着不要醒来，因为醒来就要面对现实。我该怎么办？自己已无法主宰自己的人生。”

接连几篇日记，刘伟都处在心灵挣扎之中，压抑得令人窒息。

“感觉自己像个傻子”

“不能再这样折磨自己了，再这样下去非得崩溃不可，总是胡思乱想，害怕找不到工作，心里总是一百个担心，结果，恐怕什么也干不成，一无所用。”

“在别人看来，你们大学生都可以找到一份舒适的工作，有一个美好的未来，而真正做了大学生才知道远非如此，工作是何其的难找，未来又是何等的渺茫。一切都是个未知数！”

“早知如此，我宁愿做一个普普通通的乡村女孩，过一辈子平平淡淡的农村日子，也就知足了！为什么非要走这上学路，注定要吃更多的苦，受更多罪。”

刘伟的日记中，无处不渗透着即将面对就业的压力。

9月13日她写到：“本想利用十一期间搞促销，今天去商场学习，看似低级简单的活儿对我来说却是那么难，我连洗衣机的功能和型号都记不住，大脑完全迟钝了，连最起码的与人打交道都不会。一个大学生，最终却什么也干不了，整天抱怨这个，抱怨那个，眼高手低，粗活不屑干，细活又找不到，结果是什么也干不成！这就是一个大学生的悲哀！”

“一个人最大的痛苦莫过于，不能做自己想做的事。如今我的大脑好像失控了似的，每天过着不情愿的生活，一看到课本就头疼，想着挣钱之类的，而且压力特大，挣钱吧，走出校园来到社会，感觉自己像个傻子似的，什么都不会。学校里学的东西百无一用，想找份糊口的工作都是那么难。”

百般心理冲突中，刘伟也在不断地调整自己。“心态关键靠自己调节，整天担心找不到工作，这样在忧郁中度过有用么，值吗？……再这样下去最终毁掉的是自己，工作难找应该努力学习，武装自己，让自己更完美，自然就好找了。没有抱怨的时间了，赶紧振作起来吧！”

滚雪球式的就业压力

“真没想到，暑假里我想找一份临时工都是那么难。不敢想象毕业后找一份对口专业的工作该是怎样的情景，真的很不容易，现在已经不断地降低自己的标准，哪怕从事体力的活都行，然而，却还是那样的难找。”这是2008年5月23日刘伟写的“就业难”心得。

“今天去参加有关话务员的培训，出乎意料的是竟然有近200名同学报名了，原以为没多少人会干，一个小小的暑假兼职竞争就如此激烈，可想，就业有多么的艰难！”6月4日，刘伟在日记中又发出了这样的感叹，“我还没有从学生转变为社会人，毕业即将临近，现实就在眼前，纵然有千万个不适应也得适应，所谓‘适者生存’，人只有适应社会，才能更好地生活！如果不改变自己，那么只能被淘汰，赶紧直面生活吧！”

“自从升入大学就一直萦绕在耳边的是‘找工作难’，多少大学生毕业后没有工作，一直感觉压力很大，常听人们形容招聘市场人山人海的壮观，但从没有真正见过那样的场面，既想去看看却又有恐惧，内心极矛盾。”

从日记中看出，刘伟是在2008年6月7日第一次参加就业招聘。

“昨天是第一次去参加一个小型的招聘会，尽管来招聘的不少，但大学生更多，每个桌子前都被围得水泄不通，好不容易挤进去了，一看都是招聘业务员，促销一类的，没有适合自己的……想找一份满意的真不容易！转来转去，也没有签下几个，与想象中的差远了，这就是现实与理想的差距。现实总是那么残酷，让人无奈！”

招聘归来，能感觉出日记中的刘伟是万念俱灰。“已20多岁的我还是无法接受这个现实，感觉承受不了社会的复杂与混乱，一直身在校园里，总是把一切想象得那么美好，当要真正面对时不免有些恐惧。不看招聘会还好，看了反而更增加了压力，心里又多了份负担……”

真不想愧对父母

“爱面子、虚荣足足可以摧毁一个人，而我就是这样一个失败的人，直到今天我才发现原来自己的选择是这么的错误，明知道家里穷得叮当响，只要不欠外债就OK了，自己不去打工挣钱，还偏偏选择了上大学。”

刘伟在日记中经常有这样的愧疚，她觉得自己上学是拖累了全家。

“就是为了自己将来能生活得好点，为了让别人高看咱，家里负债累累依然坚持上学，要知道这一切都是建立在父母的辛劳之上。为了我，父母省吃俭用，连件像样的衣服都没有，而别人家的孩子，早早就辍学打工去了，逢年过节回来给父母带些城市里的新鲜东西，也让身为农民的父母尝尝鲜儿，开开眼界，饱饱口福，而我却没有能力为父母买任何东西……”

2008 年 9 月 2 日，刘伟在日记中倾诉着自己的苦闷：“每年花着高昂的学费，不但没有学到本领，反而变得郁郁寡欢，遭受着精神上的折磨，一边花着钱一边受着罪，这是干什么呢？毁了自己也负了父母……当初就是因为想做个大学生，过过瘾，让别人羡慕下，虚荣心占据了上风，就为了面子，明知道家里穷，还硬要上学，全然没考虑父母的痛苦，然而现在却异常痛苦。唉，真的很懊悔啊。”

事实上，刘伟曾是个很自信很坚强的女孩。2007 年 9 月 6 日，她写到：“如今我已是成年人了，按理说不应该再向父母要钱了，自己能解决的尽量解决……以前我曾抱怨命苦抱怨贫穷的双亲，上天不公，现在，我不再抱怨什么了，甚至要感谢贫穷，是贫穷让我变得坚强，成熟……”

后来刘伟在日记中这样总结自己的变化：“如果我没有上大学，可能会遗憾一辈子，而现在上了大学，快要毕业了也没有得到自己想要的，更觉得遗憾。”

“我该怎么办？……活着还有什么意义？……谁能救救我？……”刘伟在日记中悲痛欲绝，无数次地发出绝望的呐喊。

合上这本厚厚的黑色硬皮日记本，记者的眼前老是晃动着刘伟的身影，一会是她舒展双臂奔跑在校园的美丽身影；一会是她紧闭双眼、满脸惨白躺在太平间的绝望之躯。让我们一起来读这本带血的日记，一起来思索她走上死亡之路的原因吧。

（来源：2009 年 2 月 26 日河北新闻网—燕赵都市报，记者：静冬）

第五章　大学生素质自我整合有章可循

大学生素质自我整合，虽然一直强调大学生自己的主观能动性，但因为自我教育和他我教育的二位一体性，大学生自己无论怎样整合，始终离不开外在教育和环境影响，素质自我整合实际上就是一般素质教育的“内化”，并且素质的最终提升必须依靠个体的实践训练和验证，将“知”变成“行”，这样才算彻底完成真正意义上的素质整合。因此，在整合过程中，就始终必须遵循一个原则：既要观察学习他人，内化外在影响，又要不断反省自己，贯彻知行统一。大学生素质整合，课内学习是主渠道，课外活动与社会实践是必需的补充。大学生素质的整合要通过对自己进行从认识与评价到设计与计划再到体验与调节最后到检查与总结的各个环节来具体实现，认识与评价、设计与计划、体验与调节、检查与总结这四个环节周而复始、循环往复，形成大学生素质整合的有效方法。内外结合，知行统一，多渠道全方位进行，并使整合的各个环节周而复始、不断上升，大学生素质自我整合是有章可循的。

第一节　整合原则

因为“全面完整的教育是外在（他我）教育和自我教育的二位一

体"[①]，大学生自己不论怎样整合，始终离不开外在教育和环境的影响，而这种外在的教育和影响从家庭、学校和社会各方面积聚汇合，最终只有通过大学生自己的同化与顺应，内化为大学生自己的东西，才能真正成为自身的内在素质，而内在素质还要通过实践的训练与验证才能成为稳定而真实的素质。因此，在大学生素质整合过程中，就必须始终遵循一个原则：既要观察学习他人，内化外在影响，又要不断反省自己，贯彻知行统一。两方面兼顾，相得益彰。因为大学生素质整合主要依靠自己，素质自我整合实际上就是一般素质教育的"内化"和实践。

一、观察学习他人，内化外在影响

如前所言，大学生素质自我整合本质上属于大学生自我教育的范畴，强调自我在素质发展中的主观能动性，并不是要否定教育、环境和外力的作用，毕竟人的发展和具体素质的提高是人与环境交互作用的结果。何况，人天生有一种惰性，很多时候需要外力的激活，有时候外界的辅助手段可以帮助人们更好地达成目标。大学生的素质自我整合虽然要发挥主观能动性但也不是一意孤行，必须借助学校、家庭和社会力量，吸收其影响。同时，大学生素质的自我整合，也是一个不断内化外在影响的过程。外在的一切教育和影响，只有内化为自己的东西，渗透成素质，才能变成指导自己行动的力量。

1. 观察学习他人

（1）观察学习

观察学习是行为主义和社会学习流派对理解人类行为和素质养成的最重要贡献。这一理论认为，个体的任何特质都是在生活的社会环

① 张晓静：《自我教育论》，黑龙江教育出版社 2004 年版。

境，特别是人们的相互交往中，经过耳濡目染、向别人模仿学习而形成的。通过观察学习，人们获得信息，了解社会环境，获得社会行为。观察学习不能只是停留在口头上，而是处处表现在行动上。

宋代大诗人陆游说过，“纸上得来终觉浅，绝知此事要躬行”，从书本上得来的知识固然重要，要真正变成自己的东西还要实践。知与行的统一还得参考书本上的前人的经验，这在某种意义上也是一种观察学习，属于间接学习。至于技能的获得，更是需要从师傅老师等人那里直接观察学习。

大学生们要在自己的学习和生活中，经常比照他人修炼和修正自己，即将那些不好的东西及时并坚决抛弃，将那些自身具有的与榜样接近的素质发扬光大，将那些榜样有而自己没有的素质作为自己修炼的目标并积极争取。

（2）寻找榜样

在社会生活中，他人的范围是很广泛的。除了自己，其他人都是他人，包括父母家人、亲戚朋友、同学、陌生人等。这些人都可能成为大学生学习的榜样。所谓“三人行，必有我师焉”，“三个臭皮匠，赛过一个诸葛亮”，“敏而好学，不耻下问”。任何一个人不能轻视他人那里可能蕴涵的学习力量。大学生要善于从各类人、各种事情中汲取经验和教训，广泛寻找良师，寻求益友特别是诤友，感谢对手，在所有同学中取长补短。要知道，即使反面人物，也会成为教材。

榜样的力量是无穷的，这是一个并不缺少榜样的时代。多元化价值取向与多元化实现途径的社会，为当代大学生提供了无数可以学习的榜样。从这些众多可资学习的榜样中，当代大学生完全可以寻找和选择适合自己学习的对象。除了社会上的英雄人物和成功人士之外，大学生还可以从平时的交往中，在日常的学习和生活中，寻找到很多可以学习的对象。“尺有所短、寸有所长”，在这些身边的人和事中，只要发现有可以学习的东西，都可以将其变成自己的学习对象。观察这些生活中的榜样，特别是注意这些榜样身上所具有的明显特征；广泛收集这些榜样的信息，深入分析这些榜样何以成为榜样的原因，找到那些使他们成为榜样的优秀素质，并将这些优秀素质作为自己素质整合的动力、方向和内容；让这些榜样在自己的脑海中时刻保持着鲜活清晰的印象，不断成为自我进步的动力源泉。

2. 内化外在影响

（1）**内化理论**

凡是外部客体的东西转化为内部主体的东西，就叫内化。心理学家皮亚杰认为，任何外部刺激和影响都是通过"同化"和"顺应"这两种机能而被接受到主体认知结构中来的。同化是指主体认知结构对外部刺激进行过滤或改变而把它接纳到认知结构中来，而认知结构在同化外部刺激的过程中，自身结构也发生相应的改变即顺应。同化和顺应实质上是同一心理过程的两个方面。人是一个能动的主体。在不断地与客观世界的相互作用过程中，主体积累了一定的知识经验和能力，并在头脑中以观念的方式形成一个相对稳定的认知结构。人的认知结构是一个能动的系统，它是发展变化的，有着自我调节、自我完善的能力，可以不断地感触新事物、接纳新事物、解决新问题、适应新环境。

（2）**外在影响来源**

外在影响是多方面的，首先来自于家庭。家里的长辈，他们都有着自己独特的人生经历，有机会倾听一下他们的谈话，吸取其中有益的启示。父母是孩子的第一任老师，从某种意义上也是孩子永远的老师。但一个人长到青春期后很容易对自己的父母熟视无睹，大学生更多地重视自我的需要与梦想而忽略了自己从哪里来，带着什么先天条件与特点。但是大学生要了解自己，还必须同时了解自己的环境与渊源，且不问祖先和血统如何，至少大学生应该了解父母是什么样的人，他们的身心素质如何先天地影响了自己，他们的教育又如何一贯地熏陶了自己。

这些影响和熏陶是否对于自身有利亦或不利，大学生有能力也有权利对此做一个褒贬评价。这样做的目的不是为了表彰或责难父母，而是为了自己扬长避短，更好地发展自我。

如果是独生子女，至少大学生还有堂、表兄弟姊妹，大家从小一起长大，作为同龄人，彼此熟悉，一起经受磨练，有比较相同的经历和一定的感情。大学生大可以从他们身上去照见自己。不妨想想，和他们相比，自己哪方面比较优秀哪方面比较薄弱，原因是什么。优秀了别有优越感，薄弱了也别自卑。想办法矫正或者赶上。

现在这一代大学生，大多出身独生子女家庭，从小从家庭受到较多的关注，但由于关注关心爱护多，也养成了一些独特的甚至消极的观念、行为习惯与生活方式。而且家庭的影响尤其是家庭经济的影响也不能忽视，不少家庭经济比较困难的学生，置身于别人优越的环境，感到强烈的自卑，存在着严重的心理矛盾。大学生要客观地分析自身受到的家庭的影响，剔除消极面，将优点发扬光大。

必须以积极的心态对待学校教育。现在，大学采取了诸多手段，花费了不少的人力物力，来加强大学生的素质教育。很多学生对这种全面发展的素质教育抱着无所谓的态度，有些甚至是在某些方面消极“抵抗”，这是很不明智的。虽然现在大学的素质教育仍然可能存在这样那样的问题，如学校给予的实践训练机会不是足够多，老师指导得不是理想中那么好，内容针对性和实效性也不是很强等。但是，只要大学生能以积极的心态面对，仍然可以从中学到很多东西。

当然，大学生在校素质整合的主要渠道是课内学习。大学教育是专业教育，是高层次的综合素质基础上的专业教育。学生获得知识、培养能力、提高素质主要靠课堂。国家的教学计划和大纲经过了多方面专家学者长时间的精心打造，相对于各个学生自己的寻求与安排，其中自然蕴藏着大量智慧，更加符合教育基本规律。大学生如果不重视课内学习，无异于舍本求末，舍近求远。

大学生要主动了解校园文化并积极参与校园文化建设，以此促进自己的素质整合。入学时候，大学生就首先熟悉自己学校的校园，教学楼、宿舍、食堂、图书馆、小湖、假山、运动场等，接下来要马上了解学校的历史传统与文化积淀和教育理念，领悟母校精神。除此，还要学习了解学校的规章制度，以及传统和仪式，为自己适应环境做一个全方位的铺垫。随着大学生活的展开，大学生要善于体会潜藏在自己环境中的物质实体如建筑和场所的价值观，加以合理利用，理解校园的精神，自觉遵守校园的制度，将自己彻底融入到自己的环境并享受其中。然后，还要尽力将它们加以创造并发扬光大。最后，到毕业时候，还要将母校铭记在心。以自己的表现为自己的校园文化在社会贴上美好的标签。在校期间，有的学生为学校写歌作诗以赞美自己的学校而不是牢骚满腹，有的在社会上骄傲地宣传自己的学校而不是妄自菲薄。总之，大学生要悦纳自我，悦纳母校。“今天以自己的母校为自豪，明天母校将为自己而自豪”。

大学生还要注意主动参与社会，广泛吸收社会影响。大学生虽然没有走出校门到社会上工作和生活，但是大学生受到的社会影响却是不可忽略的，有的时候甚至由于不直接而发生误解或偏差，从而产生巨大的负面效果。大学生要正视社会影响的复杂性。目前，我国正处于社会变革时期，生活节奏日益加快，人际关系更加复杂，社会竞争日趋激烈，市场经济、互联网络和经济全球化的发展，新事物、新观念、新的生活方式日新月异，这对于人格和价值观尚未定型、生理和心理都在发生迅速变化的大学生无疑是个严峻的挑战。如果个体不能适应和进行调整，也将会导致发展障碍。大学生应锤炼自己的判断力，自觉吸收社会上的积极影响，抛弃腐朽、庸俗、低级的观念和生活方式。充分利用周末与寒暑假积极参与社会实践，观察与了解社会、适应社会，锻炼自己社会实践的能力。

二、不断反省自己，贯彻知行统一

有关研究表明，自我意识的能力决定着个体发展的水平，人通过自我意识反省自己，就能找到进步的方向，大学生在素质整合过程中无时无处不需要反省。不同的阶段针对不同的素质内容，结合不同的实践活动来思考自己这方面的素质已经怎么样了，接下来要干什么。不仅如此，还要将到目前为止外在的一切教育与影响真正内化而成的自己的东西，贯彻到自己的行动上，最后才能成为自己素质的一部分。

1. 不断反省自己

（1）重视自身经验

反省，对于智者来说，是必要的。勇士在前进的道路上，也不可能一往无前，大学生在整合素质时必须经常停下来，反思自己过去的思想和行为，省察出偏差与错误予以调整修正，总结出经验予以发扬光大。

经验是最好的论证方法，没有经验，任何新的东西都不能深知。杜威说过，一个人应能利用别人的经验，以弥补个人直接经验的狭隘性，这是教育的一个必要的组成部分。① 但是，在素质整合的道路上，每个人自身的经验，对于自己的进一步整合显得更加重要。

对大多数人来说，经验犹如航船上的尾灯，只照亮已经驶过的航程。大学生在整合素质时，应让经验照亮未来。不仅善于向别人学习取经，也要用自己积累的经验来指导自己的未来。

（2）吸取自身教训

颜回是孔子的得意门生，孔子欣赏颜回两大优点：不迁怒、不贰

---

① （美）杜威：《杜威教育论著选》，赵祥麟、王承绪编译，华东师范大学出版社1981年版。

过。不迁怒，就是自己有什么不顺心的事，有什么烦恼和愤怒不发泄到别人身上去。不贰过，就是知错就改，同样的错误不犯两次。听起来简单，实行起来着实不易，尤其是“不贰过”是一种大智慧，很多人做不到。人非圣贤，孰能无过？大学生在接受外在教育以及自我素质整合过程中，常常可能因为主观因素的影响，作出一些不符合常理、常规的决定与选择，出现一些过失、失误、失败，这是难免的。关键是出现这些错误与失败之后，要能够回头，反思、检讨自己。多问几个为什么、怎么样，为什么会这样？怎样才能避免类似事情再次发生？所谓吃一堑长一智，犯错误并不可怕，可怕的是一犯再犯，并且有些人是迁怒于他人，逃避、推卸责任。这样，不仅在遭受失败之后可能一蹶不振，而且永远得不到挫折中的那份智慧。

曾子曰：“吾日三省吾身——为人谋而不忠乎？与朋友交而不信乎？传不习乎？”大学生不必像古人一天多次反省，大学生一个月反省一次，一个学期反省一次总是可以吧？那么到现在为止，“我”的现状如何呢？原本那样的“我”已经变了吗（变得好了或者坏了）？我的愿望目标达成了吗（达成了几分）？我应该从外在影响中吸收什么？通过如此这般不断地反思自我，不断促进自我采取新的整合行动，在不知不觉间就将外在的教育影响内化成为自己的习惯、态度和品质、能力等，成为自己素质的一部分。

2. 贯彻知行统一

（1）知而不行等于无知

大学生大多认为自己已经懂得不少为人处世的道理，也经常会勉励自己要“好好学习、天天向上”，但是总有一些人知而不行。有些人说起道理来头头是道，做起事情来却是一筹莫展，成为所谓“思想的巨人，行动的矮子”。知而不行，等于无知。所以，在大学生素质自我整合过程中，一定要贯彻知行统一。

（2）**借助外力整合素质**

首先，可以借助所有与他人的关系来整合自己的心理素质与人际关系素质。大学生可以大胆借助学校心理咨询调整自己的心理。心理咨询不只是为少数有心理障碍的学生服务，它具有教育、发展、保健和治疗等多种功能。对于大学生来说，首先应建立对心理咨询的正确认识，克服对心理咨询的偏见、误解以及害怕心理。在此基础上，积极借助学校心理咨询的力量，通过与心理咨询师的沟通，排解心中的郁闷，解答心中的困惑，疏导自己的情绪甚至治疗心灵的创伤。

同时，要善于从外界获得有益的信息。心理学的研究表明，个体总是会有意无意地根据或设想他人或社会群体对自己的看法而相应地调整自己的行为。这也就是说，社会的各种价值观、他人对自己的评价等对大学生素质发展的影响是客观存在的，而这种影响往往会不自觉地影响到其价值观和行为。这就要求大学生要善于从社会的价值观念和他人对自己的评价中，吸收有益的信息，正确识别他人对自己的评价，以此作为自己素质整合的参照物。

然后，要有意识地参加各种素质拓展实践。实践证明，情绪控制训练、承挫力训练、野外生存能力训练、人际交往训练等素质训练，对个体素质的提高是有一定作用的，它可以帮助个体在一定程度上改变那些不好的消极的素质因素，增强那些好的积极的素质因素。现在社会上这样的培训活动有很多，大学生可以根据自己的具体情况，有意识地参加类似的训练和体验，进而提高自己各方面的素质，有针对性地弥补自己素质中的某些不足，充分发挥自身素质中的某些长处，使其成为自己的特色甚至“招牌”。相对大学生而言，大学生以外的一切都属于外部、客体，如政治原则、思想要求、道德规范、行为准则、知识结构、实际操作，乃至于教师榜样、教师作用等都属于主体之外的客体。从内化的内容看包括道德内化、知识内化、智力内化。大学生在教学活动中，是学习的主体，学习不应是被动的接受过程，而是知识、道德、技能的内化过程。在长期的学习中，大学生积累了不少的知识经验，学习了不少的技能，现在可以有意识地询问和检查一番了。这些年自己都接受了一些什么样的教育？哪些已经认同了、受益了？哪些仍然迷惑着甚至受害了？通过主动的思考与行动，尽可能又多又快地把外在的优良的东西吸纳进来。

外因是变化的依据，内因是变化的动力，大学生自我素质整合，主要靠不断反思自我，贯彻知行统一，而实践的指导力量来源于内化的外在影响。这两点加在一起内外兼顾成为大学生素质自我整合的原则。

第二节　整合途径

从大学生角度言，大学生整合素质的主要途径在学校。我国学校教育的主要途径有教学、课外活动、团队及班级活动、社会实践等，其中，教学是学校教育的基本途径，因而课内学习是主要途径。但人是社会的人，在人群中存在，人又是实践的人，在活动中成长。大学生生活在学校这个亚社会，靠自我能动性的实践整合自己的素质，必然主动开发自己广泛的渠道，课外活动和社会实践成为重要的辅助途径。各种途径都有自己的特点和功能，具有不可代替性；各种途径之间互为补充、相辅相成。

一、课内学习是主渠道

课程是学校进行教学活动的基本依据，是实现学校教育目标的根本保证，也是学校一切教学活动的中介，它对学校进行管理与评价提供标准。课程是指学校为实现培养目标而选择的教育内容及其进程的总和，它包括学校老师所教授的各门学科和有目的、有计划的教育活动。

围绕着课程的学习，有多种形式的活动，其中教学活动是学校实现教育目标的主渠道，课堂教学则是它最主要的形式。当然，很多时候，课堂学习的效果受制于客观的课程设置的大纲内容与教师的教学水平，但是大学生仍然可以发挥自己的主观能动性，最大程度地从课堂获取知识、训练技能、提升素质。

1. 过程

（1）课前准备

带好教材、笔记本、纸、笔等学习用品，做好预习（老师专门交代不必预习的除外），好好休息（晚上睡好觉）养足精神，手机开到震动状态或关机。

（2）课中状态

大学的课堂仍然是课堂，需要一定的纪律才能保证教学目标的实现。大学课堂纪律首先取决于课程安排的合理程度、教师讲课方式、课本内容吸引力等因素，其次取决于学生的学习态度。大学生要保证自己课堂学习的效率，首先要讲求基本状态。情绪良好、精神饱满、意志坚定、抗干扰能力强、注意力集中，这样才能保证学习效率。

绝对不能把课堂当成自由市场。玩手机、听音乐、吃东西、说话、随意走动、打闹，睡觉都是应该禁止的；但大学的课堂应区别于中学的课堂，应更多地发挥学生的主体性，师生积极互动。那种学生一言不发、机械木呆、缺乏激情的状态也是不可取的。

（3）课后作业、复习与考试

作业练习是完成课业必须的工作，必须认真对待，不能偷懒与敷衍。预习、上课、复习三部曲中复习也最重要，应严肃对待。考试中舞弊是可耻的行为，必须杜绝。目前在高校，舞弊现状屡见不鲜，有时甚至是学生干部带头舞弊，极端不诚信，丧失起码的道德，还谈什么综合素质健全。

2. 方法

（1）思考

大学生上课不能完全等同于“听课”，上课本应为一种复杂的脑力劳动，思考贯穿全过程。大学生应独立思考，不依赖于书本或者同学，也要主动积极思考，无须等待老师安排，还要善于质疑，敢于藐视权威，站在专家学者或老师的肩上进步。

（2）表达

表达是学生的权利，也是促进思考、锤炼思维的方法。大学生在课堂上应主动发言，回答问题和主动提问、质疑、讨论，积极参与演讲和辩论等课堂活动。课余休息也可以与老师多加交流。

有几种特别的情况让大学生丧失了课堂学习资源：一种人经常逃课，上大学变成游手好闲，大部分时间混迹于课外，白白放弃课堂教学，从此处几乎一无所获；还有一种人上课基本都在场，但是几乎不能集中注意力，身在课堂心在外，没有任何主动性，看起来似乎在听课，实际上没有思考，所获甚微；还有的学生因为不懂得课堂学习的策略，本来是对课堂期待甚多，也常常不能如愿以偿。基本不到堂，课堂上一无所获的，最后结果可想而知，即使没被学校纪律处理，实际上也完成不了学业。不重视课堂学习，经常请假、迟到早退，课堂睡觉、讲话，对上课不以为然，这类学生，综合素养绝对好不到哪里去。总之，不能好好利用课堂这种学习机会的，都好比去到宝山不要金银却只去为了休息或者游玩。

二、课外活动是必要的补充

课外活动是素质教育的重要内容，是对课堂学习的延伸、补充、发展，具有广泛的、深刻的、生动的教育效能。丰富多彩的课外活动，有助于提高学生的组织能力，通过相互合作，培养集体主义精神；可以丰富学生的精神生活，陶冶情操，使学生学到多种新鲜知识，有助于培养兴趣和爱好，发展学生的智能。

1. 校内活动

（1）图书馆

教育部《高校图书馆规程》指出，“高等学校图书馆是学校的文献信息中心，是为教学和科学研究提供服务的学术性机构，是学校信息化和社会信息化的重要基地。高等学校图书馆的建设和发展应与学校的建设和发展相适应，其水平是学校总体水平的标志”。图书馆这一性质，决定了它在大学生日常的学习、科研、文化修养提高等方面发挥着重要作用，并进而在大学生素质教育中扮演重要的角色。

图书馆是大学校园的信息和文化中心。学校图书馆一方面会根据人才培养教学的总体目标，进行专门人才所必须具备的文化素质、思想道德修养等的综合教育及阅读、思维、研究能力的培养和文明行为的熏陶；另一方面，会根据教学的具体目标，配合各专业课程的教学工作，提供丰富的教学资源，服务学校的学科建设。培养学生良好的品格和独立学习研究能力。另外，还会开展培养读者利用书刊资料的能力和获取丰富信息的教育。可以说，大学图书馆的文献信息收藏、教育教学和研究职能使它成为大学校园的信息中心和文化中心，并与大学生知识获取，人文素养、科学素养和研究素养的培育密切联系起来。

图书馆是大学生进行学习和阅读的主要场所。图书馆一向被誉为人类知识的殿堂，大学生的第二课堂。图书馆中收藏的众多古今中外的名著和其他休闲读物，为大学生提供了丰富的阅读资源。大学生通过阅读文献，可以增长知识、开阔视野，树立正确的世界观、人生观和价值观。另外，通过对哲学、文学、历史、艺术、通俗类读物的阅读理解，这些文献资源还对大学生的心理内化、个性修养、价值取向、行为规范起着潜移默化的熏陶和启迪作用。可以说，高校图书馆不仅是学习的场所，同时也是大学生提高自身素质使其成长为优秀人才的重要基地。

图书馆是信息素质教育的主导者。信息素质贯穿于大学生素质教育的全过程。高校图书馆拼接其资源、人员、环境和组织管理等优势，通过组织专门的文献检索或电子资源检索与课程利用，举办专题讲座和用户培训，网络授课、网络信息资源导航平台建设、阅读辅导、参考咨询等等来开展大学生信息素质教育，从而在大学生信息素质教育方面担当着教师的角色，发挥着主导作用。

图书馆是大学生休闲娱乐生活的一部分。高校图书馆拥有大量的高雅和娱乐书刊、丰富的印象和文化资源，有用先进的网络设备设施，以及安静优雅的环境，并经常举办各种人文活动，这些使它日益成为大学生日常休闲娱乐的去处，并在大学生心理问题预防和治疗方面起到一定作用。

（2）**社团活动**

社团是具有某些共同特征的人相聚而成的互益组织。学生社团是指学生为了实现会员的共同意愿和满足个人兴趣爱好的需求、自愿组成的、按照其章程开展活动的群众性学生组织。学生社团是我国校园文化建设的重要载体，是我国高校第二课堂的引领者。可打破年级、系科以及学校的界限，团结兴趣爱好相近的同学，发挥他们在某方面的特长，开展有益于学生身心健康的活动。学生社团形式多种多样，如学术问题、社会问题的讨论研究会，文学艺术、体育、音乐、美术等方面的活动小组，如文艺社、棋艺社、摄影社、美工社、歌咏队、话剧团、篮球队、足球队、数学社、物理社、化学社等等。

学生社团的活动以保证完成学生的学习任务和不影响学校正常教学秩序为前提，以有益于学生的健康成长和有利于学校各项工作的进行为原则。学生社团组织和活动的目的是活跃学校的学习空气，提高学生自己管理自己的能力，丰富学生的课余生活。学生社团可以根据学校的不同情况利用学生的课余时间开展各种形式的活动，以交流思想，切磋技艺，互相启迪，增进友谊。在大学生活中，大学生可以依靠大小社团组织歌舞晚会、演讲和辩论赛、座谈、卡拉 OK、野炊等，锻炼自己的组织能力、发挥自己的才艺，丰富自己的精神生活。

（3）**班集体建设活动**

著名理论学家马斯洛的理论讲过，人都有归属感的需要。人在不同时期有特别的归属，大学生在学校就属于学校，属于班级，属于宿舍，属于小组。特别是班集体，很多时候是大学生的荣誉集中所在。在班级活动中，大学生可以充分地表现自己，借助各种机会发现自己的优缺点，整合自我素质。

主题班会是班级教育活动的形式之一，是班主任根据教育、教学要求和班级学生的实际情况确立主题、围绕主题开展的一种班会活动。通过主题班会来澄清是非、提高认识、开展教育，对促进学生的成长和树立人生观都起着作用。大学生可以积极主动地组织一些不同主题的班会，加强同学间的互相了解，增进自我对集体的交流，从中增强个人素质。

2. 校外活动

（1）**参与社会活动**

作为大学生，应该关注社会。周末、寒暑假等节假日，大学生都可以主动参加各种社会实践活动。参加的方式可以是群体活动，比如某些学校在暑假组织大学生下乡考察（比如去考察一个村庄的生态文明建设），也可以是独立活动，比如自己亲自去做一次有关商品生产的市场调查，去做一次对某个行业能手的访谈，甚至去做一次义工，等等。做实践活动要有目标、计划和总结评价。

（2）**感受人情世故**

大学生也应该了解人情。大学生虽然主要是在大学里生活，但是与家人和朋友甚至社会上陌生人的关系并不因此而阻隔。并且由于现代科技的发展，人们可以很便利地进行着交往活动。在这种人际交往中大学生也可以借助各种机会和条件整合自己的素质，促进自己的成长成熟以及成才。假期回家，大学生对于家人应予以新的打量，用心去了解他们的所思所想以及他们的现实生活，大多会有新的发现。或许感觉到自己的长大，懂得了关心家人，不再只是索取而是逐渐学会奉献。周末，大学生可以去到邻近的地方，一所学校或者某个单位，去寻找同学、同乡、亲友，或许这一次的相见并未带来多大的喜悦或收获，甚至大失所望，但是这种经验也不是一无是处。它告诉大学生社会上有各种各样的人，他们有各种各样的生活和生活方式，和自己整天待在学校这个“象牙塔”中想像的不一样。除非有特别的事务，偶尔去外面找找人对于一个不谙世事的大学生都有好处。有时，带着明确的目的，比如去寻求某种帮助、寻找就业信息，那就更是必须。不要自命清高，活在世上哪有不求人的，只要不失去自尊。去看看画展，邀外校的朋友一起打打球，三五同学去 K 歌，甚至在路途（旅途）中，大学生也可以乘机主动接触各种人事，观察、思考和参与解决一些临时事件中的问题，运用自己所学，训练自己分析、解决问题的能力。更可以结交朋友，为人际圈添砖加瓦，为精神生活增添喜悦，在这些活动中体会人情世故。

总之，大学生大部分时间都待在学校，主要精力花费在课堂，但是课外活动与社会实践也不能忽略。课内课外，校内校外，大学生都要充分利用起来整合素质。不仅是学期内，寒暑假以及周末也可以用来复习功课和从事社会实践。多种途径交叉运用，灵活安排。

第三节　整合方法

如前所述，大学生的素质整合本质上是一项自我教育活动，这项自我教育活动又是一个由多个环节组成的动态结构。一般而言，自我教育者都是在自我认识和评价的基础上，提出自我要求、进行设计与计划；在自我要求的目标引导下，不断地通过实践过程中的自我体验、监督，自我控制、调节，力争达到一定的预期效果；然后用自己认可的标准和价值观对自己进行检查与总结，形成对自己新的认识与评价；在这一新的基础上又开始了新的自我教育循环上升过程。所以，认识与评价、设计与计划、体验与调节、检查与总结这四个环节周而复始、循环往复的过程，就是大学生素质的具体整合方法。

一、认识与评价

有人说，世界上最远的和最可怕的距离是与自己的距离，是对自己的不了解。人最重要的任务是认识自我，认识自我本身就包含着对自我的评价。对自己的认识与评价是大学生整合素质的第一环节，也是必须经过的步骤。对自己的身心、能力水平以及修养等各方面素质作出的认识和评价，是进入下一阶段自我设计与计划的前提和基础。

1. 认识

（1）内涵与意义

一般而言，自我认识是指人对自己与外界关系的认识，是认识自己和对待自己的统一。自我认识是自我意识的认知成分，也是自我意识的首要成分，是自我调节控制的心理基础。广义的自我认识包括自我感觉、自我概念、自我观察、自我分析和自我评价。自我认识是人对自己及自己与周围环境关系的认识，包括对自己存在的认识，对个体身体、心理、社会特征等素质的认识。大学生素质整合重点体现在后者。这种认识是大学生通过观察、分析外部活动及情景以及社会比较等途径获得的，是一个多维度、多层次的心理系统。

正确认识自我就是指一个人对自我的认识要与自我的实际情况相

符合。它包括两个方面的涵义：第一，正确、全面认识自己的特点和长处。第二，正确认识自我与社会、个人与集体的关系。认识到个人的成长离不开集体，自我的人生价值主要在于对社会的贡献。

自我认识是认识的制高点。大学生的素质整合第一环节的任务就是自我认识，大学生只有认识清楚自己的素质状况，才能更好地发展。

（2）**内容与要求**

“人贵有自知之明”，那么，大学生怎样才能达到“自知”呢？一是从哪些角度来认识自己，二是怎样从这些角度进行自我预测。首先，一个人应该了解自己的身体，包括外在的体型、内在的体质、风格特点以及具体的尺寸数据（血型）。其次，应该意识到自己的个性，爱好什么，对什么有兴趣，是什么样的气质，性格是外向还是内向、大方还是小气，主动性与克制力怎么样。然后，一个人还应该知道自己智商高不高，爱不爱观察，记忆力强还是想象力强；同时，还应该了解自己的知识结构，能力特点，了解自己所学专业的特性。另外，也应该对比自己跟别人，感受自己的道德素养程度，思想的厚度与高度，规则意识如何。还应该了解自己对美的意识，感受美的能力。还可以适当分析自己的创造力有无、多少。做过这些之后，综合地予以评判，自己的素质到底达到一个什么样的程度，找到最弱与最强之所在。

认识自身素质要全面、深入、发展、客观。第一，全面认识自身素质，既要认识自己的外在形象，如外貌、衣着、举止、风度、谈吐，又要认识自己内在的心理、学识、能力、道德等。一个人的美应是外在美与内在美的和谐统一，内在美对外在美起促进作用。全面认识自己，既要看到自己的优点和长处，又要看到自己的缺点和不足。因为每个人的外在形象和内在品质都有自己的优势，又有自己的不足，正所谓“金无足赤，人无完人”，每个人都有自己的缺点，但同时每个人也都有自己的闪光点。应该多关注自己的优点和长处，要用欣赏的目光来看自己，即使可能有很多不足。因为只有先看得起自己，才能正确认识自己。面对纷繁复杂的人生世界，如果把目光都集中在痛苦、烦恼上，生命就会黯然失色；如果把目光都转移到快乐之中，将会得到幸福。同样的道理，面对自己，如果只看到自己的缺点、不足，将会悲观失望，停步不前；如果能看到自己的优点、长处，将会充满信心，迎接生活的挑战。但是如果一个人只看到自己的优点，看不到自己的不足，“看自己一朵花，看别人豆腐渣”，用自己的长处比别人的短处，就会沾沾自喜、骄傲自大、停步不前，甚至会倒退。第二，认识自身素质不能走马观花，惊鸿一瞥，要静下心来，条分缕析，将自身素质的每一内容，每一内容的每一方面仔细分析，找到特点。第三，事物总是发展变化的，没有一成不变的事物。俗话说“士别三日，当刮目相看”，每个人也都是在不断发展变化的，人们的优点和缺点也不是一成不变的。因此，必须用发展的眼光看自己，及时发现自己新的优点和新的缺点，通过自己的努力，争取变缺点为优点，不断改正自己的缺点来完善自己。第四，认识自身素质还要做到客观，不护短，不抑长，不妄自菲薄，也不妄自尊大。

（3）途径与方法

第一，通过自我观察来认识自己。要认识自己，大学生必须要做一个有心人，经常观察自己在日常生活中的点滴表现，辨明自己是一个什么样的人，找出自己的优点和缺点。自我观察是大学生自己教育自己、自我提高的重要途径。自我观察主要包括三个方面：自身外表和体质状况的观察，包括外貌、风度和健康状况等方面的观察；自我形象的观察，主要对自己在所生活的集体中的位置和作用、公共生活中的举止表现及社会适应能力等的观察；自己精神世界的观察，包括对自己政治态度、道德水平、智力水平、能力、性格、兴趣、爱好、特长等方面的观察。第二，通过他人了解自己。大文豪苏轼写道：“不识庐山真面目，只缘身在此山中。”认识自己有时候的确比较难，一般来说，当局者迷，旁观者清，周围的人对大学生的态度和评价能帮助大学生认识自己、了解自己。大学生要尊重他人的态度与评价，冷静地分析。对他人的态度与评价大学生既不能盲从，也不能忽视。对自身素质的认识不是个人孤立地闭门修养，而是强调要结合实践和集体活动来进行。

2. 评价

（1）内涵与意义

评价是对自己能力、品德、行为等方面素质的评估，是主体对自己思想、愿望、行为和个性特点的判断。在大学生素质整合方面，自我评价是指大学生对影响其素质的因素进行全面的评判。

自我评价是自我教育的重要条件。人对自己的思想、动机、行为和个性的评价，直接影响学习和参与社会活动的积极性，也影响着与他人的交往关系。一个人如果能够正确地如实地认识和评价自己，就能正确地对待和自理个人与社会、集体及他人的关系，有利于自己克服缺点、发扬优点，在学习中充分发挥自己的作用。实事求是地评价自己是进行自我教育、自我完善的重要途径之一。自我评价对于大学生来说很重要。真实的自我评价可以帮助大学生认识自己的优势，发挥自己的特长，为素质健全添砖加瓦，实现自我价值；同时还可以帮助大学生认识自身不足，扬长避短，少犯错误。

在教育学以及其他领域，自我评价功能的运用在实践过程中已经获得非常好的成效。这说明，自我评价的功能是一种特殊的资源。在教育中，让学生进行自我评价，那就意味着学生要进行自我导向与控制、自我审视与诊断、自我促进与激励，这就是元认知，是对自我评价的功能的一种运用途径。

（2）内容与要求

L. E. 韦尔斯和 G. 马威尔在 1976 年出版的《自我评价：概念与测量》一书中指出，人们通常从两个主要方面进行自我评价：一是对自己的能力或效能的感受，二是对自己的德行或价值的感受。一般情况下，这两个标准是通过反映评价、社会比较、自我归因和角色扮演等具体评价手段来实现的。从素质整合的角度看，大学生自我评价的范围更加广泛，大学生应当至少从以下几个角度进行自我判断，发现自己的优势和不足、兴趣与潜能等关系重大的个人特征。

第一，从记忆、领会、应用、分析、综合等方面来评估自己对知识的学习情况。将知识点与目标得分率制成简易图表，就可一目了然地知道自己学习上的优势与不足。知识结构，是指一个人所掌握的知识类别、各类知识相互影响而形成的知识框架以及各类知识的比重。知识结构可以从以下几个方面进行分析：一是自然科学知识和社会科学知识的比重，二是普通知识和特殊知识的比重，三是基础知识和专业知识的比重，四是传统知识和现代知识的比重，等等。这里所讲的“比重”，不仅指数量关系，也指质量关系。大学生也许感到很难说清楚自己的知识结构，这没有多大关系。大学生并不需要得出一个精确的结论，但是大学生必须分析自己的知识结构，特别是要找出自己所特有的或占优势的知识和缺乏的或处于劣势的知识，这样才能发挥优势，弥补不足。

第二，从能力结构方面评价。一个人所具备的能力类型及各类能力的有机组合就是他的能力结构。能力的类型多种多样，至少包括记忆能力、理解能力、分析能力、综合能力、口头表达能力、文字表达能力、推理能力、机械工作能力、环境适应能力、反应能力与应变能力、人际关系能力、组织管理能力、想像能力、创新能力、判断能力，等等。从不同角度或不同层面，可以划分不同的能力类型，每个人所具备的能力结构是不同的，甲和乙可能会有不同的能力，而且即使共同具有一种能力，但能力的大小会有所差别。大学期间，对自己的能力结构进行判断分析是必要的，发挥自己能力方面的优势，避开能力方面的欠缺，是素质整合的任务。那么，如何来分析评价自己的能力结构呢？一是凭自己的直觉来判断，二是凭经验来判断，三是同别人的比较来判断，四是从别人对自己的评价来判断，五是借助能力倾向测验来判断，等等。对于一个没有很多社会经验的人来说，评价自己的能力结构是件困难的事情，往往失之偏颇，自信心强的人往往过高评价自己，自信心差的人往往过低评价自己。重点还要从学习能力方面予以评价，做好学习动力、学习策略等的自我评价。

第三，从个性心理特征方面评价。个性是决定每个人心理和行为的普遍性和差异性的那些特征和倾向的较稳定的有机组合。个性心理特征主要包括气质和性格两个方面。气质是与个人神经过程的特性相联系的行为特征。气质类型一般划分为多血质（活泼型）、胆汁质（兴奋型）、黏液质（安静型）、抑郁质（抑制型）四种。这四种类型为典型的气质类型，属于这些类型的人极少，多数人为中间气质型，即以某一气质为主，结合着另一气质型的一些行为特征。人们的气质存在着相当大的差异，对自己的气质类型作出评判，选择适于自己的发展目标，对每个人都是十分必要的。性格是个人对现实的稳定态度和习惯性的行为方式。与气质相比，人们的性格差异更是多样而复杂。心理学家从不同角度来归纳性格差异，划分性格类型。按何种心理机能占优势可划分为理智型、情绪型、意志型、中间型；按心理活动的某种倾向性可划分为外倾型和内倾型；按思想行为的独立性可划分为顺从型和独立型；按人的行为模式可划分为A–I型、A–II型、B–III型、B–IV型和X型。一般来说，个性没有绝对的优劣之分，所以在生活中不要过于掩饰自己，而应当表现出真正的自我。

对自己的评价一定要客观。对自我要悦纳，不卑不亢、不偏不倚、不高不低。如果只看到自己的不足，对自己要求过高，觉得处处不如人、不如意，就会对自己丧失信心，形成怯懦、沉闷、悲观等心理，畏手畏脚，使自己的行动失去动力，素质整合得不到应有的水平发挥；如果只看到自己的长处，认为处处比别人强，自我陶醉，容易形成盲目乐观、傲慢、固执己见、自以为是等不良习性，不仅在人际交往中很难与人相处，而且在素质提高上难以长进，夜郎自大必成井底之蛙。

（3）途径与方法

正确地进行自我评价一般可以通过两种渠道：直接的自我评价和间接的自我评价。直接的自我评价，首先要熟悉自己的自然条件，包括健康情况、心理状态、情感特点、爱好倾向、知识水准、专业特长、智力情况、能力特点，还可以测定一下自己的生物节律周期、智商指数、气质类型、性格类型等作为参考。其次，是用自己在不同领域的实践中（如对各个科目的学习）取得的不同成绩相比较，以发现自己的优点，确定奋斗的目标。间接的自我评价是指通过与他人行为的对照及情况的对比，发现自我评价的错位。“不识庐山真面目，只缘身在此山中”，这是一些人不能对自己作出正确的自我评价的原因之一。当局者迷，那么就不妨用与他人相比较的方法及用自己在不同领域中取得的不同成果比较的方法鉴别一下。

科学的自我评价是帮助大学生确立正确的奋斗目标的条件。在实践的鉴别中，在与他人的比较中，要使思维方法尽可能地全面些、深刻些、辩证些、灵活些。人的知识、才能通常是处于散漫、朦胧状态的，需要不断地挖掘、发现和开发。从个人爱好、思维方式的特点、毅力的恒久性、已有的知识结构、献身精神与果敢魅力等多方面进行全面的考察和测试，将为科学的自我评价提供有益的帮助。

前面提到过，人最重要的任务是认识自己。在大学生进行素质整合的过程中，深入认识自己、正确评价自己是一个必不可少的前提条件。认识与评价这个环节十分重要，承上启下。只有正确地认识和评价自己，才能有针对性地对自己予以整合，取长补短。大学生对自己素质的各个方面所处的状态或达到的程度的认识评价不仅是进行下一步设计的依据，而且大学生只有通过经常地分析总结自己的心理、观念和行为，正确客观地认识和评价自己存在的价值和自己的所作所为，才能够处理好个人与社会及他人的关系，发扬自己的优点和克服自己的缺点，使个体的素质得到合理的发展。

二、设计与计划

这里的自我设计与计划，包括作为一个合格满意的大学生的设计与大学阶段计划，也包括作为一个未来自我实现的人的设计和整个人生的规划，重在前者。自我设计就是在正确认识评价自己，了解自己需要的基础上，结合社会需要给自己设计一些理想的目标；自我计划则是在设计目标基础上的措施步骤以及注意事项等。两者是紧密相连的。

1、设计

（1）内涵与意义

设计是指人们根据一定的目的和要求，对未来发展预先制定方案。大学生素质设计就是大学生对自身素质的各个方面预先做一番设想，给出具体的方案的工作。

没有理想的生存是毫无价值与意义的，人将仅是以一种生物而存活着。仅有理想，也是不足为取的，没有生存保障的理想是根本不存在的，生存是个人存活的手段，理想是人生追求的目的。自我设计要立足于现在，着眼于未来。生存的意义在于必须先得活着，理想的意义在于追求应有人生价值。这样才是正确的设计观念乃至人生观念。应当做到思无涯、行有制，心怀梦想，志存高远，人要按照自己的愿望和意志去设计自己，决定自己，自己造就自己。

设计好一条正确、明智的素质整合蓝图让自己的学业成功，继而让自己在职场和人生最终走向成功和幸福，是大学生应有的选择。

（2）内容与要求

自我设计，首先要设计生存，在生存的基础上设计理想，在理想的愿望中设计规划，在规划中设计细则，在细则中实施行为。自我设计，就要学会应付各种不同的困难挑战。人生之梦需要实实在在的蓝图设计才能追寻。人的生存是一个人立足社会现实的首要问题，离开了生存，一切将无从谈起。目标内容可以是外在形象的(容貌、身材、服饰、言谈举止)、也可以是内心品质（勇气、善良、刚毅、大度、乐观、合作、负责、真诚等）的。可以是长远的，也可以是近期的，可以是整体的，也可以是某一方面素质的。确定目标后要根据自己已有水平和条件使目标进一步具体化，也就是制定计划和方案等。在这个阶段非常需要人的自知之明。比如:“我”是O型血，认识到自己是属于多血质（气质)，动作比较灵活但做事经常不够耐心，就有意识地加强自己的耐心训练，遇事沉住气;“我”的性格喜欢而且擅长交际，但比较清高，对一般人看不来，那么“我”就要首先提醒自己放下“身段”，自然发挥自己的亲和力;“我”平日比较有理想但也很现实，很清楚自己的需要，有自己的信念，“我”对自己比较满意，这方面就不用太操心了;“我”天生擅长思考，有主见，但动手能力似乎差些，于是“我”提醒自己经常做一些制作活动。通过如此设计与计划，整合的实践又进了一步。

首先是明确目标、定位要准确，然后是坚持正确的目标同时也不排除适当的调整目标。明确目标要插上想象的翅膀，从梦想开始起飞。打碎枷锁，设计全新的自我，不能过分自卑而萎靡不振。自我设计目标也不能太高，要具有可行性。有长远的整体的目标比如做一个什么样的人，有近期的比如在某个阶段在某个方面比如专业方面要达成什么目标、人际交往方面应该注意什么重点。

在自我设计中，要注意把握人生的关键点和特色。将自己的精力集中在一个焦点上，选择最合适的专业，不要与兴趣为难。实力决定一切，有了实力才能以不变应万变。个人的实力要不落俗套、开创独特的自我风格（老练的风格、热忱的风格、亲切的风格、开朗的风格)。比如说，让自己成为这样的人：体质最好，是运动员；会打扮，容貌气质(即使是气质也需要培养）最佳；最聪明，成绩最好；有艺术特长；善于交际，有很多朋友；组织管理能力最强的学生干部，等等。

自我设计必须把握社会发展的条件。当今时代发展的特点在国际经济、政治和文化等方面的表现特征是经济全球化、政治多极化和文化多元化等。国家在重视经济发展、科技创新的同时也加强了环境保护和对社会效益的重视，在进行自我设计时把这些因素考虑进去是非常必要的。把“大我”与“小我”统一起来时，就能最终达到自己的目标，最大限度地发挥自己的优势。

自我设计必须全面考虑自身的条件。自我设计就是在真正明白自身条件和所处现状的基础上，合理地制定出自己的人生计划。历史和现实中的例子告诉人们：只有善于经营自己长处的人，才能使自己的人生价值增值。从现实的角度来说，是要客观看待自己的过去，认清自己的知识水平、见识、人生经历等，给自己一个恰如其分的评价。做到这一点，就能心平气和地面对现状，不再怨天尤人，不再好高骛远。

（3）途径与方法

向榜样看齐。看看身边和社会上有哪些自己崇拜的人，按照他们的样子结合自身的条件来设计自己。

访问自己的内心。了解自己内心的期望，结合自己的现实条件，按照自己希望的样子来设计自己。

2. 计划

（1）内涵与意义

计划是指人们为了达到一定的目的，根据外部环境与内部条件的分析，提出在未来一定时期内要达到的发展目标以及实现目标的方案途径。大学生素质发展计划就是大学生为了完善自身素质，对未来的素质培养活动所作出的部署和安排。

好的人生离不开好的规划，成功的人生离不开成功的规划及在正确规划指导下的持续奋斗。人生如大海航行，人生规划就是人生的基本航线，有了航线，人生就不会偏离目标，更不会迷失方向，才能更加顺利和快速地驶向成功的彼岸。

一个人实现了长久追求的设计目标时，正是一个新的挑战。一旦实现了一个目标，就必须再设定一个新的目标。必须做好换档的设计，重定人生的目标，朝着另一个更大的目标迈进。设定当前的目标，便为自己提供了通往实现长期计划的阶梯。要不断设计规划自己的人生，使自己变得更加充实完整。

（2）**内容与要求**

大学生的素质整合需要计划。这种计划有长远的，如人生规划（职业规划），也有近期的，如大学四年规划，甚至为了素质整合的更加有效，也有短期的，比如一个学期学英语计划。

计划必须有针对性和预见性。长期规划比如职业生涯计划的制定要不断修正，短期计划必须明确具体，可以自我计划每一天。要能够把长期计划和短期计划结合起来，长期计划为目标，短期计划为阶段，由此出发，脚踏实地一步步向目标靠近。人生规划特别是职业规划必须从自我认识开始，然后才能建立可实现的目标，并确定怎样达到这些目标。

（3）**途径与方法**

根据大学生活的节奏来计划。大学分学期、学年，每学期、每学年都可以有一个计划。

根据人生的长远需要来计划。人生规划，从大学时期开始，可以把人生分为不同的阶段，如青年期、中年期和老年期。王志刚的《谋生》主张大学生可以逆向思考人生，定位于某一阶段再倒回来予以计划。

三、体验与调节

任何人都代替不了自己，父母为孩子操心，但是孩子的路要自己去走。很多时候，人们还想通过自己亲身的体验“过把瘾”，经过了才知道其中的滋味；别人给的警告或者教训到底不真切，事非经过不知难。大学生在素质整合中也是要通过不断的实践，然后予以不断的调节，才能最终夯实自己的素质。

1. 体验

（1）**内涵与意义**

自我体验是人对客观事物是否符合人的需要而产生的内心感觉，自我体验是伴随自我认识而产生的内心体验，是自我意识在情感上的表现，即主我对客我所持有的一种态度。它反映了主我的需要与客我的现实之间的关系。客我满足了主我的要求，就会产生积极肯定的自我体验，即自我满足；反之，客我没有满足主我的要求，则会产生消极否定的自我体验，即自我责备。客我能否满足主我的要求，往往与个体的自我认知、自我评价和个体对社会规范、价值标准的认识有关。

自我体验伴随自我认识、自我评价起着心理和行为的调节作用。心理学的研究证明，尽管人们经常为得到外部奖励而努力，但大学生也会为了获得内部奖励而向着大学生自己制定的目标而努力。这种内部的奖励就是乐观体验，它包括自我成就感、价值感、能力感、幸福感、满足感、充实感等。

（2）**内容与要求**

自我体验的内容十分丰富，比如自我价值感、成功感与失败感、自豪感与羞耻感等。自我价值感是个体在关于自己价值的判断、评价基础上，形成对自己的态度与情感，即自尊、自卑等自我情绪体验。成功体验与失败体验一般与工作是否取得成功有关，但它们还取决于自己的期望水平，这就是说，客观的我所取得的成绩虽然已达到了社会的水准之上，但能否产生成功体验，还要看主观的我对客观的我的要求，即期望水平。至于自豪感与羞愧、内疚感，一般来说，自豪感的体验是个体意识到自己的行为与理想自我形象相符合时产生的。羞愧感的体验是个体意识到自己的行为未能达到自己的理想形象的要求而产生的。内疚与羞愧不同，羞愧是感到自己比不上他人，偏重于个体的智慧，认为自己努力不够，对社会贡献少于他人；而内疚是由于自己的行为违反社会道德准则，侵犯了他人利益而受到良心上的责备，个体意识到自己的行为与社会要求背道而驰，感到“对不起”父母、师长和领导。

大学生应当充分发挥自我体验的功能，特别是要把乐观体验纳入自己日常的生活中，通过自我体验的激励和鼓舞的力量把所定的目标内化为需要和信念，并推动整个身心投入到实际行动中。

（3）**途径与方法**

在每一个活动中细心体察。运动会中体验身体素质，联谊会上体验交际素质，招聘会上体验就业素质等。

在每一个方面总体体察。体察自己的身心是否健康以及健康的程度，体察自己科学文化知识是否丰富，体察自己是否能干，是否有修养，是否学好了专业，是否有不错的人际交往素质等。

2. 调节

（1）**内涵与意义**

自我调节在此也可称做自我控制，是个体认知发展从不平衡到平衡状态的一种动力机制。有广义和狭义之分。广义的自我调节，指人们给自己制定行为标准，用自己能够控制的奖赏或惩罚来加强、维护或改变自己行为的过程。狭义的自我调节，实际上指自我强化，即当人们达到了自己制定的标准时，用自己能够控制的奖赏来加强和维持自己的行为的过程。

一般来说，人们并不是自发地、随意地进行活动，往往是有意识地修饰自己的行为，不断地调整自己的行为，以便使自己的行为符合社会规范并给他人留下好印象。除非极个别的情况，大学生日常的大部分行为都是由自我调节的机制所控制的。

（2）**内容与要求**

自我调节有三个基本过程：自我观察、自我判断和自我反应。自我观察是人们根据不同的活动中存在的不同衡量标准，对行为表现进行观察的过程。自我判断是人们为自己的行为确立某个目标，以此来判断自己的行为与标准间差距并引起肯定的或否定的自我评价的过程。自我反应是个人评价自我行为后产生的自我满足、自豪、自怨和自我批评等内心体验。

大学生素质自我调节过程中也需要寻找榜样，激励自己；寻找伙伴，鞭策自己。与人分享，寻求支持、鼓励与批判。为了达到最终目标，在自我体验与调节中最好常常采用写日记或随笔的方式把自己的感受记录下来。

（3）**途径与方法**

自我奖励和自我惩罚是自我调节的两个主要杠杆。自我奖励与乐观体验有很多相似之处，但也有区别，自我奖励的内涵比乐观体验要宽泛。素质整合的目标不可能也不必要是一成不变的，方法也是不断改进的。这需要经常做自我调节。通过自我奖励这个杠杆，大学生可以经常让自己“胜不骄败不馁”以及做到“坚持、坚持再坚持”。自我惩罚是个体对自己的所作所为不满时所进行的自责、埋怨、紧张等反应。通过自我惩罚这个杠杆，大学生可以经常剔除自己素质中“最不如意的方面”和制止不良行为。作为社会中文化层次较高的一个群体和社会未来的精英，大学生应该随时随地意识到自己的使命和社会的要求，通过自我调节的功能，使自己的身心发展健康，使自己的学识能力达到社会的需求标准，使自己的行为符合自己的做人原则，符合社会的准则和他人的合理要求，使自己的审美与创造素质达到较高的水平。

四、检查与总结

在素质整合过程中，对自身素质发展的各个方面做仔细的观察和记录，评价效果，争取找出问题和不足，以便调整计划，做得更好。把一个阶段以来自己所思所想、所作所为列举出来，然后一分为二地加以归纳概括。每经过一个时期，人们都必须对自己前一阶段的作为做总结检查，查看效果如何，找出经验和教训，以便进入下一步，取得更好的成绩。

1. 检查

（1）内涵与意义

检查即翻检查考，为了发现问题而用心查看。自我检查是指自己为验证自我行为的效果是否符合标准而进行的工作。这里的检查，不是检讨，而更多的是监督。

自我检查可以查找问题和缺陷，减少失误，提高正确率，保证质量和效果。

（2）内容与要求

自己做得特别好的方面以及做得特别差的方面，特别要经常自觉检查。整合过程中的检查是无时无处不有的，对于单项素质可以不定期地或者有特殊需要时予以检查，找出成绩或不足特别是失误。但比较全面的总结可以定期进行，比如：一周一次、一月一次、一个学期一次、一个学年一次。

自我检查难以自我发现，检查的方式缺乏合理性、规范性，检查的意识往往被忽视，检查的效果难以得到保证，检查的结果难以令人信服，因此应该保持高度的客观性。对自己的素质的检查要自觉，在计划中就应该安排好，有规律地进行；既不偏颇护短也不过于苛刻，做到客观；具体检查时做到勤于观察、记录、反思、对比、评价，并且仔细认真，勿潦草敷衍。

（3）**途径与方法**

素质的检查一方面可以参照自身目标来进行，另一方面也可以参照榜样或反面教材来展开。每过一定阶段，大学生就按照自己的目标来检查一下自己有没有实现。当社会特别是周围发生了一些好人好事，大学生可以拿榜样来检查一下自己有没有做到；当社会特别是周围发生了一些坏人坏事，大学生可以拿反面教材来检查一下自己有没有这方面的苗头。

可以根据预定和担心的问题来检测有无，也可以根据完善的目标来查漏补遗。

2. 总结

（1）**内涵与意义**

总结是对过去一定时期的情况进行回顾、分析，并做出结论的工作，根据内容、范围、时间等的不同，可以分为不同的类型。总结带有评论性、过程性、实践性、概括性。在写作上，总结是对一定时期内的工作加以回顾、分析和研究，肯定成绩、找出问题，得出经验教训，摸索事物的发展规律，用于指导下一阶段工作的一种书面文体。它所要解决和回答的中心问题，不是某一时期要做什么，如何去做，做到什么程度的问题，而是对某种工作实施结果的总鉴定和总结论，是对以往工作实践的一种理性认识。

大学生素质整合中的总结就是指大学生对一段时间以来自己素质的发展予以回顾、分析和研究，找出成绩和问题，发现规律的工作。

总结是认识世界的重要手段，是由感性认识上升到理性认识的必经之路。通过总结，使零星的、肤浅的、表面的感性认识上升到全面的、系统的、本质的理性认识上来，寻找出工作和事物发展的规律，从而掌握并运用这些规律。总结是做好各项工作的重要环节。通过它，可以全面系统地了解以往的工作情况，可以正确认识以往工作中的优缺点，可以明确下一步工作的方向，少走弯路、少犯错误，提高工作效率。

总结中，须对工作的失误等有个正确的认识，勇于承认错误，形成批评与自我批评的良好作风。做好总结，须从以往的工作实际出发，养成调查研究之风。总之，做好总结是非常重要的，但也是非常困难的。难度主要表现在两方面：一是总（过去的工作），二是结（工作的经验、教训和规律）。要正确处理好两者关系：总是结的依据，结是总的概括。

（2）**内容与要求**

大学生素质整合中总结的内容是素质的各个方面，不仅专业学习要做总结，而且自己的生活与修养诸多方面都要做总结。总结成绩、经验或不足、教训。重点在存在的问题及原因、努力的方向及措施。要看自己的学习态度是否端正、方式方法是否得当，问题出在哪里，自己的知识、才能有无增长，有没有达到原计划的目标；自己的人格成长也要做总结，不良习惯改了没有，改了多少；还要总结身体的变化、审美创造的长进。

大学生素质整合中的总结存在于不同的阶段。每一天、每一周、每一月、每一期、每一年以至于整个大学阶段都可能需要总结，由每个人根据自己的情况和需要确定。一般而言，大学生最好在每个学期结束做一次总结。特别是开学第一个学期和毕业的最后一个学期，具有特别的意义。总结要看到成绩也要看到不足，一定要明确找出成绩和错误，不能含糊，可以和自己的过去或者同类的别人（同班同学）做对比。总结时应写下总结记录，具体可以使用报告、列表和随笔等。

（3）**途径与方法**

经常写随笔是个好习惯，大学生如果能够坚持写随笔，不仅能够提高反思、写作能力，更能够帮助自己好好总结过去。每一小阶段的随笔还为大的阶段总结准备了素材。专门的总结报告的写作更是总结工作的最佳方式。

给自己的素质整合做总结首先是回顾、分析和研究，然后是把它们写下来。在大学生素质整合中，须勤于思索，善于写作。

大学生在毕业时一定要做一个自我鉴定，这里就必须先来做个总结。详细的自我鉴定甚至成为整个整合过程的书面回顾。至此，一个回合的整合完成，进入下一个周期。

总而言之，认识与评价、设计与计划、体验与调节和检查与总结这四个环节组成了一个有序的过程，这种过程不是一劳永逸，而是不断循环反复，螺旋上升的。这实际上也就是一个认识和实践不断发展的过程。正如毛泽东在《实践论》中所言："实践、认识、再实践、再认识，这种形式，循环往复以至无穷，而实践和认识之每一循环的内容，都比较地进到了高一级的程度"①。

案例一　洪战辉的故事

在12岁之前，洪战辉和众多农村的男孩一样，有着一个天真烂漫的童年，父亲、母亲、弟弟、妹妹和他共同组成的家庭，尽管生活很艰苦，但也很幸福。

1994年8月底的一天，生活跟洪战辉开了个天大的玩笑，他的人生之路从此转弯。

那天中午，洪家发生了一件震惊全村的事儿——洪战辉的父亲洪心清突然发疯，不但把家里的东西都砸坏了，还殴打自己的妻子。洪战

① 《毛泽东选集》第一卷，人民出版社1991年版，第296—297页。

辉的妈妈看到这种情况，赶紧去叫人帮忙把洪心清送到医院。但是慌忙之中，却把只有1岁的小女儿留在了屋内。等大家赶到时，1岁的妹妹已经被爸爸摔在了地上，送到医院时已经没气了。洪心清得了间歇性精神病，妹妹也永远离去了。

而此时的洪战辉，正上小学五年级，还不满12岁。这年的腊月二十三，疯疯癫癫的洪心清临近中午还没回家吃饭，洪战辉就和妈妈一起去找，在离村5里地的一棵树下，父亲不知从哪儿捡回一个被遗弃的女婴，眼光里透出一种父爱。

无奈之下，天快黑的时候，一家人把孩子抱回了家。洪战辉一抱上小女孩，小女孩就直往他怀里钻，他想起了妹妹。洪战辉给女婴起名叫洪趁趁。

1995年8月20日，吃过午饭后，母亲不停地忙着蒸馒头，直到馒头足以让一家人吃一周之后，她才停了下来。第二天，母亲不见了。她不堪家庭重担和疯丈夫的毒打，选择了逃离。

“娘，你去了哪里？回来吧……”弟兄俩的哭声在暮色中飘了很久。他们不想这样失去母亲，不想失去生活的依靠，洪战辉哭喊着和弟弟四处寻找妈妈，夜已经深了，娘那天没有回家。

似乎一夜之间，13岁的洪战辉便突然长大了。他稚嫩的肩膀开始接过全家生活的重担：抚养幼小的洪趁趁，伺候病情不稳定的父亲，照顾年幼的弟弟，寻找出走的母亲。

此时，洪战辉已到西华县东夏镇中学读初中，学校离家有两三公里。每天上学的时候，怕患病的父亲伤害小妹妹，他就把小趁趁交给自己的大娘照看，放学回到家里，再忙着准备全家人的饭。无奈，洪战辉只得抱着女婴向附近的产妇们讨奶吃。天天讨奶也不是办法，洪战辉开始学着卖鸡蛋、卖冰棍挣钱买奶粉喂养妹妹。

在读初中的3年中，洪战辉无论是在早上、中午还是下午、晚上，都要步行在学校和家之间，及时照顾全家人吃饭。

1997年7月，洪战辉初中毕业，成为东夏镇中学考上河南省重点高中西华一高的3个学生之一。

“接到录取通知书时，我正收拾行李准备出去打工。”洪战辉对记者说，“我要去挣钱读书，我要养家。”

当时清醒的父亲用家里的一袋小麦口粮换了50元钱，颤抖着递给洪战辉说：“娃儿呀！爸对不起你！考上了学却没钱上……”

16岁的洪战辉怀揣50元钱，只身一人冒着炎炎烈日跑到周口、漯河等地，因为又瘦又小，3天3夜连刷盘子洗碗的活也找不到，只得返回西华县城。此时，洪战辉已身无分文。

洪战辉的执著精神引起了一个中年人的同情。在软磨硬泡了两三天后，那位中年人在自己承建的装雨棚的工地上，给了洪战辉一份传递钉枪的工作。洪战辉拼命地干，一个暑假，他挣了700多元。

这年9月1日，洪战辉终于按时到西华一高报到了。而且，通过竞选，他当上了2903班的班长。

在学校逐渐安定下来后，洪战辉就在学校附近租了一间房子，从家里把小趁趁接到了身边。他又开始像上初中时一样，每天奔波在学校与住处之间。一早，他要让小妹妹吃早点，再叮嘱她不要外出，然后上学。中午和晚上，他从学校打了饭，带回住处和小趁趁一起吃。

来到县城读书后，一切开支都大了起来，而且高中的学习压力也是初中所无法比的。但是洪战辉知道，如果失去了经济来源，父亲的病情好转、弟弟和妹妹的生活以及自己美好的理想都是空谈，打工挣钱成了洪战辉繁重学业之外最大的任务。

“没办法，我要读书，我要养家，就必须想办法挣钱！”从此，洪战辉在校园里，利用课余时间卖起了圆珠笔芯、书籍资料、英语磁带等，“鞋垫、袜子，只要能挣钱我都卖”，用微薄的收入维持着全家的生活。

高中生像小商贩一样搞校园推销是被人瞧不起的事，甚至引起了一些师生的反感。一次在某班推销的过程中，该班班主任老师毫不留情地将他赶出教室："你是来读书的还是来当小贩的？你家庭再困难，这些赚钱的事情也该你父母去做，你现在的任务就是好好学习！"洪战辉没有辩解，强忍住泪水，收拾了东西就走。

洪战辉说，只要学校张贴停电通知，他就赶紧跑出去批发蜡烛，然后一个班一个班去零售；他卖的圆珠笔芯油多笔头小，价格又便宜，自己用着感觉不好时还主动包退包换。"其实，做再小的事，挣再少的钱，只要是努力得来的，一分一毫都值得自豪！"洪战辉说。

洪战辉边挣钱边学习和照顾小趁趁，还得定时给父亲送药。这种日子持续了一年多，在洪战辉上高二的时候，父亲的精神病突然又犯了。

父亲住院需要照顾、花钱，为了借钱，洪战辉跑了周围的几个村子，求了几乎所有的亲朋好友，但跑了两天才借来40多元钱。后来，西华县南关的一个油漆店老板邓阿姨知情后，向他伸出了援助之手，把看病所需的2000元钱送到了洪战辉家中。

生活的压力、家庭的现状逼迫洪战辉不得不辍学。高二时，洪战辉挥泪告别了难舍的校园。

回到农村老家后，他收拾农田，照顾父亲，闲暇的时候教妹妹识字，并在农闲的时候做点小生意，挣钱补贴家用，一年挣了六七千元。

到了2000年的时候，小趁趁已经6岁了，父亲的病情也控制了下来。"不读书不学习没有知识是不行的！"洪战辉渴望再次回到校园读书。

刚好，洪战辉在西华一中的老师李永贵和秦鸿礼调到了西华二中。两位老师一直关心着洪战辉，他们让人给洪战辉捎信：希望洪战辉能重回高中学习。由于二中的高中部是新建的，洪战辉成了西华二中的一名高一新生。

洪战辉又把小趁趁带在身边，她也到了上学年龄了，秦老师帮助她在附近找了所小学，小趁趁也开始上学了。

新的高中生活又开始了。和以往不同的是，在边挣钱边学习边照顾小趁趁的同时，洪战辉还多了一个工作——辅导小妹妹的学习。

洪战辉告诉记者，读高二时，他在学校附近的一家包子店干活，每月老板支付30元工钱，早上可以免费吃包子，他就多吃，午饭和晚饭就可以省下了。

生活在平淡中继续。2002年10月，父亲的精神病第三次犯了。他把父亲送到了一家精神病医院，可是交不起住院费。而且不久，正上初一且成绩全班第一的弟弟洪锦辉不辞而别，外出打工了。

10月底的一天，扶沟县一家乡镇精神病院被洪战辉的孝心所感动，答应免去住院费只收治疗费。洪战辉赶紧回家取住院用的东西，到家后又连夜骑上自行车赶往医院。家到医院有近50公里路，夜已经很深了，连续奔波3天的洪战辉极度疲惫，骑着骑着，眼睛就睁不开了，结果连人带车栽倒在路旁的沟里……等他醒来时，自行车压在身上，开水瓶的碎片散落一地。

也不知在沟中躺了多久，洪战辉想起了妹妹和父亲。他咬着牙对自己说："我不能倒下，我倒下了，父亲的病就没人管了，妹妹就没人管了……我一定要考上大学，改变自己的命运！"他终于顽强地站了起来。

洪战辉告诉记者，他看到学生对复习资料的需求量很大，就利用星期天的时间，坐车到郑州批发图书回学校来卖。为了节省成本，从郑州汽车南站到西郊的郑州图书城，他有时步行几个小时，脚都磨出了血。

洪战辉的河南老乡杨宏志和宁丹都告诉记者，在河南省的西华县和临近的太康县、扶沟县，2002年前后的高中生，对洪战辉都有很深的印象，不少人还借钱给他做本钱，他常到学校的班级内推销书籍、笔芯等。他们就是在买资料时和洪战辉成为朋友的。

就是在那段时间里，洪战辉仅卖一本文言文翻译的资料，就卖了5000多册赚了2万多元。由于洪战辉的情况同学们都了解，再加上他诚信经营，生意很红火，甚至外校的学生也来他这里购买图书。

2003年6月，断断续续读了5年高中的洪战辉，终于迈进了高考考场。

“也许，那时没人理解为何我能断断续续读5年高中而不放弃学业。5年中，停学挣钱一年，5年中我晕倒过16次，但每一次都站了起来！”洪战辉说，“5年中我从没接受过一次捐款，但当我做小生意卖书时，班里的同学几乎把所有的生活费都借给了我！”洪战辉很是自豪和感动。

高考成绩公布后，洪战辉以490分的成绩被湖南怀化学院录取。可5200元的学费和要照顾妹妹让他很是为难！利用暑假，他打工挣了2000元，决定先到湖南看看，把妹妹托付给了大娘。

大学新生报到当天，他交了1500元学费后，就干起了老本行做了“小商贩”。当他看到许多报到的新生纷纷向家里打电话时，就四处打听，寻找电话卡的销售渠道。他找到一位电话卡销售商那里，把身上仅有的500元全部购买了电话卡，当天晚上就卖了100多张，两三天就赚了六七百元。

为了挣钱，洪战辉可谓想方设法，后来他还逐渐代理了步步高复读机、电子词典和丁家宜化妆品在湖南怀化学院的总经销，他还垄断过学校19栋学生宿舍楼的纯净水供应、电话机的安装等。

2004年春节，洪战辉回到河南老家，看到失学在家的小妹，非常愧疚。“无论如何，不能再让妹妹辍学，我要带着妹妹上大学！”洪战辉暗下决心。

回到怀化后，洪战辉开始为小趁趁联系学校。终于有一天，当他到鹤城区石门小学找校长提出妹妹插读的请求时，校长同意了。

怀化学院经济管理系学生李红娥最先知道了洪战辉想带着妹妹上

大学的事情。李红娥对洪战辉说："我们宿舍还有一张空床，你把小妹带来吧，我帮你照顾她。"

2004年6月底，洪战辉打电话给正在河南工业大学上学的高中同学张永光等人，让他们帮忙把妹妹带到怀化。他要利用暑假挣钱。

6月27日，小趁趁终于在怀化火车站见到了哥哥，她一下子抱住洪战辉的腿，久久不愿松开。

2004年暑假，洪战辉一位宋姓高中女同学从河南来看望他时，一见小趁趁就非常喜欢，亲切地叫她"小不点"。从此，大家都纷纷叫她"小不点"。

暑假过后，"小不点"又重新回到了学校。一早，她背着书包去上学。中午，在校吃中餐。回到学院寝室后，洪战辉还给她补习功课，教她普通话。

穷人的孩子早当家，"小不点"学会了做饭，如果哥哥出去推销东西回不来，她就一个人做饭等哥哥回来吃。路上看到空瓶子，她会捡回来。遇到哥哥从市里进了学生用品回来，她也会帮着搬运。妹妹的懂事让洪战辉很是欣慰。

当社会各界知道洪战辉的情况后，不少人提供财力、物力的帮助，但被他谢绝了："不接受捐款，是因为我觉得一个人自立、自强才是最重要的。我现在已经具备生存和发展的能力，这个社会上还有很多处于艰难中而又无力挣扎出来的人们，他们才是我们现在需要帮助的。"

怀化学院学生处副处长王荣告诉记者，学校了解到洪战辉的情况后，破例单独给他安排了一间寝室，方便他照顾妹妹。在学院的帮助下，洪战辉还在学院附近的怀化市鹤城区石门小学为妹妹办好了插读手续。

学校的老师也被洪战辉的事迹所感动，一些老师纷纷捐款。有一次老师捐了3190元，当老师把这些钱交给洪战辉时，他不接："比我困难的同学有的是，更重要的是我现在已经知道了怎么去养活自己了。”洪战辉态度很坚决，无奈之下，学校只好冲抵了洪战辉的部分费用。大概一年后，系里师生又为洪战辉捐了一部分款，但这次洪战辉坚决拒绝了。学生处专门给他每月拨的200元补贴，反复催促他也不去领。

洪战辉对金钱有着自己的原则，他认为，不是用自己双手挣来的钱，决不能花费到自己身上。在大学期间，他曾屡次拒绝别人的捐款和资助。虽然他的生活非常拮据，但从来没有申请过特困补助。

洪战辉的同班同学贺荣华这样评价他说：“别人给他捐助他拒绝，但是他还喜欢帮助别人。”

洪战辉说：“我会牢牢记住每一个帮助过我的人，我要成立一个基金来帮助更多的人。”他强调说，这个基金是责任基金，而不是一般的爱心基金。我想用这种方式帮助那些人，等到那些人成功以后，他们也把自己的一份力量重新注入这个基金。

“我想告诉那些处于贫困中、挣扎中的人们，要保持一种平和的心态，不要怨天尤人，最主要的是你怎么去改变你自己，用什么样的方式去改变你自己。”洪战辉高兴地说，“考入大学后，每年春节回家，都能欣慰地看到久病的父亲病情大有好转；2004年年底，母亲也感到了愧疚，回到了久别的家中；在外漂流了多年的弟弟现在也有了消息。我作为普通人，还会一如既往地去做我该做的事情，去尽我该尽的义务和责任，平和、静心、无悔、无愧地走完这一生。”

（来源：根据潘志贤发表于《北方人》“震撼人心的故事”删改）

案例二　马加爵的遗书

春城的春天下着雨，有着一丝凄寒的风，我望着生锈的铁窗，我想起了我可怜的父母，为了供子女读书，他二老起早摸黑在田里干活，还点着蜡烛为人烫衣服，5 毛钱一件。那次我母亲掉了一百块钱，她心疼地说那是烫了两百件衣服赚来的钱呀，我看着母亲伤心的样子，我把自己做苦力赚来的一百块钱丢到地上，对母亲说：妈妈你的一百块钱在这里！妈妈露出了一丝苦笑，其实妈妈知道是我丢的，我不怕一个人独自吃苦，我不忍心父母看到我吃苦，读大学几年我没问家里要一分钱，我总希望父母不要为我操劳，他们年纪大了辛苦了一辈子，怎么忍心增添他们的负担呢。但学费是高昂的，我必须自己去卖苦力，耽误学习也是没办法的事情。我一个人默默地做苦工，我一个人偷偷一天只吃两个馒头，冬天其实我更怕冷，因为我是南方人，但是为了节省洗热水澡的几块钱，我整个冬天坚持洗冷水澡，我冷得直打哆嗦，我微笑着对同学说，我们年轻人需要锻炼身体，那天我没鞋子穿，我不好意思去上课，直到学校发了点救济，我才买了双便宜的拖鞋走进了课堂。我家一直很穷苦，我在穷苦中长大，我从小就体味到家庭的艰辛，幼小的我便心疼父母的辛苦，只想通过小手减轻父母一点点负担。我说：爸妈你们辛苦了，我做好了饭，你们快吃吧！我一直努力读书，村里的邻居以及中学老师都知道我是个吃苦好学、斯文老实的学生。我中学拿过全国奥林匹克物理大赛二等奖，我上了高中受过歧视而闷闷不乐，可是在接近高考的那几个月，我顶住各方面的压力奋发苦读，就这样我一个穷困的学生考出了优异的成绩。我高考的成绩超过我们广西省当年重点线 50 多分，完全可以上名牌大学武汉大学、哈工大之类，可是我考虑到那离家远费用更大，所以选择地域较近并且消费水平比较低的云南大学，我充盈着希冀。一个农家的孩子，蕴涵着淳朴老实本分来到了云南大学，当我看到毛主席书写的四个大字“云南大学”，我的心激起一阵阳光的涟漪。我立志一定好好继续努力，学好专业找个好工作，可以好好报答父母，改变穷苦的命运，也好好用自己的知识，来为社会为国家努力工作，认真做个受人尊重的人，做个对社会有贡献的人。进入大学以后我怎么发现，大部分人不爱读书，每天晚上谈女孩子，哪个女孩子性感漂亮，和哪个女孩子怎么样更爽，有钱的同学则大胆地找起女朋友来，大摇大摆地在学校旁边租房子同居，大家都爱玩电脑游戏，大家都嘲笑我是个土包子，这个不会那个也不会，于是我为了和同学打好关系，我也学会了玩电脑游戏，并且由于我的天生智商还可以，玩游戏比他们更厉害，我以后更热衷于玩电脑了，我还自己用打工的钱以及借了部分钱买了台旧电脑。我很大方，我的电脑同学们随时都可以玩，我很希望和同学们和睦相处，时间很快大学过了几年，我暑假寒假基本都不回家，都在昆明做苦工赚钱，我还慰藉父母，爸爸妈妈我在云大过得很好，老师还经常约请我到他们家去做客呢，其实我每次说这样的话心里都是虚的，我有时候没钱就打一份饭吃上两天，经常一天吃两个馒头就过去了，我从不怕苦也不怨恨谁，我更没因为没钱而想到去偷去抢，我很坚强，我为自己骄傲，我对得起父母，我对得起自己，我对得起同学，我对得起社会。可是总有那么些同学总有意无意地歧视我，有时候说些话很伤我的心，他们觉得我的穿着打扮很怪，他们觉得我的举止很怪。我开始悄悄地打工，我不想被人家看成异类，好在我自以为有几个好老乡、好同学，这样我才能不去理会那些同学的歧视与人格蔑视，大学很多男生都在大胆地追求自己喜欢的女孩子，很多男生都谈恋爱了，我在这种氛围下加上几个同学的怂恿，也大胆地写了一封情书，交给了我暗恋许久的一个女孩子。由于我的模样不好看，加上又没钱，人显得很土气内向，那女生毫不留情地当着许多人的面，把我那封用真心诚挚镌刻成的信撕个粉碎，我只是内心痛苦了下，我也并没有怨恨谁，我只觉得自己确实条件不行配不上她，我对父母也是这么说的，我有自知之明，我不谈恋爱，况且大学生应该以学业为重。时间过了很快，快到大学毕业了，只剩一个学期就毕业了，最后一个寒假，我依旧没有回家，依旧在昆明做苦力，离开学还有几天，有些同学提前来学校了，大家可能都是为了找工作所以提前回学校。我很开心，因为整个寒假我一个人多么孤寂，只是孤寂的时候也会有点不平衡，所以我也需要一点安慰，只是面对这样一种社会环境，我无法渲泄，至少我还是很理智，所以我选择了上网，那里可以找我灵魂中那本来就不多的不平，在那里我会有一丝平等的感觉。虽然这样，我在网上还是一个好人，至少我不会骂人，虽然有时也会上一下色情或是暴力的网站，但我相信这是很正常的，像我们这个年龄的人，谁能说自己从来没有看过这些呢？毕竟在这个年龄那种好奇心是不能扼制，至少我做不到，我不怕吃苦，但是人是很怕寂寞的，当我看到同学们时我很热情，他们为了打发时间约我打牌，我很乐意地接受了，其实我们原来也经常玩牌的，其实无须掩饰，我智商真的比较高，所以打牌经常赢，几个同学都怀疑我作弊，我坚持说没有，谁知道那三个我自以为平时没有歧视过我的同学，以为一直平等对我的同学，竟然恶语伤我，蹂躏我的人格，还揭露了我以前的许多伤疤，包括那女生撕毁我情书的事情。什么苦楚什么贫苦什么艰辛的生活，我可以忍受，其他人歧视蔑视我，我也可以忍受，可是我这几个平时稍微好点的同学竟然这样残酷无情地践踏、蹂躏我的人格尊严。原来每个人长期以来一直这样凶悍地歧视我，残忍地嘲笑我。其实我承认我还是一个理智的人，我思前想后很长时间才会决定这样做的。决不是一时的冲动，至少大脑的运动不会比P4的处理东西要少，甚至我还想到的《连城诀》想到那可怜的狄云，这是一本我看得最多次的书，虽然像《平凡的世界》这样更有深度的书更适合我，但我还是不得不承认血管里还是有一股男人的气息，我希望这个规律也会出现在我的身上，希望也能有一个转折的机会，希望本身的素质会给我带来一线光明，也正是这些让我会有一些犹豫，也正是这些让我在迷惘的胡同里挣扎，我的心很痛，我的泪悄悄地落下了。我是一个坚强的人，我不曾被艰辛贫苦生活打败，可是当我的人格尊严被人糟蹋得不成样子的时候，当我的过去的伤痛被人再次拿出来嘲讽的时候，我的心滴血了。践踏我竟然还是平时关系稍微好点的同学以及老乡！我在这种氛围下再也难以立足了，是他们残忍地对我，是他们不给我活路，他们没有给我留后路，他们淋漓尽致地侮辱完我后居然还那样嚣张与快乐，因为他们生活条件还是比较好的，他们还有资本去玩女孩子。我伤痛的心找不到归处！总浮现出他们淋漓尽致侮辱我的样子，我没有退路了，我决定玉石俱毁，我决定给那些歧视穷苦人、蔑视穷苦人的人一个教训，我决定给那些无情践踏、残忍蹂躏穷苦人人格尊严的人一个教训。我本来习惯被人歧视、被人蔑视的，可是这次他们表现得实在是太淋漓尽致了，他们嘲讽时刻的无情，他们侮辱时刻的面孔可恶，让我下定了决心。终于我买了一把石锤，结束了他们几个人的生命。于是我逃跑，我想没抓到我，以后到一个没有歧视侮辱的地方重新做人，万一抓到就一死百了。我是不怕死的，我只想死刑，我不愿意被判无期徒刑，因为那样会给我父母带来压力！许多人现在都说我是杀人恶魔，都说我杀红了眼，其实说心理话，我只想杀那些无情蹂躏糟蹋别人人格的人，我并不想伤及无辜，当我另一个同学来找我的时候，我并没有杀他，因为在我最穷困的时候并没有歧视我，反而打饭给我吃，我深刻懂得人间真情的可贵。我曾对自己说：滴水之恩，涌泉相报，我一定会报答这位同学，可是我现在留下了一个永远的遗憾，我没有机会报答这位同学了！但我最后想送一句话给我那位同学：好人自有好报！虽然思想还没有终结，但生命似乎已经终结，回想这一生，或许与生俱来就是一个悲剧，不自觉又与狄云去比较。我又不能不回到现实当中来，不论怎样，也不管别人怎么说，我还是在尝试着自己永远永远地活在自己的世界里。我听到飘曳进来的歌声了，好像是《梦驼铃》。多么熟悉的旋律呀，我想起了经常帮助我家的十四叔、十四婶来了。我们那个家虽然很穷，但是大家都互相关怀，大家都感到很快乐，没有歧视与蔑视，从来不知道什么是人格践踏。我很想和陶渊明那样，就永远生活在我那个村子里，天天看着清澈的流水，望着袅袅的炊烟，写着清新的诗歌。呵，那多美好呀！可是现在——只好等来生了。爸爸妈妈，对不起了，儿子不孝。儿子来生一定让你过上好日子，警察又来提审我了，我总听到外面摩托车的声音为什么总是那么飞扬跋扈。我怀念十哥开的摩托修理店，在我印象中那是很赚钱的，十哥骑摩托车很英姿飒爽，那摩托车的声音是那样的婉转清脆！我仿佛又坐在十哥的摩托车上了，慢悠悠地行走在我可爱、纯朴、亲切的家乡。

（来源：优酷网）

（说明：社会上有人说这篇遗书是假的，但也有人认为，真假并不重要，信中内容代表一种声音，反映了一定社会现象，谁也不能忽视。马加爵的行为是绝对不提倡的。）

后 记

2003年，走南闯北的我，职业换了几种，正全力投入一本家庭教育的书，赶上“非典”爆发，只好从北京到海南暂避。回到离开六年的曾经的住所，定睛一望，发现一方向往已久的大学校园。进去了解，正在招聘，我体会到这是“踏破铁鞋无觅处，得来全不费工夫”的机遇，于是毅然决然选择改职从教。其后领导要求主编院报，又想方设法争取去任教，教的是中文。教着教着，发现了一些问题，改变了我的专业兴趣，于是转换专业报考和攻读北大硕士学位，改教思想政治理论课。有同事和学生都不理解，谓我自讨苦吃、自找没趣。其实我真正感兴趣的是教这类课更方便了解学生，探索素质教育问题。《大学生素质自我整合》这本书的有关想法，大概从这时就开始酝酿了。

我发现的问题之一是：上不上大学到底是不是一样？常常我们听到矛盾的回答：上不上大学没什么大不一样，或者上不上大学就是大不一样。这个问题使我对大学生以及大学生的素质教育产生了诸多迷惑，也产生了不少的思考，也有更多的探讨。到现在，我想跟大学生以及同行们交流自己的一些想法，于是就有了这样的一本书。

如果一个大学生在大学阶段，能够积极主动、独立自主地充分利用环境资源和自己的时间，努力获取知识，踏实锻炼能力，全面彻底地提升素质，那么上了大学和没上大学绝对是两回事。否则，一个大学生漫无目标，消极依赖，荒废时日，浪费资源，肤浅而褊狭，即使能够顺利毕业，也未必能够顺利被社会接纳。即使侥幸找到一份工作，未来也未必能够成功和幸福。因为，他在人生重要的阶段上没有及时有效地整合素质，而一个人进入社会并在社会上最终实现自我的资本就是健全而高超的素质。大学阶段承上启下，素质在此阶段必须而且能够予以整合，而素质整合的一个关键就是依靠自己的主观能动性。本书极力想向大学生以及教育工作者强调的就是这个，希望能够引起大家足够的重视。

我对素质教育的探索刚刚开始，希望通过本书抛砖引玉，寻求更多的同道，望关心者不吝赐教。在本书的写作过程中，我得到了李宝岑教授热情无私的帮助，他在身体不适的情况下给我通观全稿，提出了很好的建议，对于未来进一步的探讨大有裨益，在此我要表达自己发自内心的感谢和敬意。同时，我也要感谢本书的责编陆丽云女士的慧心相助，其善解人意的人格和专业水平都使我钦佩。最后，在本书所引用的案例中，尚有几篇找不出原作者署名，在此一并向这些知名和不知名的作者们表示由衷的感谢。

主要参考文献

1. 辞海编辑委员会:《辞海》，上海辞书出版社 1999 年版。

2.《马克思恩格斯全集》，人民出版社 2008 年版。

3. 李岚清:《教育访谈录》，人民教育出版社 2004 年版。

4. 教育部人事司组编:《高等教育学》，高等教育出版社 1999 年版。

5. 中华人民共和国教育部:《素质教育观念学习纲要》，生活·读书·新知三联书店 2001 年版。

6. 教育部社会科学委员会:《中国高校哲学社会科学发展报告（教育学)》，广西师范大学出版社 2008 年版。

7. 张晓静:《自我教育论》，黑龙江教育出版社 2004 年版。

8. 张玉芬:《大学生人格教育》，经济管理出版社 2006 年版。

9. 李静:《现代青年必读书》，地震出版社 2004 年版。

10. 澳尔曼:《你是大学生》，地震出版社 2004 年版。

11. 窦俊杰:《当代大学生教育》，中央编译出版社 2005 年版。

12. 王文礼等:《大学生综合素质教育》，高等教育出版社 2010 年版。

13. 徐涌金:《大学生素质教育教程》，中国标准出版社 2008 年版。

14. 傅进军:《大学素质教育概论》，科学出版社 2005 年版。

15. 杨建立等:《浅谈大学生自我教育》，载《河北农业大学学报》2000 年 6 月（第 2 卷第 2 期)。

16. 李文虎:《西方人格理论的“自我观”剖析》，载《江西社会科学》2000 年第 11 期。

17. 宁莉娜:《现代人格整合的逻辑分析》，载《学术交流》2001 年第 6 期。

18. 丁立平:《大学生的发展层次与学习心理特征》，载《山西财经大学学报(高等教育版)》2005 年 6 月（第 8 卷第 2 期）。

19. 李晶、李波等:《不同年级大学生心理健康状况及其影响因素的调查》，载《济宁医学院学报》2001 年 12 月（第 24 卷第 4 期）。

20. 潘喆:《大学生实习问题与对策研究》，载《职业教育》2010 年第 6 期。

21. 北京医药大学课题组:《中医大学生文化素质的内涵》，载《中医教育》1998 年 7 月第 4 期。

22. 谢丽:《大学考试舞弊心理探究及对策思考》，载《高教视窗》2008 年 5 月。

23. 陈明、刘博联、陈杰浩:《大学生网瘾的调查与教育探索》，载《学校党建与思想教育》2010 年第 7 期。

24. 曾玉琴:《青少年道德逆反的成因及对策研究》，载《重庆科技学院学报》2009 年第 10 期。